工业和信息化普通高等教育
"十三五"规划教材立项项目

全国跨境电商"十三五"规划教材

U0734570

跨境电子商务
理论与实务

逯宇铎 陈璇 易静 张斌◎编著

THEORY AND PRACTICE
of Cross-border E-commerce

微课版

人民邮电出版社

北 京

图书在版编目（CIP）数据

跨境电子商务理论与实务：微课版 / 逯宇铎等编著
. -- 北京：人民邮电出版社，2021.7
全国跨境电商"十三五"规划教材
ISBN 978-7-115-55178-8

Ⅰ. ①跨… Ⅱ. ①逯… Ⅲ. ①电子商务－高等学校－
教材 Ⅳ. ①F713.36

中国版本图书馆CIP数据核字(2020)第211604号

内 容 提 要

　　本书分为 10 章，包括绪论、跨境电子商务模式、跨境电子商务法律规范、跨境电子商务交易流程、跨境电子商务平台操作、跨境电子商务定价技巧、跨境电子商务物流、跨境电子商务支付、跨境电子商务营销、跨境电子商务数据分析等内容。本书注重理论联系实践，内容全面翔实，重、难点把握准确。

　　本书适合作为高等院校和职业院校国际贸易、电子商务、跨境电子商务、商务英语、市场营销等专业相关课程的教材，也可供跨境电子商务行业从业人员了解行业发展、提高技能所用。

◆ 编　　著　逯宇铎　陈　璇　易　静　张　斌
　　责任编辑　刘向荣
　　责任印制　李　东　胡　南

◆ 人民邮电出版社出版发行　　北京市丰台区成寿寺路 11 号
　　邮编　100164　　电子邮件　315@ptpress.com.cn
　　网址　https://www.ptpress.com.cn
　　大厂回族自治县聚鑫印刷有限责任公司印刷

◆ 开本：787×1092　1/16
　　印张：13　　　　　　　　　　2021 年 7 月第 1 版
　　字数：307 千字　　　　　　　2021 年 7 月河北第 1 次印刷

定价：46.00 元
读者服务热线：(010)81055256　印装质量热线：(010)81055316
反盗版热线：(010)81055315
广告经营许可证：京东市监广登字 20170147 号

目前，我国已进入跨境电子商务全产业链发展时代，政策助力打造跨境电子商务完整产业链发展。跨境电子商务作为传统国际贸易的一种新业态，已经突破了原有的行业界限，以其多边化、直接化、碎片化、数字化和高频度的特性冲击着人们传统的商业逻辑。

本书是教育部产学融合课题（201701042002）研究成果。

本书从跨境电子商务行业的模式分类、现状和发展趋势出发，在解读跨境电子商务政策的基础上，分析了主流跨境电子商务平台的运营模式及特点，详细阐述了做好跨境电子商务定价、营销、物流、支付、客服等各个环节的策略与方法。

本书主要具有以下 4 个特点。

1. 内容源于行业发展、注重能力培养

本书以行业发展为主线，以实践教学的理念构建教材撰写模式。依据教学目标，按照跨境电子商务实践内容，设置了 10 章的学习内容，每章在构筑基础知识点的同时，还结合了大量的实践情景及案例，使读者能以更直观的角度理解原理并掌握使用方法，将知识传授、能力培养和技能训练三者有机结合。

2. 兼顾发展与系统性、多角度展示知识点

本书按照跨境电子商务实际操作流程的时间和空间顺序进行章节的教学安排，达到理论知识与实践技能共同学习的效果。

3. 统一理论和实践，达到视角全面

本书共分为 10 章，内容涵盖跨境电子商务的平台概况、市场选择、定价、仓储物流、营销推广、支付规则、客服服务以及宏观法律政策等，对跨境电子商务实务的不同阶段给予全面解读。

4. 构建前瞻性创新体系

本书紧扣跨境电子商务的发展特点、现行政策及理论，在微观和宏观层面对前沿趋势进行说明，如品牌化建设、移动端建设、多语言市场及海外仓建设等内容，均以不同形式展现，体现了一定的创新性和行业前瞻性。

本书的编写人员全部是高校从事跨境电子商务教学和科研的老师。逯宇铎教授负责拟定大纲，构建全书框架、确定体例。各章编写具体分工如下：第一章由逯宇铎、李娜编写；第二章、第三章由李娜编写；第四章、第五章由陈璇编写；第六章由张斌、韩艳、高建明编写；第七章由楼晨昕、韩朝胜、叶雨编写，第八章由陈真真、滕飞编写；第九章由李娜编写；第十章由陈璇、李娜编写。最后由逯宇铎、李娜负责统稿。本书编写过程中参阅了大量资料，在此对所有作者表示感谢。

跨境电子商务是一个较新的行业领域，发展还未成熟，而实践领域发展变化很快，跨境电子商务的各项教学观点仍需经过 定时间的沉淀，才有可能达成业界共识。编撰本书是一项极大的挑战，

虽然作者们秉承"工匠精神"，在充分调研与融合实践操作方法的基础上，对全书的结构、内容进行了优化，以实现实践性与创新性并存，并对行业的发展做出前瞻性讨论，但难免有疏漏之处，望读者批评指正。

逯宇铎　教授/博士生导师

2021 年 5 月　越秀湖畔·养心斋

第1章　绪论 ·········· 1

1.1　认识跨境电子商务 ········· 2

1.1.1　跨境电子商务的概念 ······· 2

1.1.2　跨境电子商务与境内
电子商务的区别 ······· 2

1.1.3　跨境电子商务发展历程
和趋势 ············· 3

1.2　跨境电子商务与传统外贸 ········· 7

1.2.1　跨境电子商务模式与
传统外贸模式 ······· 7

1.2.2　跨境电子商务给传统
外贸带来的机遇 ········· 11

本章小结 ············· 12

实训项目 ············· 13

课后习题 ············· 13

第2章　跨境电子商务模式 ········· 14

2.1　跨境电子商务B2B ············· 15

2.1.1　跨境电子商务B2B的
概念 ············· 15

2.1.2　跨境电子商务B2B
模式 ············· 15

2.1.3　跨境电子商务B2B
优劣势分析 ········· 15

2.1.4　跨境电子商务B2B平台
介绍 ············· 17

2.2　跨境电子商务B2C ············· 19

2.2.1　跨境电子商务B2C的
概念 ············· 19

2.2.2　跨境电子商务B2C模式 ··· 19

2.2.3　跨境电子商务B2C
优劣势分析 ············· 20

2.2.4　跨境电子商务B2C平台
介绍 ············· 21

2.3　跨境电子商务C2C——海外
代购 ············· 22

2.3.1　跨境电子商务C2C及
海外代购的含义 ········· 22

2.3.2　海外代购优劣势分析 ······· 23

2.3.3　海外代购模式及平台
介绍 ············· 24

本章小结 ············· 25

实训项目 ············· 25

课后习题 ············· 25

第3章　跨境电子商务法律规范 ······· 27

3.1　跨境电子商务合同的法律规范 ··· 28

3.1.1　数据电文 ············· 28

3.1.2　电子合同 ············· 30

3.1.3　电子签名 ············· 34

3.2　跨境电子商务中的消费者权益
保护 ············· 36

3.2.1　电子商务消费者权益保护
概述 ············· 36

3.2.2　电子商务消费者权益保护
的法律法规 ············· 38

3.3　跨境电子商务中的知识产权
保护 ············· 43

3.3.1　电子商务知识产权概述 ··· 43

3.3.2　电子商务商标权的法律
法规 ············· 45

3.3.3　域名知识产权的法律
法规 ············· 48

3.3.4　网络版权的法律法规 ······· 50

目 录

3.3.5 计算机软件著作权的法律
法规 ……………………… 54

3.4 跨境电子商务中的争议解决
机制 ………………………… 57
3.4.1 传统跨境电子商务纠纷
解决方式 ……………… 57
3.4.2 电子商务争议在线解决
机制 …………………… 58

3.5 主要国际组织和国际法有关跨境
电子商务的法律法规 ……… 60
3.5.1 WTO 有关电子商务的法律
法规 …………………… 60
3.5.2 主要国际法中有关电子
商务的法律法规 ……… 62

本章小结 …………………………… 64
实训项目 …………………………… 64
课后习题 …………………………… 64

第4章 跨境电子商务交易流程 ……… 66
4.1 跨境电子商务交易流程简介 … 67
4.2 国际市场调研与客户开发 …… 68
4.2.1 跨境电子商务市场调研 … 68
4.2.2 跨境电子商务市场的调研
方法 …………………… 69
4.2.3 寻找和了解客户的途径 … 72
4.2.4 网上发布商务信息的
途径 …………………… 73

4.3 网上交易磋商 ………………… 73
4.3.1 网上交易磋商的方式 … 73
4.3.2 交易磋商的主要内容 … 74
4.3.3 网上交易磋商的基本
过程 …………………… 75

4.4 合同的签订和履行 …………… 78

4.4.1 合同签订 ……………… 78
4.4.2 出口合同履行 ………… 80

本章小结 …………………………… 82
实训项目 …………………………… 82
课后习题 …………………………… 82

第5章 跨境电子商务平台操作 ……… 83
5.1 阿里巴巴国际站 ……………… 84
5.1.1 阿里巴巴国际站简介 … 84
5.1.2 阿里巴巴国际站平台
操作 …………………… 85
5.1.3 阿里巴巴国际站平台
规则 …………………… 87

5.2 亚马逊 ………………………… 90
5.2.1 亚马逊简介 …………… 90
5.2.2 亚马逊平台操作 ……… 90
5.2.3 亚马逊平台规则 ……… 93

5.3 敦煌网 ………………………… 95
5.3.1 敦煌网简介 …………… 95
5.3.2 敦煌网平台操作 ……… 95
5.3.3 敦煌网平台规则 ……… 97

5.4 兰亭集势 ……………………… 100
5.4.1 兰亭集势简介 ………… 100
5.4.2 兰亭集势平台操作 …… 101
5.4.3 兰亭集势平台规则 …… 102

5.5 设备时代 ……………………… 103
5.5.1 设备时代简介 ………… 103
5.5.2 设备时代平台操作 …… 104
5.5.3 设备时代平台规则 …… 107

5.6 eBay ………………………… 108
5.6.1 eBay 简介 …………… 108
5.6.2 eBay 平台操作 ……… 108
5.6.3 eBay 平台规则 ……… 109

5.7 Wish ················· 112
　5.7.1 Wish 简介 ········· 112
　5.7.2 Wish 平台操作 ····· 113
　5.7.3 Wish 平台规则 ····· 116
本章小结 ················· 119
实训项目 ················· 119
课后习题 ················· 119

第 6 章　跨境电子商务定价技巧 ····· 120
6.1 跨境电子商务产品定价的基本
**　　概念** ················· 121
　6.1.1 成本构成 ········· 121
　6.1.2 开店费用 ········· 121
　6.1.3 利润与利润率 ····· 122
6.2 跨境电商产品成本核算 ····· 123
　6.2.1 运营推广成本核算 ··· 123
　6.2.2 售后维护成本的计算 ·· 123
6.3 价格的调整与换算 ······· 123
6.4 定价方法 ·············· 124
　6.4.1 成本导向定价法 ····· 125
　6.4.2 竞争导向定价法 ····· 125
　6.4.3 价值导向定价法 ····· 126
6.5 定价技巧及误区 ········· 126
　6.5.1 定价技巧 ········· 127
　6.5.2 定价误区 ········· 128
本章小结 ················· 129
实训项目 ················· 129
课后习题 ················· 129

第 7 章　跨境电子商务物流 ····· 130
7.1 邮政物流介绍 ··········· 131
　7.1.1 EMS 介绍 ········· 131
　7.1.2 ePackct ········· 131

　7.1.3 中国邮政大包、小包
　　　　介绍 ············· 133
7.2 国际商业快递介绍 ······· 135
　7.2.1 TNT 介绍 ········· 136
　7.2.2 UPS 介绍 ········· 136
　7.2.3 FedEx 介绍 ······· 137
　7.2.4 DHL 介绍 ········· 138
7.3 专线物流介绍 ··········· 139
　7.3.1 Special Line-YW 介绍 ··· 139
　7.3.2 Ruston ·········· 140
　7.3.3 Aramex ········· 141
　7.3.4 中俄快递-SPSR ···· 142
7.4 其他物流方式介绍 ······· 143
7.5 海外仓集货物流 ········· 145
　7.5.1 海外仓产品运费模板
　　　　设置 ············· 145
　7.5.2 海外仓产品运费模板
　　　　选用 ············· 146
7.6 跨境电商物流中的通关与
**　　报关** ················· 148
　7.6.1 通关与报关的基本
　　　　流程 ············· 148
　7.6.2 一达通外贸综合服务平台
　　　　的通关服务 ········· 149
本章小结 ················· 150
实训项目 ················· 150
课后习题 ················· 151

第 8 章　跨境电子商务支付 ····· 152
8.1 国际货款结算方式 ······· 153
　8.1.1 普通银行电汇 ····· 153
　8.1.2 专业国际汇款公司 ···· 154
8.2 收款账户设置 ··········· 157

目　录

8.2.1 收款账户的类型 …………… 157

8.2.2 跨境支付账户设置——
以速卖通为例 …………… 158

8.2.3 查询银行的
SWIFT Code …………… 161

8.3 PayPal 和国际支付宝 …………… 162

8.3.1 PayPal 的支付与结算 …………… 162

8.3.2 国际支付宝 …………… 163

本章小结 …………… 165

实训项目 …………… 165

课后习题 …………… 165

第 9 章　跨境电子商务营销 …………… 166

9.1 电子邮件营销 …………… 167

9.1.1 电子邮件营销的特点及
使用 …………… 167

9.1.2 电子邮件营销的功能和
流程 …………… 167

9.1.3 电子邮件营销的实用
技巧 …………… 169

**9.2 社会化媒体营销——LinkedIn
营销** …………… 171

9.2.1 领英（LinkedIn）的
功能 …………… 171

9.2.2 推广方式 …………… 172

9.2.3 通过 LinkedIn+Google 搜索
组合找到目标客户 …………… 172

9.2.4 添加 LinkedIn 会员为
好友 …………… 172

9.2.5 多个社交平台管理
工具——Buffer 平台 …………… 173

**9.3 社会化媒体营销——Pinterest
营销** …………… 173

9.3.1 Pinterest 社交网站操作
步骤 …………… 174

9.3.2 借助 Pinterest 推广产品 …………… 174

9.3.3 通过 Pinterest 引流量 …………… 175

9.3.4 Pinterest 最新发展 …………… 175

本章小结 …………… 176

实训项目 …………… 176

课后习题 …………… 176

第 10 章　跨境电子商务数据分析 …………… 177

10.1 数据分析导论 …………… 178

10.2 行业数据分析 …………… 179

10.2.1 选品专家 …………… 179

10.2.2 关键词分析 …………… 180

10.3 店铺经营分析 …………… 180

10.3.1 店铺流量来源分析 …………… 180

10.3.2 装修效果分析 …………… 181

10.3.3 自有商品分析 …………… 182

10.4 客户行为分析 …………… 182

10.4.1 客户购买决策过程 …………… 182

10.4.2 客户期望 …………… 183

10.4.3 客户对质量的感知 …………… 184

10.4.4 客户对价值的感知 …………… 184

10.4.5 客户满意度 …………… 185

10.4.6 客户抱怨 …………… 186

10.4.7 客户忠诚度 …………… 187

本章小结 …………… 187

实训项目 …………… 188

课后习题 …………… 188

附录　中华人民共和国电子商务法 …………… 189

参考书目 …………… 199

第1章

绪论

从 2015 年起，国务院已分四批设立 59 个跨境电子商务综合试验区，商务部会同各部门和各地方面向全国复制推广了 12 个方面 36 项成熟经验和创新做法，推动跨境电子商务规模持续快速增长。2019 年，中国跨境电子商务零售进出口额达到了 1862.1 亿元人民币，是 2015 年的 5 倍，年均增速为 49.5%，跨境电子商务综合试验区在外贸发展中的作用也日益凸显。跨境电子商务是一种高效的新型国际贸易组织方式。在大数据和云计算的技术支撑下，电商平台将跨越关境的需求侧和供给侧高效地连接起来，压缩了传统贸易的诸多中间环节。

引导案例

2020 年 4 月 7 日，国务院宣布新设 46 个跨境电子商务综合试验区，加上之前已经批准的 59 个，全国将有 105 个综合试验区，覆盖了 30 个省、自治区、直辖市，形成了"陆海内外联动，东西双向互济"的发展格局。

2020 年，跨境电子商务逆势增长。前两个月，中国跨境电子商务零售进出口额 174 亿元，同比增长 36.7%。市场人士普遍认为，在特殊背景下，中国大力发展跨境电子商务，不仅有助于缓解疫情影响，助推国内消费需求回暖，更体现了中国坚定不移扩大开放的信心与决心。

跨境电子商务是互联网时代发展最为迅速的贸易方式，能够突破时空限制，减少中间环节，解决供需双方信息不对称的问题，为国家、企业、更多群体提供新的发展机遇，这也体现了贸易的包容性发展。当前，传统外贸受到严重疫情的冲击，需要进一步发挥跨境电子商务独特的优势，开展在线营销，实现在线交易，保订单、保市场、保份额，以新业态、新模式助力外贸攻坚克难。

跨境电子商务能够有效抵御疫情冲击、助推消费回暖。增设跨境电子商务综合试验区是稳定外贸基本盘、打造全球供应链的有力之举。

阅读以上案例，请思考：

1. 什么是跨境电子商务？

2. 跨境电子商务为什么能够有效抵御疫情冲击，助推消费回暖？

1.1　认识跨境电子商务

1.1.1　跨境电子商务的概念

所谓跨境，是指交易主体分属不同的关境，属于国际贸易的范畴。跨境电子商务简称跨境电子商务，其国际流行叫法为 Cross-border Electronic Commerce。从狭义角度上看，跨境电子商务是指分属于不同关境的交易主体，借助电子商务平台达成交易，并进行支付结算，通过跨境物流送达商品完成交易的一种国际商业活动。其交易对象主要针对一部分小额买卖的 B 类商家和 C 类个人消费者。由于现实中 B 类商家和 C 类个人消费者很难进行严格区分和严格界定，所以从海关统计口径来说，狭义的跨境电子商务相当于跨境零售。

从广义角度上看，跨境电子商务就是外贸领域内对互联网及信息技术的不同层次的应用（基本等同于外贸电子商务），是基于"国际贸易+互联网"的创新型商业模式，是指分属于不同关境的交易主体，通过电子商务的手段将传统进出口交易中的展示、洽谈和成交环节电子化，并通过跨境物流送达商品，完成交易的一种国际商业活动。因此，广义的跨境电子商务实际上就是把传统的进出口贸易网络化、电子化、数字化，它涉及货物与服务的在线交易（包括电子贸易、在线数据传递、电子支付、电子货运单证传递等多方面的活动）及跨境电子商务相关的电子化服务（供应链、国际物流、通关、平台推广等），是电子商务应用的高级表现形式。

1.1.2　跨境电子商务与境内电子商务的区别

1. 交易过程差异

跨境电子商务业务环节更加复杂：需要经过海关通关、检验检疫、外汇结算、出口退税、进口征税等环节；在货物运输上，跨境电子商务通过快递方式出境，货物从售出到到达境外消费者手中的时间更长；因路途遥远，货物容易损坏，且各国快递派送能力相对有限，急剧增多的邮包也易引起贸易摩擦。境内电子商务发生在境内，以快递方式将货物送达消费者，路途近，到货速度快，货物损坏概率低。

2. 交易主体差异

跨境电子商务交易的主体是不同关境的主体，可能是境内企业对境外企业，境内企业对境外个人或者境内个人对境外个人。境内电子商务交易主体一般在境内，境内企业对境内企业，境内企业对境内个人或者境内个人对境内个人。

跨境电子商务交易主体遍及全球，并且不同的交易主体有不同的消费习惯、文化心理、生活习俗，这要求跨境电子商务企业对各国流量引入、广告推广营销、国外消费者行为、国际品牌建设等有更深入了解。

3. 交易风险差异

跨境电子商务交易发生在不同的国家之间，所以容易受到国际经济、宏观环境和各国政策的影响。当前有很多低附加值、无品牌、质量不高的商品、假货和仿品存在于跨境电子商务市场，侵犯知识产权等现象时有发生，很容易引起知识产权纠纷，后续的司法诉讼和赔偿十分麻烦。

境内电子商务行为发生在境内，交易双方对商标、品牌等知识产权的认识比较一致，侵权纠纷较少。即使产生纠纷，处理时间较短，处理方式也较为简单。

4. 适用规则差异

跨境电子商务需要适应的规则多、且复杂。例如，在平台规则方面，跨境电子商务平台有很多，各个平台均有不同的操作规则，跨境电子商务需要熟悉境内外不同平台的操作规则，具有针对不同需求和业务模式进行多平台运营的技能；跨境电子商务还需要遵循国际贸易规则，如双边或多边贸易协定，需要有很强的政策、规则敏感性，要能够及时捕捉国际贸易体系、规则、进出口管制、关税细则、政策的变化。

境内电子商务只需遵循一般的电子商务规则。

1.1.3　跨境电子商务发展历程和趋势

1. 跨境电子商务发展历程

（1）进口跨境电子商务发展历程

2005 年是进口跨境电子商务 1.0 时代。这一时期是个人代购时代，以境外留学生代购为主体。这时候是跨境进口电商的发展初期，消费者一般为留学生的亲戚朋友，消费群体还比较小众，跨境网购普及度不高。消费者主要通过境外买手、职业代购购买进口产品。这一消费模式周期长、价格高，而且产品的真伪以及质量难以保障。一些留学生、空姐等经常出国的群体，初期会为自己身边的亲朋好友代购一些境外产品。随着代购需求的增加，这些人群开始专门购买境外产品，并在淘宝上开店铺售卖。

2007 年是进口跨境电子商务 2.0 时代。这一时期是海淘时代，形成了常规的买方市场和卖方市场，跨境网购用户的消费渠道逐渐从海淘代购转向进口跨境电子商务平台（如天猫国际等）。

2014 年是进口跨境电子商务爆发的一年，流程烦琐的海淘催生了进口跨境电子商务。2016 年，随着政策变更以及社会经济的发展，进口跨境电子商务加速发展，跨境购物开始走向规范化，进口跨境电子商务进入 3.0 时代。2019 年，《中华人民共和国电子商务法》（以下简称《电子商务法》）正式实施，进口跨境电子商务迎来合规化发展阶段，行业发展环境不断优化，如图 1-1 所示。

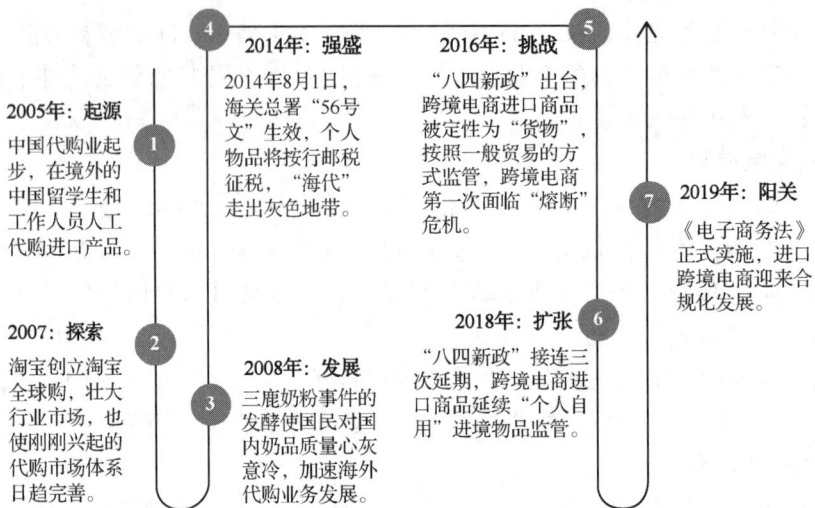

图 1-1 中国进口跨境电子商务发展历程

（2）出口跨境电子商务发展历程

出口跨境电子商务已步入稳健增长阶段，供应链升级是跨境出口的重要推动力量。

出口跨境电子商务脱胎于跨境贸易，最早的跨境贸易基本上是通过线下交易形式完成的。随着互联网络开始普及到社会生活的各个层面，各种基于商务网站的电子商务业务和网络公司开始涌现。

现今，跨境电子商务平台流量红利期已经大幅度衰退，卖家面临着同质化竞争、一次性购买和规则限制增加等挑战。回顾出口跨境电子商务发展的历程，供应链一直是各个时期共同关注的焦点，如图 1-2 所示。

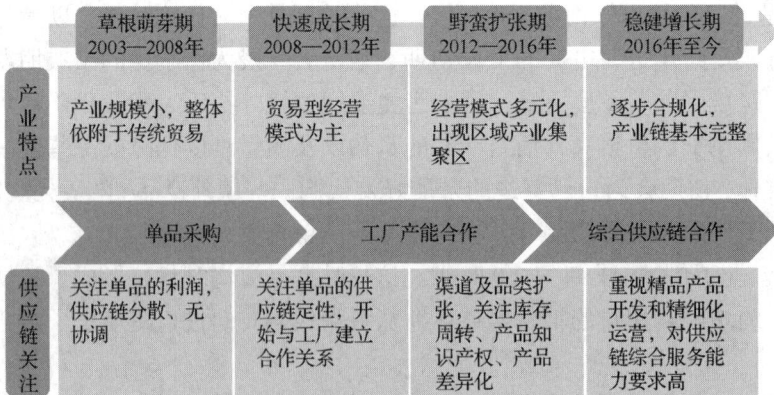

图 1-2 跨境电子商务出口历程

2. 跨境电子商务发展趋势

（1）跨境电子商务市场规模不断增长

2019 年中国跨境电子商务市场规模达 10.5 万亿元，较 2018 年的 9 万亿元同比增长 16.66%。中国跨境电子商务行业动态频频，跨境电子商务对资金、技术与服务的要求越来越高，行业门槛和运营难度相应提高。更多传统企业、品牌商开始走向舞台中央。跨境电子商务开始向精细化、品牌化、本土化以及多元化发展。同时，跨境电子商务综合试验区继续扩容，且扩容城市数量增多。跨境电子商务综合试验区示范作用显现。跨境电子商务综合试验区是在发挥企业自发和市场主导作用的前提下，进一步突出政府宏观指导、统筹规划、资源整合作用。综合试验区范围的扩大与相关配套政策措施的不断优化，在全国形成积极正面的示范效应，带动了我国整体外贸的更高质量发展，如图 1-3 所示。

图 1-3 跨境电子商务行业交易规模（柱状）及其增长率（曲线）

（2）跨境电子商务行业渗透率逐步提升

2019 年跨境电子商务交易行业渗透率为 33.29%。相比 2018 年的 29.5%，提升 3.79%。跨境电子商务在助推传统外贸发展上起到的作用愈加凸显，如图 1-4 所示。

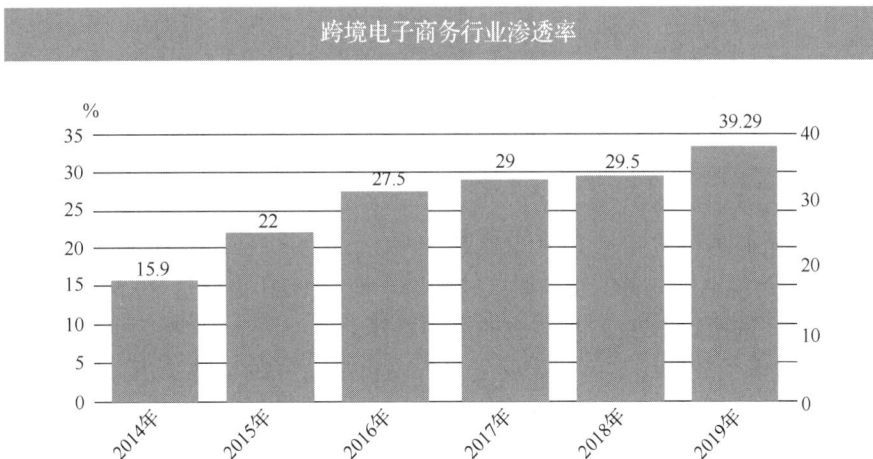

图 1-4 跨境电子商务行业渗透率

（3）进口跨境电子商务用户规模逐年增长

2019 年中国进口跨境电子商务用户规模 1.25 亿人，同比 2018 年的 8850 万人增长 41.24%。随着居民收入水平的提高，消费结构的改善，越来越多人开始追求更高品质的生活，在消费方面，对于商品的质量、购物的体验需求也进一步提高，如图 1-5 所示。

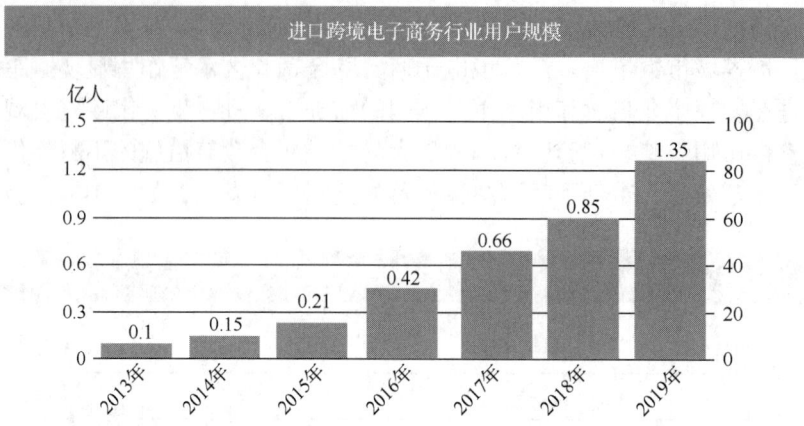

图 1-5 进口跨境电子商务行业用户规模及其增长率

（4）国际竞争优势显著提高，出口品牌建设成效显著

2019 年中国跨境电子商务的进出口结构上出口占比达到 76.5%（见图 1-6）。国际竞争优势显著提高，尤其是出口品牌建设成效也比较显著，我国对"一带一路"沿线国家以及拉美国家的出口比重提升，开拓新市场的成效明显。

图 1-6 跨境电子商务行业出口占比及其增长率

（5）跨境电子商务模式结构 B2B 占比超 80%

2019 年中国跨境电子商务的交易模式跨境电子商务 B2B 占比达 80.5%，跨境电子商务交易模式结构上，进出口 B2B 占据八成的交易规模。

5 年来，跨境电子商务综试区主要的发展方向也是以 B2B 为主，出口和 B2B 的模式占到综试区跨境电子商务交易额的七成比例，重点在技术标准、业务流程、监管模式和信息化建设等方面开展先行先试。综试区将继续通过开展先行先试，并适用跨境电子商务零售出口税收、零售进口监管等政策措施，如图 1-7 所示。

（6）跨境电子商务投融资金额庞大

在投融上，2019 年跨境电子商务领域投融资金额 214.7 亿元，其中出口电商投融资金额为 41.46 亿元，占比 19.3%；进口电商 169.97 亿元，占比 79.2%；跨境服务商 3.29 亿元，占比 1.5%。进口电商融资 9 起，其融资金额庞大。可见，进口电商仍在跨境电子商务中占有主导地位。另外，在经济全球化发展的大背景下，跨境电子商务未来可期，如图 1-8 所示。

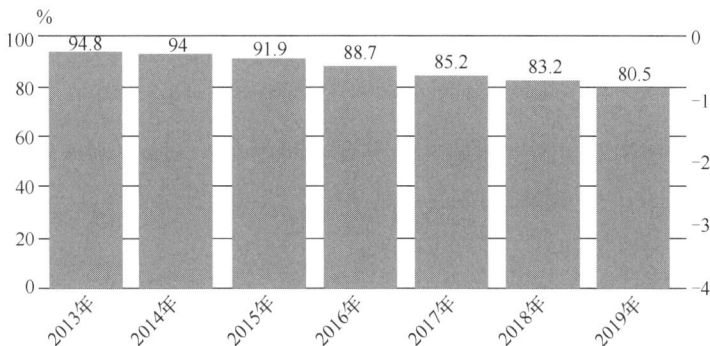

图 1-7 跨境电子商务行业 B2B 交易模式占比及其增长率

序号	融资方	所属行业	所在地	融资时间	融资轮次	融资金额	投资方
1	网易考拉	进口电商	浙江省杭州市	2019年9月6日	并购	20亿美元	阿里巴巴
2	Wish	出口电商	上海市	2019年8月2日	H轮	3亿美元	General Atlantic等
3	纵腾网络	出口电商	福建省福州市	2019年3月6日	B轮	7亿元人民币	凯辉基金 普洛斯GLP 钟鼎创投
4	海拍客	进口电商	浙江省杭州市	2019年12月19日	D轮	1亿美元	Anchor Equity Partners 高瓴资本
5	KK馆	进口电商	广东省深圳市	2019年10月23日	D轮	1亿美元	eWTP科技创新基金 五岳资本 经纬中国...
6	行云全球汇	进口电商	广东省深圳市	2019年8月23日	B1轮	1亿美元	元禾辰坤 信达汉石 蓝图创投等
7	海豚家	进口电商	北京市	2019年6月12日	C轮	1亿美元	未透露
8	Club Factory	出口电商	浙江省杭州市	2019年10月11日	D轮	1亿美元	启明创投 峰瑞资本等
9	执御信息	出口电商	浙江省杭州市	2019年8月5日	C1轮	6500万美元	G42集团
10	KK馆	进口电商	广东省深圳市	2019年3月12日	C轮	4亿元人民币	洪泰基金 经纬中国 璀璨资本

2019年跨境电商融资TOP10排行榜

图 1-8 2019 年跨境电子商务融资 TOP10 排行榜

1.2 跨境电子商务与传统外贸

1.2.1 跨境电子商务模式与传统外贸模式

1. 传统外贸模式

传统贸易是商品在生产、流通、结算等环节所进行的全部活动的总称。传统的跨境贸易（即传统外贸）大部分由一国的进出口商通过另一国的进出口商进出口大批量货物，然后通过境内流通企业经过多级分销（至少要跨越国内工厂、国内贸易商、目的地进口商、目的地分销商、目的地零售商5个渠道），最后到达有需求的企业或消费者。传统外贸模式进出口环节多、时间长、成本高。

2. 跨境电子商务模式

跨境电子商务是在不同国家和地区的贸易公司或个人依靠互联网技术，在互联网上实现跨境贸易的主要部分（如商品的浏览、订单的下达、资金的支付），然后再使用国际物流把商品运送到消费者手中实现交易的一种销售模式。

（1）进口跨境电子商务模式

进口跨境电子商务可分为直邮和保税备货两种模式。

① 直邮可分为跨境直邮和集货直邮，各平台常说的直邮通常指跨境直邮。

a. 跨境直邮是指消费者购买境外商品之后，跨境电子商务企业在境外打包，以零售形式通过国际物流发货，并通过境内清关，将商品直接配送到消费者手中的模式。跨境直邮往往是进行三单比对的规范化的跨境电子商务企业对消费者（即B2C）直邮模式，成熟的跨境进口电子商务平台为消费者提供了较为可靠的直邮购物保障。跨境直邮模式更适应消费者个性化、多元化的海淘需求，具有时效低、稳定性高、风险低等特点。跨境直邮模式如图1-9所示。

图1-9　跨境直邮模式

b. 集货直邮模式是跨境直邮模式的升级版，是B2C模式下的常用物流模式。集货直邮是跨境电子商务企业在接到订单之后将货物集中存放在海外仓，达到一定包裹量之后再统一发回境内的方式，集货直邮模式如图1-10所示。

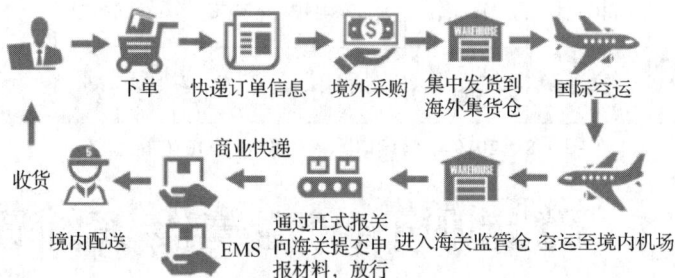

图1-10　集货直邮模式

② 保税备货模式

保税备货是指商品提前通过大宗进口备货境内保税仓，在保税仓进行拆包、检验，待消费者下单购买后分拣、打包和清关，再通过境内物流公司寄送到消费者手中的模式。保税备货模式如图 1-11 所示。

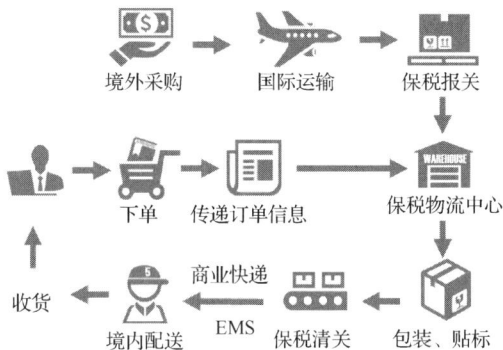

图 1-11　保税备货模式

（2）出口跨境电子商务模式

以不同的海关监管模式分类，出口跨境电子商务主要有一般出口和特殊区域出口两种模式。

① 一般出口模式

一般出口指跨境电子商务企业根据境外消费者的网购订单，直接从境内启运订单商品，从跨境电子商务零售出口监管场所申报出口，并配送给消费者的跨境电子商务零售出口业务。

一般出口，采用"清单核放、汇总申报"的方式，电商出口商品以邮件、快件方式分批运送，海关凭清单核放出境，定期把已核放清单数据汇总形成出口报关单，电商企业或平台凭此办理结汇、退税手续，一般出口模式如图 1-12 所示。

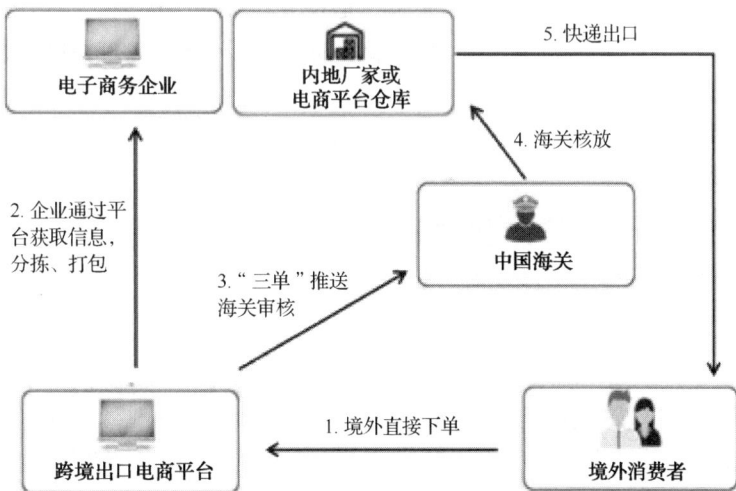

图 1-12　一般出口模式

② 特殊区域出口模式

特殊区域出口又被称为保税出口，是指符合条件的电商企业或电商平台与海关联网，把整批商品按一般贸易报关进入海关特殊监管区域，实现快速退税。对于已入区的商品，境外消费者下单购买后，海关凭清单核放，出区离境后，海关定期将已放行清单归并形成出口报关单，企业凭此办理结汇手续。特殊区域出口模式如图 1-13 所示。

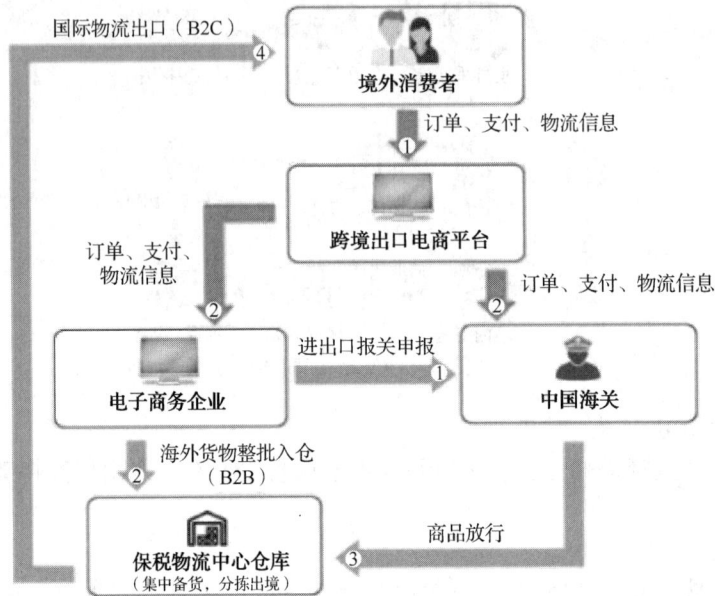

图 1-13　特殊区域出口模式

海关特殊监管区域是经国务院批准，设立在中华人民共和国关境内，赋予承接国际产业转移、连接国内国际两个市场的特殊功能和政策，以海关为主实施封闭监管的特定经济功能区域。我国的海关特殊监管区域始于 1990 年。截至 2018 年年底，我国已批准设立 140 个海关特殊监管区域，分为保税区、出口加工区、保税物流园区、跨境工业园区、保税港区、综合保税区六种模式。其中，综合保税区是我国开放层次最高、优惠政策最多、功能最齐全、手续最简化的特殊监管区域。自 2012 年起，新设立的海关特殊监管区域统一命名为综合保税区，原有的海关特殊监管区域也要整合优化为综合保税区。截至 2020 年 6 月，全国共有综合保税区等各类海关特殊监管区域 152 个，总规划面积超过 460 平方千米，其中综合保税区 121 个。

3. 传统外贸与跨境电子商务的区别

（1）成本

传统外贸主要是集中大批量商品，然后通过境内流通企业经过多级分销，将商品送达有需求的企业或者消费者手中。目前这种模式市场规模较大，但需要充足的资金和对手竞争。而跨境电子商务直接面向消费者，解决了传统外贸企业由于库存、物流、清关等带来的成本增加问题，也大大降低了企业进出国门的成本。

（2）形式和工作环节

传统外贸进出口环节多，常常需要在当地的政府进行进出口许可证、货物到达海关后报关等一系列传统操作；而跨境电子商务和境内的电商操作一样，可以直接从保税仓发货到消费者手中，简化了流程，大大缩短了平台从接受订单到运送商品至消费者手中的时间。传统外贸进出口环节多以 B2B 为主，都是在线下完成交易；跨境电子商务为降低中间成本，尽力减少或改变进出口环节，多是 B2C 模式，交易都在线上完成。

（3）利润

因为单价低、单量大，且牵扯复杂的关税、增值税和消费税等，传统外贸的门槛相对比较高，适合有资源的团队作战，这样才会有可观的利润。而跨境电子商务单价高、单量小，且税收比较简单、门槛低，所以非常适合个人卖家，传统外贸与跨境电子商务的区别如表 1-1 所示。

表 1-1　　　　　　　　　　传统外贸与跨境电子商务的区别

项目	传统外贸	跨境电子商务
运作模式	基于商务合同	借助互联网电子商务平台
交易环节	交易环节复杂，涉及中间商众多	交易环节简单，涉及中间商较少
运输	多通过海运和空运完成，物流因素对交易主体影响不明显	通常借助第三方物流企业，一般以航空小包形式完成，物流因素对交易主体影响明显
通关、结汇、退税	海关监管规范，可以享受正常的通关、结汇和退税政策	通关缓慢或有一定限制，易受政策变动影响，无法享受结汇和退税政策
主体交流方式	面对面，直接接触	通过互联网平台直接接触终端客户
价格、利润	价格高，利润空间小	价格实惠，利润空间大
订单特点	订单大、周期长、风险高	订单小、频次高、风险小
产品类目	产品类目少、更新速度慢	产品类目多、更新速度快
规模、增速	市场规模大但受地域限制，增长速度相对缓慢	面向全球市场，规模大，增长速度快
支付	正常贸易支付	须借助第三方支付
争端处理	健全的争议处理机制	争端处理不畅，效率低

1.2.2　跨境电子商务给传统外贸带来的机遇

1. 跨境电子商务缩短了对外贸易中间环节，提高进出口贸易效率

跨境电子商务打破了传统外贸企业电商模式下境外的一些渠道，使得企业可以直接面对个体批发商、零售商，甚至是直接的消费者，有效减少了贸易中间环节，降低了商品流转成本；中间环节的减少不仅提高了进出口贸易效率，节省的中间环节成本也为企业获利能力的提高及消费者获得实惠提供了可能。

2. 跨境电子商务有利于实现外贸客户资源管理

外贸企业原有的经营方式多是业务员包揽从客户选择、签订合同、组织货源、验货报关到货款支付的全过程，掌握着客户资源。这会使得企业无法掌握客户的状况，业务员在很大程度上影响着企业的生存和发展，一旦遇到人才流失，企业的竞争力会急剧下降。而在电子商务模式下，外贸企业的信息化建设使每人每天的工作日程和行动记录都有据可查，所有细节一目了然，使信息主动权更多的掌握在外贸企业手中。

3. 跨境电子商务降低了交易成本和采购成本，交易透明度高

外贸企业在传统国际贸易采购中，需要耗费大量的人力与物力，买卖双方需要经过多次的询盘、还盘，大量的来往传真、电函才能成交，并且在这些询盘、还盘过程中还非常容易出现人为操作的失误。

电子数据交换（Electronic Data Interchange，EDI），是利用计算机应用系统，由一台

计算机运用标准协定及统一标准数据格式，经过电子化的数据传递方式，将数据传送到另一台计算机的计算机应用系统。资料表明，采用 EDI 技术可以使商业文件的传递速度提高 81%，由差错造成的商业损失减少 40%，文件处理成本降低 38%，节省 5%～10%的进货费。

同时，使用 EDI 技术可以使企业员工能够将工作的重心集中在开发研制、开拓新的客户市场、巩固与供应商的合作关系以及企业长远的发展战略，并且在互联网上进行采购，可以更广泛的选择供货商，压低进货成本，保证进货质量。

4. 跨境电子商务有利于外贸企业越过贸易壁垒，扩大贸易机会

跨境电子商务的发展进一步推动了生产和服务的全球化，加速了全球市场一体化和生产国际化的进程，促进供应商和用户建立更紧密的联系。外贸企业可以向用户提供全天候的产品信息和服务，从而大大增加贸易机会。用户也可以在全球范围内选择最佳供应商。跨境电子商务有利于大批外贸企业越过国际和地区之间有形和无形的壁垒，对世界经济产生着巨大的影响。

5. 跨境电子商务有利于减轻外贸企业对实物基础设施的依赖

传统企业开展国内贸易必须拥有相应的基础设施。与开展国内贸易相比，进行国际贸易对实物基础设施的依赖程度要高很多。如果企业利用电子商务开展国际贸易业务，则在实物基础设施方面的投入要少很多。

跨境电子商务作为我国外贸行业的新业态之一，近年来在国家政策不断加持的大背景下蓬勃发展，当前已经成为我国外贸转型升级的"新动能"。跨境电子商务交易规模不断增长，得益于一系列制度支持和改革创新，以及互联网基础设施的完善和全球性物流网络的构建。

在出口电商中，庞大的境外市场需求及外贸企业转型升级的发展等因素都有助于推动行业快速成长，吸引更多的企业"触网"。与一般贸易模式相比，跨境电子商务模式在相关政策扶持下更能够体现交易流程扁平化、服务集约化的特点，从而帮助中国品牌商将商品更快、更好地销售给境外消费者。

同时，跨境电子商务在促进我国外贸增长的进程中扮演了重要角色。随着社会经济的发展，人均购买力在不断提高；互联网的普及、现代智能物流体系的优化升级，以及线上支付环境和生态系统的不断创新完善，都成为跨境电子商务发展的推动力量。因此，跨境电子商务在可见的未来仍将呈现快速发展态势，B2C 模式将进入迅猛发展阶段，在我国跨境电子商务市场中占据越来越重要的地位，也将给国内小规模企业带来更多的发展机遇。目前，我国跨境电子商务规模稳居世界第一，范围覆盖绝大部分国家和地区，成为带动我国外贸发展的重要力量。

本章小结

❧❧❧❧❧

本章共分 2 节来阐述与探讨跨境电子商务问题。1.1 节内容是跨境电子商务的崛起，包括跨境电子商务的概念和分类、跨境电子商务与境内电子商务的区别、跨境电子商务发

展历程和趋势；1.2 节内容是跨境电子商务与传统外贸，包括跨境电子商务模式与传统外贸模式的比较、跨境电子商务给传统外贸带来的机遇，以及我国跨境电子商务的发展现状。

实训项目

上网搜索 5 个与跨境电子商务专业人员招聘相关的广告，归纳各个公司对跨境电子商务专业岗位的职业能力和素质的要求，写一份自己从事跨境电子商务的职业说明书。

课后习题

1. 什么是跨境电子商务？它和电子商务、传统贸易的概念有何区别？
2. 跨境电子商务按交易主体如何分类？
3. 根据跨境电子商务的发展趋势，讨论疫情期间跨境电子商务给我国中小型外贸企业带来的机遇和挑战。

第2章

跨境电子商务模式

伴随着 IT 技术的快速发展，旧的商业模式不断地被颠覆，新的商业模式不断涌现。任何一种新兴的商业模式，其生命力的长短取决于它是否能够有效解决经营主体面临的实际问题。跨境电子商务平台是跨境电子商务交易环节的中枢，起着非常重要的衔接作用。按照不同分类方式，跨境电子商务可分为不同类别。以交易主体属性分类原则可以将跨境电子商务分为 B2B 跨境电子商务、B2C 跨境电子商务以及 C2C 跨境电子商务。

引导案例

2019 年 9 月 6 日，网易与阿里巴巴共同宣布达成战略合作，阿里巴巴以 20 亿美元全资收购网易旗下跨境电子商务平台考拉。交易完后成，考拉品牌将保持独立运营，天猫进出口事业群总经理刘鹏将兼任考拉 CEO。同时，阿里巴巴作为领投方参与了网易云音乐此轮 7 亿美元的融资。网易依然保持对网易云音乐的绝对控股。作为同在杭州成长起来的互联网企业，未来双方将更紧密地合作，共同探索数字经济时代的未来。

对于阿里巴巴而言，这次并购的优势肉眼可见。例如，阿里巴巴实现了在跨境电子商务市场的卡位，弥补了自己电商帝国的最后一块短板；网易考拉的优质自营供应链和与生俱来的"品质基因"可以对天猫国际进行较好的补充；阿里巴巴有了整合、优化利益链的空间，更掌握了品牌议价的主动权。而且，此前有消息称拼多多也想收购网易考拉，所以，阿里巴巴此举不仅壮大了自己，也削弱了对手。

网易更是一箭三雕。首先，可以在充满不确定的经济环境下换取大量现金流，聚焦主营业务，回归高增长、高毛利的业务状态；其次，可以重新梳理电商业务，专注网易严选的快速发展；最后，也给"女儿"考拉找到了好归宿——阿里巴巴可以在资金、金融支付以及数据技术等方面赋能，给考拉一个美好的未来。

阅读以上案例，思考：

1. 什么是跨境电子商务模式？
2. 天猫国际收购网易考拉将会对中国跨境电子商务发展产生哪些影响？

2.1　跨境电子商务B2B

2.1.1　跨境电子商务B2B的概念

跨境电子商务 B2B（Business to Business）是不同关境的企业对企业之间的电子商务，是指分属不同关境的企业，通过电子商务平台实现商品交易的各项活动，并通过跨境物流实现商品从卖家流向买家以及其他相关活动内容的一种新型电子商务应用模式，现已纳入海关一般贸易统计。

跨境电子商务 B2B
和 B2C

2.1.2　跨境电子商务B2B模式

根据平台盈利方式，跨境 B2B 模式主要分为两种类型：信息服务平台和交易服务平台。

1. 信息服务平台

模式介绍：通过第三方跨境电子商务平台进行信息发布或信息搜索完成交易撮合的服务，其主要盈利模式包括收取会员服务费用和增值服务费用。

会员服务即卖方每年缴纳一定的会员费用后享受平台提供的各种服务，会员服务费是平台的主要收入来源。目前该种盈利模式在市场趋向饱和。

增值服务即买卖双方免费成为平台会员后，平台为买卖双方提供的服务，主要包括竞价排名、点击付费及展位推广。其中，竞价排名是信息服务平台进行增值服务最为成熟的盈利模式。

主要代表企业：阿里巴巴国际站、环球资讯网。

2. 交易服务平台

模式介绍：能够实现买卖供需双方之间的网上交易和在线电子支付，其主要盈利模式包括收取佣金以及展示费用。

佣金制是在成交以后按比例收取一定的佣金，不同行业采取不同的量度。

展示费是上传产品时收取的费用，不论展位大小，只要展示产品信息便收取费用，且需直接线上支付。

主要代表企业：敦煌网、大龙网。

2.1.3　跨境电子商务B2B优劣势分析

跨境电子商务 B2B 借助互联网的互动性、开放性推动了全球价值创造要素重组，帮助传统外贸企业实现转型升级。进出口商或进出口贸易公司已经不再作为国际间商品及服务的主要载体，商流与物流取代传统的企业间跨境交易的载体，为进出口商品及服务提供代理报关、商检、仓储等服务，并及时向各成员提供商贸信息咨询、市场分析、进口产品的保税展示等信息，降低了国际贸易经营主体的经济投入，提高了经营效率。

1. 跨境电子商务B2B的优势

与传统的企业间跨境交易相比，跨境电子商务 B2B 具有以下优势。

（1）重塑全球供应链价值创造内容

从价值创造角度，在企业的供应链上除了资金流、物流、信息流外，最根本的就是要有增值流。跨境电子商务 B2B 弥补了传统供应链的不足，通过整合企业的上下游产业，以制造商为中心，将产业上游供应商、下游经销商、物流运输商、服务商以及往来银行进行垂直一体化的整合，构成一个电子商务供应链网络，消除了供应链上不必要的动作和消耗，推动供应链向动态化、虚拟化、全球网络化的方向发展，使整个供应链的每个流程实现最合理的增值，重塑全球供应链价值创造内容。

（2）降低企业间的跨境交易成本

首先，跨境电子商务 B2B 有利于企业通过互联网发布广告信息或采购需求信息，从而节约交易成本。其次，跨境电子商务 B2B 有利于企业缩短中间供应链，减少不必要的中间环节成本，将节省下来的成本用于增加企业的研发投入、创建品牌、提升质量、完善营销与售后。最后，从集成协作角度，采购组织商能够通过网上招标、打包采购等途径迅速获得更优惠的价格。

（3）提高了企业间的交易效率

跨境电子商务 B2B 在提高企业间交易效率方面的主要表现如下。

① 从交易双方的谈判效率来看，跨境电子商务 B2B 下的买卖双方可以通过网络谈判，以超文本方式（如图像、声音、文本信息）实现信息交流，谈判效率是基于电话、电报、传真等沟通工具进行信息交流的传统商务活动所无法比拟的。

② 从交易时间范围来看，基于互联网的跨境业务可以全天候、无节假日地不间断运作，可以延伸到传统营销人员和广告促销达不到的市场范围。

③ 从交易准确率来看，跨境电子商务 B2B 下的电子采购方式不仅可以让采购商跟踪整个采购流程，而且可以让供应商从减少采购订单错误比例的自动购买订单系统中获益。

（4）改善了企业信息管理和决策水平

随着信息技术的发展和应用，EDI 技术、条码技术、GPS 等物流信息技术的使用在跨境电子商务物流领域不断普及，从而大大提高了企业信息处理和信息管理的能力、对市场的反应能力及对用户的服务水平。

2. 跨境电子商务B2B的劣势

我国跨境电子商务 B2B 发展迅速，但与发达国家相比还有很大差距。我国的跨境电子商务 B2B 和发达国家相比存在以下劣势。

（1）企业信息化水平低

B2B 电子商务模式提供了一个虚拟的网上交易平台。进入网上交易平台的企业必须具备一定的资格，即企业内部必须有一套合格的电子化生产管理系统，且这套系统有能力与外部信息流无缝对接，以实现企业生产、采购、销售全过程的信息化。而在信息化水平及应用环境方面，发达国家一直占绝对优势，如美国已有 60% 的小型企业、80% 的中型企业、90% 以上的大型企业借助互联网广泛开展电子商务活动。我国企业信息化建设虽然已有 20 多年历史，但在企业信息化的规模、层次和应用水平上仍与发达国家有很大差距，"信息孤岛"现象严重，企业内部信息整合能力差，并没有发挥跨境电子商务 B2B 给企业带来的整体效应。

（2）物流费用高

在跨境电子商务大发展的今天，小批量、高频度的交易要求使跨境物流需求碎片化。为降低物流成本，发达国家物流市场已形成了综合的第三方物流服务商，以及专业的运输、仓储服务商和区域性配送服务商分工合作的产业形态。在我国，第三方物流仍处于发展初期，物流服务功能单一，增值服务刚刚起步，加上物流配送中的"通关"障碍，我国的跨境电子商务 B2B 配送成本高、效率低。跨境电子商务物流远比我国境内物流服务复杂且难度大，物流服务内容、服务水平、服务质量等都无法与国内物流相提并论。

（3）由"背靠背"引发的交易安全问题

电子商务的运作涉及多方面的安全问题，如资金安全、信息安全、货物安全、商业机密等。在跨境电子商务交易中，买卖双方往往不能直接见面。跨境支付涉及外汇兑换和资金跨国界流动，对其交易的安全性、便捷性及监管要求等方面提出了更高的要求。因此，跨境结算的安全性与可靠性是跨境电子商务 B2B "背靠背"交易中必须面临的问题。此外，计算机病毒与网络黑客也给电子商务的发展带来了安全隐患，一些外贸公司不敢贸然网上签约或交易结算，严重影响了跨境电子商务 B2B 的发展。

（4）跨境电子商务 B2B 法律制度不健全

跨境电子商务是一项复杂的系统工程，它不仅涉及参加贸易的双方，而且涉及不同国家、地区的工商管理、海关、税务、保险、运输、银行等部门。跨境物流存在物流费用高、关税高及安全性低等问题，国际支付环节也比国内复杂，所以为了公平仲裁、保障贸易双方利益，需要有统一的法律和政策框架以及强有力的跨国家、跨地区、跨部门的综合协调机制。但是，我国的电子商务环境并不健全，如知识产权保护、网络安全、电子合同的效力与执行等问题都需要在法律层面进一步完善。近年来，我国政府虽然已经陆续出台促进跨境电子商务发展的政策，但主要还是针对跨境电子商务 B2C 方面，针对跨境电子商务 B2B 方面的政策支持力度还需要加大。

（5）跨境电子商务 B2B 人才需求量大

跨境电子商务是基于互联网和国际贸易发展起来的新型贸易方式。目前，跨境电子商务 B2B 是跨境电子商务的主流模式。随着跨境电子商务 B2B 的火热发展，企业对相关人才的需求越来越多，且更加希望跨境电子商务人才是复合型学科人才。跨境电子商务发展的外贸人员必须具备良好的职业素养和责任意识，能够运用各类跨境电子商务平台从事国际贸易、跨境营销、产品详情页编辑等相关工作。

2.1.4　跨境电子商务B2B平台介绍

1. 信息服务B2B平台：阿里巴巴国际站

（1）阿里巴巴国际站简介

阿里巴巴国际站于 1999 年正式上线，提供帮助中小企业拓展国际贸易的出口营销推广服务，通过向境外买家展示、推广供应商的企业和产品，进而获得贸易商机和订单，是出口企业拓展国际贸易的首选网络平台之一。

阿里巴巴国际站主要核心业务包括商机搜索与浏览、专用域名与商铺、中国供应商认证、网上活动与培训、线下会展及刊物、管理软件、贸易通等。

阿里巴巴国际站主要营销模式包括国际站点及各大洲相关联盟站点、谷歌等线上推广渠道，买家服务部、国际商会、行业协会、展会等线下推广渠道，售后服务推广渠道。

阿里巴巴国际站的主要收入来源于会员费、广告收入以及针对会员推出的竞价排名、展位服务等增值服务收入。

（2）阿里巴巴国际站积极应对新冠肺炎疫情

2020 年 2 月，阿里巴巴国际站针对新冠肺炎疫情的影响，出台一系列外贸综合解决方案，为中小企业拓商机、提效率、金融"续命"、履约"托底"。

① 阿里巴巴国际站开启数字化定向流量双倍引入

阿里巴巴国际站开启数字化定向流量双倍引入，面向全网商家增投境外高品质流量，并与即将到来的三月新贸节做融合，以超过 40 个营销场景作为承接，为平台商家开辟线上商机。面向已恢复生产、供货的商家全新上线快速交易和深度定制两个营销场景，帮助商家获取更多流量。

② 阿里巴巴国际站为商家提供专属线上办公支持，扶持新入驻商家

阿里巴巴国际站联合钉钉，为商家提供专属线上办公支持，商家在享受钉钉基本权益的同时，可以享受阿里巴巴国际站会员专享权益。阿里巴巴国际站应对疫情，提出星等级"只升不降"，将数据管家行业版免费开放。除了支持"云办公"，阿里巴巴国际站针对新入驻的商家提供旺铺装修、发品服务、运营培训、营销工具等新手扶持举措，为新入驻的出口通商家免费数字化建站，为新入驻的金品诚企商家免费提供数字化营销服务。

③ 企业金融和网商银行为国际站商家"续命"

企业金融将为部分商家提供免费赊销保障，蚂蚁旗下的网商银行专供湖北商家总额百亿元、为期 12 个月的特别扶助贷款，前 3 个月免息；为全量商家提供为期 12 个月，总额 100 亿元的特别扶助贷款，贷款利率打八折。

④ 阿里巴巴国际站帮助商家减少不必要的损失

阿里巴巴跨境供应链代办贸促会出具"不可抗力实时性证明"，以及疫情相关形式证明办证服务，帮助商家减少不必要的损失。根据商家的不同情况，提供基础服务费和交易服务费免费或打折优惠，帮助商家降低交易履约成本。

⑤ 阿里巴巴国际站物流协同菜鸟及生态

阿里巴巴国际站物流协同菜鸟及生态，为商家提供高确定性、全链路可视化的物流解决方案。国际快递覆盖 20 多条线路、30 多个国内仓，为 3C、纯电、假发、化妆品等多个行业提供解决方案；国际货运提供 8 大主流起运港口的海运整柜及拼箱服务；国际陆运承运车辆资源充足，满足旺季运力需求，为符合条件的客户提供快递运费优惠、头程揽收运费优惠。

2. 交易服务B2B平台：敦煌网

（1）敦煌网简介

敦煌网是全球领先的在线外贸交易平台，其 CEO 王树彤是中国最早的电子商务行动者之一，1999 年参与创立卓越网并出任第一任 CEO，2004 年创立敦煌网。

敦煌网致力于帮助中国中小企业通过跨境电子商务平台走向全球市场，开辟一条全新的国际贸易通道，让在线交易变得更加简单、安全、高效。敦煌网是国内首个为中小企业提供 B2B 网上交易的网站，采取佣金制。2019 年 2 月 20 日起，其对新商家注册开始收取

费用，只在交易成功后收取费用。

敦煌网主要核心业务包括产品上传、商品搜索、一站通、数据分析。

敦煌网主要营销模式包括境外营销、在线物流、在线支付、金融服务、网货中心。

敦煌网采用电子邮件营销（E-mail Direct Marketing，EDM）的营销模式，低成本、高效率地拓展境外市场，自建 DHgate 平台，为境外用户提供高质量的商品信息。用户可以自由订阅英文 EDM 商品信息，第一时间了解市场最新供应情况。在敦煌网，消费者可以根据商家提供的信息来生成订单，可以选择直接批量采购，也可以选择先小量购买样品，再大量采购。这种线上小额批发一般使用快递，快递公司一般在一定金额范围内会代理报关。

（2）敦煌网召开 2020 APEC 中小企业跨境电子商务峰会暨敦煌网全球合作伙伴大会

2020 年 3 月 26 日，2020 APEC 中小企业跨境电子商务峰会暨敦煌网全球合作伙伴大会以大型互动直播的方式如约召开。峰会设置主会场及金融科技、开放平台、境外拓展、渠道商启动 4 大分会场，提供近 8 小时的高密度马拉松式直播，吸引了 22 000 余名跨境电子商务从业者突破疫情限制，通过峰会官网及雨果网双平台与众多业内专家、政企合作伙伴在网络上"胜利会师"。参与人数实现超过行业常规线下大会 10 倍以上的突破。

与会嘉宾不仅探讨了跨境电子商务在疫情阻碍下所面临的挑战，更从中窥见行业新的发展趋势，帮助中小企业提升"免疫力"，应对未来更加多变的商业环境，加快推动产业链与行业生态建设的不断完善，实现平台携手商家合力"国货出海"的积极局面。

这种即时性的互动也成为本次峰会直播的一大亮点。参与者不仅可以"面对面"向大咖提问，还能随机赢取包括敦煌网各项平台权益及增值服务在内的红包大礼。据悉，敦煌网为了切实让利商家，在该项目上的投入超过百万元。

2.2　跨境电子商务B2C

2.2.1　跨境电子商务B2C的概念

跨境电子商务 B2C 是指分属不同关境的企业直接面对消费者个人开展在线销售产品或服务，在电子商务平台上实现商品交易的各项活动，并通过跨境物流实现商品从商家流向消费者以及其他相关活动内容的一种新型电子商务应用模式。

2.2.2　跨境电子商务B2C模式

根据平台运营方式，出口电商 B2C 服务模式可分为开放平台与自营平台。

1. 开放平台

模式介绍：内容涉及出口电商的各个环节，除了开放消费者和商家数据外，还包括开放商品、店铺、交易、物流、评价、仓储、营销推广等各环节和流程的业务，实现应用和平台系统化对接，并围绕平台建立自身开发者生态系统。

开放平台更多的作为管理运营平台商存在，通过整合平台服务资源同时共享数据，为买卖双方服务。

主要代表企业：eBay、亚马逊、速卖通。

2．自营平台

模式介绍：出口电商对其经营产品统一生产或采购、产品展示、在线交易，并通过物流配送将产品投放到最终消费群体。

自营平台通过量身定做符合自身品牌诉求和消费者需要的采购标准，来引入、管理和销售各品牌的商品，以品牌为支撑点凸显自身的可靠性。自营平台在商品的引入、分类、展示、交易、配送、售后保障等整个交易流程的各个重点环节管理上均发力布局，通过互联网信息技术系统管理、建设大型仓储物流体系，实现对全交易流程的实时管理。

主要代表企业：兰亭集势、环球易购等。

2.2.3 跨境电子商务B2C优劣势分析

跨境电子商务 B2C 通过网上商店拓展了客户与企业交易的时间与空间，大大提高了交易效率。B2C 网站依托网络深入人们生活是一种必然趋势。但人们在享受跨境电子商务 B2C 便捷性的同时，也不能忽视跨境电子商务 B2C 存在的网络安全问题及在不同国家发展的差异问题。

1．跨境电子商务B2C优势

（1）符合消费需求个性化趋势

跨境电子商务企业作为数字化企业可以满足消费者个性化需求，由零售商委托工厂为消费者生产个性化产品。未来，工厂追求的目标将不再是工业化的大规模生产，而是多品种、定制化、优质和高效，多品种、小批量的"私人订制"趋势将越来越明显。

（2）实现消费品单一出口为全球出口

跨境 B2C 网上零售商可以借助互联网的时空拓展性，建立国际分销渠道来销售商品，使出口产品和国际市场呈多元化趋势。国际市场多元化的好处在于可以利用的全球市场机会远远超过一个单一市场的机会；同时，不同国家的消费者即使有不同的消费特点，也都能在跨境贸易环境中获得满足感。

（3）节省了制造商到终端消费者的中间环节

在跨境 B2C 模式下，由于信息的自由流通，商家获取比价信息的成本也大幅降低，零售商可以方便、快捷地从更高层级的贸易商处直接采购到自己需要的商品，而且通过小批量、多批次的频繁交易来降低库存压力，提高商品周转效率和自身竞争力；最终消费者也可以通过电子商务平台直接对接进出口商甚至是源头厂家。电子商务的出现有效消除了国际贸易链条上的多个流转环节，通过降低流转成本降低了商品价格，提高了零售商的盈利能力和消费者的消费能力。

（4）加快了数字化产品的国际化进程

数字化产品是指信息、计算机软件、视听娱乐产品等可数字化表示并可用计算机网络传输的产品或劳务。在数字经济时代，这些产品（劳务）可不必再通过实物载体形式提供，可在线通过计算机网络传送给消费者。因此，随着跨境 B2C 模式的市场规模不断扩大，数字化产品将面向全球迅速传播，国内消费者可通过网上订阅、付费浏览、广告支持等模式获得国外优质的数字化产品。

2．跨境电子商务B2C劣势

（1）物流成本高

跨境 B2C 销售的对象主要是消费者。产品运输以小批量、多批种的国际快递物流为主要方式，物流成本高。

（2）物流服务水平差

网购的竞争就是时间的竞争、售后体验的竞争，跨境 B2C 面对消费者的最大困境是商品物流配送问题。一些物流公司，因空运、清关等不确定因素，到货时间无法承诺。有些跨境物流公司，因丢包事件时常发生，使消费者申请退款赔偿的周期十分漫长。还有些物流公司的海外仓，货物转仓越仓后信息登记不及时，客户查看不便，物流公司应答敷衍，严重影响了客户体验。

（3）新兴国家跨境 B2C "市场不规范" 问题凸显

以中国为例，因政策及监管的滞后，不少跨境电子商务企业的整个交易过程及支付方式都是和国家现有政策和法规相冲突的。于是，市场上出现了一些实际销售额惊人但在公开网站上相当 "低调" 的跨境商家，这说明他们在通关、商检、收汇等出口法定程序方面是逃离国家监管的，具有 "灰色身份" 的嫌疑。

（4）小语种人才缺乏

综合性人才缺乏。首先，跨境电子商务 B2C 需要具有产品行业背景的专家，对行业产品具有国际和国内两个市场的专业知识；其次，对语言要求很高，特别是小语种语言；再次，B2C 需要国际化专业人才，即具有所在国文化、习俗、语言、法律等专业知识的人才，这样才能够了解当地消费者的思维方式和生活方式；最后，需要供应链管理专家，全球零售从产品方案制定、采购、生产、运输、库存、出口到物流配送等一系列环节都需要专业的供应链管理人才。

2.2.4　跨境电子商务B2C平台介绍

1. 开放B2C平台：eBay

（1）eBay 简介

eBay 在 1995 年 9 月成立；1998 年 9 月在纳斯达克成功上市；2002 年 6 月收购 PayPal，标志着全球领先的交易市场与网络支付系统两大巨头强强联手；2003 年 7 月收购易趣，正式进军中国市场。eBay 作为全球商务与支付行业的领先者，为不同规模的商家提供共同发展的商业平台。eBay 在线交易平台是全球领先的线上购物网站。

eBay 对入驻其平台进行跨境电子商务贸易的商家收取两项费用，一项是刊登费，即卖家在 eBay 上刊登物品所收取的费用；另一项是成交费，即当卖家的物品成功售出时，平台收取一定比例的成交费和佣金。

除了为卖家和最终消费者提供交易平台等基础服务外，eBay 同时积极布局出口电商 "产业链" 服务，为入驻其平台的卖家提供多种服务。

（2）eBay 新卖家金鹰计划

2020 年 1 月 7 日，eBay 成功举办 "eBay2020 上海企业卖家高峰会"。此次峰会上，eBay 着重介绍了 "eBay 新卖家金鹰计划"。

"eBay 新卖家金鹰计划" 面向新入驻 eBay 平台的三类卖家群体：高潜力的高产卖家、知名品牌卖家以及有影响力的区域标杆卖家做重点扶持和培养，帮助其加速增长，提高品牌知名度和市场渗透率。该计划自 2019 年推出，经过一年的培育，已经孵化了超过 20 个百万级卖家，受到了广大新卖家的认可和欢迎。2020 年，"新卖家金鹰计划" 携 eBay 大数据精准支持、eBay 跨境电子商务人才培育助力企业人才建设、资源对接三大特色服务优化升级，再次出发，强势赋能 eBay 新卖家成长。

2. 自营B2C平台：兰亭集势

（1）兰亭集势简介

兰亭集势（LightInTheBox，简称兰亭）是以技术驱动、大数据为贯穿点，整合供应链生态圈服务的在线 B2C 跨境电子商务公司。兰亭集势成立于 2007 年。2010 年 6 月，兰亭集势收购 3C 电子商务欧酷网；2013 年 6 月 6 日，兰亭集势在美国纽交所挂牌上市，成为中国跨境电子商务第一股；2014 年 1 月 6 日，兰亭集势完成对美国社交电商网站 Ador 公司的收购，并设立兰亭集势在美国的第一个办公室；2018 年 11 月 8 日，兰亭集势收购新加坡电商 ezbuy。

兰亭集势业务包括：兰亭主站、兰亭 MINI 站、兰亭全球买家平台、兰亭智通、鲁智深云 ERP 软件平台、移动端互联网购物 App、共享海外仓等。

（2）兰亭集势世界一流的供应链体系

兰亭集势采取自营模式，在供应链环节、供应链管理以及商品管理上进行创新，形成了自身独特的供应链体系。

① 供应链环节

兰亭集势直接向制造厂采购商品然后直接销售至境外，有效地缩短了供应链环节，实现了从工厂到网站再到消费者的最短销售，进而从中获取较高的毛利率。

② 供应链管理

兰亭集势从供应链广度和供应链合作深度两个方面创新供应链管理模式。

在供应链广度方面，积极寻求与更多的供应商进行合作，不断增加供应链商品的品类，从而提高网站内商品种类的丰富度。

在供应链合作深度方面，将供应商纳入产业链条，促使供应商主动对产品做出更新，从而提高网站内产品的更新速度。

③ 商品管理

在商品管理上，针对定制类商品和标准品，兰亭集势分别采取不同的管理模式。

定制类商品：

第一，提前对供应商流程化生产协调能力进行培训，要求供应商在接到订单的规定时间内，按照网站需求完成商品定做，并将成品送至兰亭集势仓库；

第二，定制的标准品，要求供应商在 48 小时内将成品送至兰亭集势仓库；

第三，兰亭集势成立专门的婚纱设计中心，加强产品的设计能力。

标准品：要求部分供应商提前备货，并存放在兰亭集势仓库。通过这种方法，兰亭集势的订单处理率得到提高，有效避免了库存风险。

2.3 跨境电子商务C2C——海外代购

2.3.1 跨境电子商务C2C及海外代购的含义

1. 跨境电子商务C2C的概念

跨境电子商务 C2C 是指分属不同关境的个人卖家对个人消费者开展在线销售商品或

服务，个人卖家与个人消费者在电子商务平台上实现各项活动，并通过跨境物流实现商品从卖家流向买家以及其他相关活动内容的一种新型电子商务应用模式。

2．海外代购的含义

海外代购萌芽于 2008 年，属于代购的一种类型，即由代购商或经常出入境的个人帮助消费者购买商品。

近年来，中国网上零售市场中的海外代购市场蓬勃发展，特别是在全球经济危机的影响下，中国市场的巨大购买力给予境外企业极大的进入动力，网络海外代购则是最为便捷的渠道。

海外代购平台的运营重点在于尽可能多地吸引符合要求的第三方卖家入驻，不会深度涉入采购、销售以及跨境物流环节。入驻平台的卖家一般都是有境外采购能力或者跨境贸易能力的小商家或个人，他们会定期或根据消费者订单集中采购特定商品，在收到消费者订单后再通过转运或直邮模式将商品发往中国。

2.3.2　海外代购优劣势分析

1．优势

（1）消除了网络海外代购的国际壁垒。网络海外代购充当购物代理的角色，为国内的消费者提供便捷的海外购物渠道，免去了海外代购过程中产生的一系列手续。

（2）提供特殊需求的增值服务。网络海外代购不但能为消费者提供购买服务，部分专业代购网站还能针对消费者的特殊需求，提供购买网站外商品等增值服务，以实现服务差异化的目的。

（3）为消费者提供了较为丰富的境外商品品类选项，用户流量较大。

2．劣势

（1）海外代购商品可能存在假货或残次品，消费者往往无法判断。

（2）花费时间较长，不能及时送达消费者手中，削弱了用户体验。

（3）消费者对于入驻商户的真实资质持有怀疑态度，交易信用问题可能是 C2C 海外代购平台目前最需要解决的问题之一。

（4）对跨境供应链的涉入较浅，难以建立充分的竞争优势。

（5）实际操作麻烦。消费者要能够看懂外文网页，然后进行注册、选择转运公司、报关、缴纳关税等一系列操作，此外，消费者还要承担商品损坏、商品遗失等各种风险。

（6）海外代购支付需要具有国际支付功能的双币信用卡或者国际上交流性的第三方支付工具（如 PayPal），支付方式的局限性给消费者增加了困难。

（7）目前，尚无针对个人海外代购的专门法规。消费者在购买商品时没有直接和境外电商平台交易，维权困难，且售后服务也需要依赖中间人，售后服务很难保证，无形中造成了退换货的难度。

2014 年 4 月海关出台新政，规定所有境外快递企业须使用 EMS 清关派送包裹，不得按照进境邮递物品办理手续。2014 年 8 月 1 日，海关总署"56 号文"生效实施后，个人物品按行邮税进行征税，未经备案的私人海外代购被定为非法。根据政策要求，跨境电子商务整个过程的数据需要纳入"电子商务通关服务平台"，与海关联网对接。此外，进出境货物、物品信息也要提前向海关备案。新政策的颁布，规范了行业中的企业，开始进行海外代购阳光化的探索。

我国《电子商务法》于 2019 年 1 月 1 日起正式施行，法律的出台使处于法律盲区的海外代购有章可循，增加了代购的违法成本。对于消费者而言，此法的出台利大于弊，在购买商品时不仅可以得到质量保障，同时，在售后维权等环节的权益也会得到保护。海外代购市场会更加良性有序地发展。

2.3.3　海外代购模式及平台介绍

1. 海外代购模式

海外代购模式是指身在境外的人/商户为有需求的境内消费者在当地采购所需商品，并通过跨国物流将商品送达消费者手中的模式。从业务形态上，海外代购模式大致可以分为海外代购平台和朋友圈海外代购。

目前，海外代购平台主要有 C2C（Consumer to Consumer）、B2C（Business to Consumer）两种服务模式。C2C 模式指的是个人在大型购物网站的平台上搭建的私人代购店铺，如淘宝网上的海外代购店铺；B2C 模式指的是商家直接搭建的专业代购网站，如美国代购网、易趣网。其中，C2C 模式又可以划分为两种不同的服务方式，一种为卖家依据消费者对品牌、型号、尺寸等商品相关信息的要求，在境外购买并以邮寄或者随身携带的方式入境；另一种为卖家提前将境外的热销商品购买至国内，在网络店铺中展示并出售。

微信朋友圈代购是依靠熟人、半熟人社交关系从移动社交平台自然生长出来的原始商业形态。虽然社交关系对交易的安全性和商品的真实性起到了一定的背书作用，但消费者受骗的例子并不在少数。随着海关政策的收紧，监管部门对朋友圈个人代购的定性很可能会从"灰色贸易"转为走私性质。未来在海外代购市场格局完成整合后，这种原始模式恐怕难以为继。

2. 海外代购平台介绍

（1）淘宝全球购

2007 年"足不出户，淘遍全球"的淘宝全球购正式上线。淘宝全球购是淘宝网全球购的缩写，又称全球购物网，是淘宝网建立的奢侈品牌时尚频道，拥有韩国、日本、美国、英国、加拿大等国家和地区多个淘宝代购频道；是淘宝网专门提供给全球购卖家发布商品信息的交易信息平台；是 C2C 海外代购市场的领导者。

加入全球购服务的卖家会被打上"全球购"的荣誉标志，其店铺和商品将获得在全球购平台展示的机会，卖家获得使用全球购各项服务的权利。

2016 年，淘宝全球购启动买手业务。2019 年，淘宝全球购吸纳更多类型的人成为买手，借助社会化力量，通过与多区域和多类型机构的合作，提供买手运营工具和供应链的支持。买手模式是全球购打造的连接消费者和全球特色品牌之间的桥梁。通过这种模式，境外中小品牌能用更低的成本和更高的效率，提高在中国市场的影响力，从而提高商品销量。

全球购频道内的商品包括大牌、潮牌、各国当地特色品牌的精品等，汇聚了各品牌经典款、限量款、收藏款。对于国内专柜商品，提供更优的价格；对于国内无专柜的商品，提供第一手资讯和商品。同时，全球购同步境外折扣资讯，并第一时间通过官方频道、卖家反馈通知会员。频道内所有卖家都是经过严格筛选的境外认证卖家，100%加入消费者保障协议。卖家常驻世界各地，可以轻松购买到境外商品。

随着国人消费能力的提高，越来越多的消费者对境外商品的购买需求和意识正在发生转变，通过淘宝网全球购平台来购买商品也已成为一种习惯。未来，我国网购奢侈品还将继续呈上升趋势。

（2）洋码头

洋码头成立于 2009 年，是一个中国境外购物平台，满足了中国消费者不出国门就能购买到全球商品的需求。洋码头的卖家有两种，一种是境外商家，另一种是个人买手。消费者在洋码头挑选商品并付款后，卖家将货物通过国际空运运抵中国。如果消费者在洋码头平台上找不到需要的商品，可以找买手在境外进行采购。

洋码头的目标客户以具有一定购买能力的白领和家庭主妇为主，其对生活品质有更高的要求，其中，白领对身体健康的关注超过了普通消费者，有孩子的家庭主妇更关注下一代的健康状况。因此，白领和家庭主妇对营养品及保健品有更高的需求。

由于洋码头首页有详细的中文购物指南、操作规则、会员保障等，所以它类似于"傻瓜式"境外购物网站，可以满足不同文化层次消费者的境外购物需要。

"洋码头"平台的商品价格由零售商或买手自己决定。代购商品的价格一般由产品成本价、代购费用或卖家自定利润和运费构成。代购费用原则上是按照商品实际价格的 10%收取，但买手或商家可以自己决定从中获取的利润。

本章小结

本章主要分 3 节来阐述与探讨跨境电子商务模式，主要介绍 B2B、B2C、C2C 跨境电子商务模式并分析其优劣势，列举 B2B、B2C、C2C 跨境电子商务模式的主要代表企业。B2B 跨境电子商务根据平台盈利方式，可分为信息服务平台与交易服务平台，代表企业是阿里巴巴国际站和敦煌网；B2C 跨境电子商务平台代表企业是 eBay 和兰亭集势；C2C 跨境电子商务发展主流模式是海外代购，代表企业是淘宝全球购和洋码头。

实训项目

上网查找网易考拉、海囤全球、拼多多、小红书这几家公司的"前世今生"，对公司进行 SWOT 分析，分析这几家公司的跨境电子商务平台模式并写出分析报告。

课后习题

1. 简述跨境电子商务 B2B、跨境电子商务 B2C、跨境电子商务 C2C 的概念及区别。

2. 跨境电子商务 B2B 的具体实现模式有哪些？

3. 平台型跨境电子商务 B2C 有哪些特点？

4. 社交型海外代购模式为什么被业界称为"灰色模式"？你对基于微信的社交型海外代购模式有何看法？

5. 请选择本章所介绍的一个跨境电子商务平台，有选择地进入平台主页，探索该平台商业模式的运作特点。

第3章

跨境电子商务法律规范

2019 年 1 月 1 日我国首部《中华人民共和国电子商务法》（以下简称《电子商务法》）施行。这是一部关乎中国互联网电子商务行业格局的法律。不同于其他由部委牵头的立法，《电子商务法》由全国人大财政经济委员会牵头立项，具有极高的立法效力层次，旨在为中国电子商务行业发展建立一个基本法律框架。该法共设 7 章 89 条，以电子商务经营者、电子商务平台经营者为规范主体，围绕电子商务合同、争议解决、行业促进和法律责任四大部分设置规定。其中，既对电子商务经营者的义务、平台的责任、平台基本规则等做出原则性规定，也将实践中一些常见争议问题的现实解决经验总结成文。

引导案例

"浙江法院电子商务网上法庭"是浙江法院为了更好地为"中国（杭州）跨境电子商务综合试验区"建设提供司法保障，以"互联网+司法"思维，积极应对互联网经济的发展，及时化解电子商务领域纠纷，便利当事人诉讼而特别设立的网络法庭。

网上法庭以网络服务平台为依托，把诉讼的每一个环节都搬上网络，起诉、立案、举证、开庭、裁判都可在线上完成，使电子商务纠纷可以更加快捷地得到处理，提高了审判效率，节约了司法资源。

根据《浙江省高级人民法院关于同意杭州市中级人民法院等四家法院专设电子商务网上法庭的批复》，同意专设杭州市西湖区人民法院电子商务网上法庭。审理范围暂定为网络支付纠纷类案件；杭州市滨江区人民法院电子商务网上法庭，审理范围暂定为著作权纠纷类案件；杭州市余杭区人民法院电子商务网上法庭，审理范围暂定为交易纠纷类案件；杭州市中级人民法院电子商务网上法庭，审理范围暂定为前述纠纷的上诉案件。

原告在"浙江法院电子商务网上法庭"网页界面单击"我要起诉"，注册登录后就可在线提交起诉状、网上立案缴费。网上法庭自动提取电子商务平台的当事人身份信息、网上交易过程及各类表单数据，并利用独立第三方技术平台，对全部数据进行保全固定，法院在线完成送达和开庭。

阅读以上案例，思考：

1. 跨境电子商务争议有哪些解决办法？
2. 跨境电子商务争议在线解决方式的优点和问题分别是什么？

3.1 跨境电子商务合同的法律规范

3.1.1 数据电文

1. 数据电文的定义

数据电文一词最早在国际法律文件中出现是在 1986 年联合国欧洲经济委员会和国际标准化组织共同制定的《行政、商业和运输、电子数据交换规则》中。该规则规定，贸易数据电文是指当事人之间为缔结或履行贸易交易而交换的贸易数据。1996 年联合国国际贸易法委员会在《电子商业示范法》第二条中对数据电文进行了较权威的定义："数据电文"系指经由电子手段、光学手段或类似手段生成、储存或传递的信息，这些手段包括但不限于电子数据交换、电子邮件、电报、电传或传真。各国电子签名法或电子商务法也对数据电文进行了类似的规定。例如，美国国际国内商务电子签名法规定，"电子记录"是指由电子手段创制、生成、发送、传输、接收或者储存的合同或其他记录。

《中华人民共和国电子签名法（2019 修正）》（以下简称《电子签名法》）第二条指出，数据电文是指以电子、光学、磁或者类似手段生成、发送、接收或者储存的信息。数据电文也称为电子信息、电子通信、电子数据、电子记录、电子文件等，一般是指通过电子手段形成的各种信息。

《中华人民共和国民法典》（以下简称《民法典》）第三编第四百六十九条规定，当事人订立合同，可以采用书面形式、口头形式或者其他形式。书面形式是合同书、信件等可以有形地表现所载内容的形式。以电报、电传、传真、电子数据交换、电子邮件等方式能够有形地表现所载内容，并可以随时调取查用的数据电文，视为书面形式。

2. 数据电文的特征

计算机、网络与电子商务的发展，一方面促进了数据电文的产生，另一方面为数据电文的产生创造了条件。数据电文主要有数据性、虚拟性、易消失及易改动性、证据局限性、存放及传输特殊性等特征。

（1）数据性

随着计算机、信息技术和互联网的广泛应用，数据电文的形式多样，但无论数据电文以图像、文字、音频、视频等何种形式存储、传输和运用，其本质特征均是数据性。

（2）虚拟性

数据电文以图像、文字、音频、视频等形式存储、传输和运用都是无形化的。

（3）易消失及易改动性

与传统书面形式相比，数据电文更容易消失、被修改，甚至被篡改。数据电文在存储、处理和传输时，由于内部和外部、善意和恶意等原因，其消失、改动将不可避免。

（4）证据局限性

数据电文可以以图像、文字、音频、视频等任意形式存在、传输和运用，在作为独立证据使用时存在局限性。

（5）存放及传输特殊性

数据电文不论以何种形式存在、传输和运用，都需要特殊的系统、介质和方法，因此其存放及传输具有特殊性。

3. 数据电文的法律法规效力

（1）法律效力

数据电文的法律效力问题是数据电文的核心内容。

《电子签名法》第三条规定，民事活动中的合同或者其他文件、单证等文书，当事人可以约定使用或者不使用电子签名、数据电文。当事人约定使用电子签名、数据电文的文书，不得仅因为其采用电子签名、数据电文的形式而否定其法律效力。这是我国法律对数据电文效力的第一次承认。

（2）证据效力

《电子签名法》第七条规定，数据电文不得仅因为其是以电子、光学、磁或者类似手段生成、发送、接收或者储存的而被拒绝作为证据使用。

2012 年之后，在司法实践中，电子数据就作为常见的证据形式被广泛应用。与我们日常生活息息相关的微信聊天记录、电子邮件信息、手机短信、交易记录信息都逐渐进入司法视野，成为法官裁判的重要依据。

（3）证据真实性

《电子签名法》第八条规定，审查数据电文作为证据的真实性，应当考虑以下因素：①生成、储存或者传递数据电文方法的可靠性；②保持内容完整性方法的可靠性；③用以鉴别发件人方法的可靠性；④其他相关因素。

4. 数据电文的通信法律与保存法律

（1）数据电文的通信法律

① 数据电文的发送。

《电子签名法》第九条规定，数据电文有下列情形之一的，视为发件人发送：a. 经发件人授权发送的；b. 发件人的信息系统自动发送的；c. 收件人按照发件人认可的方法对数据电文进行验证后结果相符的。当事人对前款规定的事项另有约定的，从其约定。

数据电文的发送方可能是发件人本人（或本企业），也可能是被授权、被委托人等。计算机网络系统自动发送和接收信息是非常普遍的现象，判断是否属于发件人发送的关键是看是否为"发件人的信息系统"自动发送的。按照发件人认可或当事人双方事先约定的方法，对收件人收到的数据电文进行验证，验证结果如果与约定的相符，则确认为发件人发送。

② 数据电文收讫确认。

《电子签名法》第十条规定，法律、行政法规规定或者当事人约定数据电文需要确认收讫的，应当确认收讫。发件人收到收件人的收讫确认时，数据电文视为已经收到。

③ 数据电文收发的时间。

《电子签名法》第十一条规定，数据电文进入发件人控制之外的某个信息系统的时间，视为该数据电文的发送时间。收件人指定特定系统接收数据电文的，数据电文进入该特定系统的时间，视为该数据电文的接收时间；未指定特定系统的，数据电文进入收件人的任何系统的首次时间，视为该数据电文的接收时间。当事人对数据电文的发送时间、接收时间另有约定的，从其约定。

④ 数据电文收发的地点。

《电子签名法》第十二条规定，发件人的主营业地为数据电文的发送地点，收件人的主营业地为数据电文的接收地点。没有主营业地的，其经常居住地为发送或者接收地点。当事人对数据电文的发送地点、接收地点另有约定的，从其约定。

（2）数据电文的保存法律

《电子签名法》第六条规定，符合下列条件的数据电文，视为满足法律、法规规定的文件保存要求：（一）能够有效地表现所载内容并可供随时调取查用；（二）数据电文的格式与其生成、发送或者接收时的格式相同，或者格式不相同但是能够准确表现原来生成、发送或者接收的内容；（三）能够识别数据电文的发件人、收件人以及发送、接收的时间。

3.1.2　电子合同

1. 电子合同概述

（1）电子合同的定义

《民法典》第三编第四百六十四条规定，合同是民事主体之间设立、变更、终止民事法律关系的协议。

电子合同，又称电子商务合同，根据联合国国际贸易法委员会《电子商务示范法》以及世界各国颁布的电子交易法，同时结合我国《民法典》的有关规定，电子合同是指在网络环境下，平等主体的自然体、法人、其他组织之间利用现代信息技术手段，设立、变更、终止民事权利义务关系的协议。

（2）电子合同的特点

从订立形式看，电子合同适用的是电子信息技术手段，包括电子手段（如传真、计算机网络等）、数字通信技术（如电子数据交换、电子邮件等）和计算机网络（如内部网络、互联网等）。

从记载载体看，电子合同的载体是磁介质，即数据电文。电子合同的生成以及存储、发送、接收载体都是数据电文形式。

从广义角度看，只要在网络环境下以电子信息技术手段订立的合同，都应该属于电子合同。

从本质上看，电子合同仍然是一种确立权利义务关系的协议，其没有改变合同的实质，改变的只是合同的形式。

（3）电子合同的类别

① 按在交易中电子合同适用的程度不同，电子合同可分为完全电子合同和不完全电子合同。

完全电子合同是指业务或交易内容全部采用订立电子合同的形式；不完全电子合同是指部分业务或交易内容采用非订立电子合同的形式。

② 按电子合同标的性质不同，电子合同可分为一般电子合同和计算机信息电子合同。

一般电子合同指合同标的是一般物的电子合同；计算机信息电子合同指合同标的是计算机信息的电子合同。

③ 按电子合同的订立形式不同，电子合同可分为格式电子合同和非格式电子合同。

格式电子合同指电子合同的全部或主要条款为格式条款的合同。格式条款是当事人为了重复使用而预先拟定，并在订立合同时未与对方协商的条款。格式电子合同的全部或主要条款是事先拟定的，所以通常是由当事人的一方事先拟定备好。格式电子合同是电子商务常用的一种合同形式。

非格式电子合同，是指电子合同的全部或主要条款为当事人之间协商而订立的合同。

④ 按电子合同的范围不同，电子合同可分为广义电子合同和狭义电子合同。

广义电子合同指所有在网络环境下，平等主体的自然人、法人、其他组织之间利用现代信息技术手段，设立、变更、终止民事权利义务关系的协议；狭义电子合同指只利用互联网订立的电子合同。

2. 电子合同订立的法律法规

（1）电子合同的当事人

① 电子合同当事人的定义

电子合同的当事人指依法订立电子合同的双方或多方，是按照合同约定履行义务和行使权利的自然人、法人及其他组织。通常情况下，合同当事人指订立合同的双方，但有些合同当事人可能是三方或多方。合同当事人是合同的重要内容，法律法规一般对当事人的资格进行限定。

② 电子合同当事人的确认

电子合同当事人的真实、有效是电子合同订立的前提。确定电子合同当事人的方式方法与传统合同的不同，主要采用电子签名、电子认证和其他方法。

③ 电子合同当事人订立能力

《电子商务法》第四十八条规定，电子商务当事人使用自动信息系统订立或者履行合同的行为对使用该系统的当事人具有法律效力。在电子商务中推定当事人具有相应的民事行为能力。但是，有相反证据足以推翻的除外。

（2）电子合同的电子代理人

① 电子代理人的定义

电子代理人指不需要人的审查或操作，而能用于独立发送、回应电子记录及全部或部分的履行合同的计算程序、电子的或其他自动化手段。

② 法律地位

无论是根据大陆法系国家的法律，还是根据英美法系国家的法律，均不承认电子代理人是民法上的代理人。电子代理人不具有独立的人格和财产，不能独立地承担民事责任，它只是合同当事人预先设定的程序，该程序涵盖了当事人预先设定的要约、承诺条件、订立和履行合同的方式等。

（3）电子合同的要约邀请和要约

① 要约邀请

《民法典》第三编第四百七十三条规定，要约邀请是希望他人向自己发出要约的表示。拍卖公告、招标公告、招股说明书、债券募集说明书、基金招募说明书、商业广告和宣传、寄送的价目表等为要约邀请。商业广告和宣传的内容符合要约规定的，构成要约。

《电子商务法》第五十条规定，电子商务经营者应当清晰、全面、明确地告知用户订立合同的步骤、注意事项、下载方法等事项，并保证用户能够便利、完整地阅览和下载。电子商务经营者应当保证用户在提交订单前可以更正输入错误。

② 要约

《民法典》第三编第四百七十二条规定，要约是希望和他人订立合同的意思表示，该意思表示应当符合下列规定：a. 内容具体确定；b. 表明经受要约人承诺，要约人即受该意思表示约束。

《电子商务法》第四十九条规定，电子商务经营者发布的商品或者服务信息符合要约条件的，用户选择该商品或者服务并提交订单成功，合同成立。当事人另有约定的，从其约定。

电子商务经营者不得以格式条款等方式约定消费者支付价款后合同不成立；格式条款等含有该内容的，其内容无效。

③ 要约与要约邀请的区别

a. 要约邀请是指一方邀请对方向自己发出要约；要约是一方向他方发出订立合同的意思表示；

b. 要约邀请是一种事实行为，而非法律行为；要约也不是法律行为，它只是民事法律行为的构成要件之一的意思表示；

c. 要约邀请只是引诱他人向自己发出要约，在发出邀请后，要约邀请人撤回其中邀请，只要未给善意相对人造成信赖利益的损失，邀请人并不承担法律责任，以下法律文件为要约邀请：拍卖公告、招标公告、招股说明书、债券募集说明书、基金招募说明书、商业广告和宣传、寄送的价目表。

④ 要约的撤回、撤销

要约可以撤回。《民法典》第三编第一百四十一条规定，行为人可以撤回意思表示。撤回意思表示的通知应当在意思表示到达相对人前或者与意思表示同时到达相对人。

《民法典》第三编第四百七十六条规定，要约可以撤销，但是有下列情形之一的除外。

a. 要约人以确定承诺期限或者其他形式明示要约不可撤销；

b. 受要约人有理由认为要约是不可撤销的，并已经为履行合同做了合理准备工作。

《民法典》第三编第四百七十七条规定，撤销要约的意思表示以对话方式作出的，该意思表示的内容应当在受要约人做出承诺之前为受要约人所知道；撤销要约的意思表示以非对话方式作出的，应当在受要约人作出承诺之前到达受要约人。

⑤ 要约的失效

《民法典》第三编第四百七十八条规定，有下列情形之一的，要约失效：a. 要约被拒绝；b. 要约依法被撤销；c. 承诺期限届满，受要约人未作出承诺；d. 受要约人对要约的内容做出实质性变更。

（4）电子合同的承诺

① 承诺的含义

承诺是指受要约人同意要约的意思表示。《民法典》第三编第四百八十条规定，承诺应当以通知的方式作出；但是，根据交易习惯或者要约表明可以通过行为做出承诺的除外。

② 承诺的条件

a. 承诺必须由受要约人发出。

非受要约人向要约人做出的接受要约的意思表示是一种要约而非承诺。

b. 承诺必须向要约人作出。

承诺必须向要约人作出，因为承诺是对要约的回复，并且承诺一旦生效，要约人和承诺人所订立的合同即为成立。《民法典》第三编第四百八十三条规定，承诺生效时合同成立，但是法律另有规定或者当事人另有约定的除外。

c. 承诺的内容应当与要约的内容一致。

受要约人对要约的内容做出实质性变更的，视为新要约。《民法典》第三编第四百八十八条规定，承诺的内容应当与要约的内容一致。受要约人对要约的内容做出实质性变更的，为新要约。有关合同标的、数量、质量、价款或者报酬、履行期限、履行地点和方式、违约责任和解决争议方法等的变更，是对要约内容的实质性变更。

d. 承诺必须在承诺期限内发出。

超过期限，除要约人及时通知受要约人该承诺有效外，为新要约。《民法典》第三编第四百八十一条规定，承诺应当在要约确定的期限内到达要约人。要约没有确定承诺期限的，承诺应当依照下列规定到达：要约以对话方式作出的，应当即时作出承诺，但当事人另有约定的除外；要约以非对话方式作出的，承诺应当在合理期限内到达。《民法典》第四百八十七条规定，受要约人在承诺期限内发出承诺，按照通常情形能够及时到达要约人，但因其他原因承诺到达要约人时超过承诺期限的，除要约人及时通知受要约人因承诺超过期限不接受该承诺外，该承诺有效。

③ 电子合同的承诺

电子合同采用数据电文形式，其承诺受形式制约。

《民法典》第一编第一百三十七条规定，以对话方式作出的意思表示，相对人知道其内容时生效。

以非对话方式作出的意思表示，到达相对人时生效。以非对话方式作出的采用数据电文形式的意思表示，相对人指定特定系统接收数据电文的，该数据电文进入该特定系统时生效；未指定特定系统的，相对人知道或者应当知道该数据电文进入其系统时生效。当事人对采用数据电文形式的意思表示的生效时间另有约定的，按照其约定。

《民法典》第三编第四百九十一条规定，当事人采用信件、数据电文等形式订立合同的，可以在合同成立之前要求签订确认书。签订确认书时合同成立。当事人一方通过互联网等信息网络发布的商品或者服务信息符合要约条件的，对方选择该商品或者服务并提交订单成功时合同成立，但是当事人另有约定的除外。

④ 承诺的撤回

承诺的通知在约定或者规定期限内送达到要约人时，承诺生效。但是，承诺可以撤回。《民法典》第一编第一百四十一条规定，行为人可以撤回意思表示。撤回意思表示的通知应当在意思表示到达相对人之前或者与行为人同时到达相对人。

⑤ 新要约

《民法典》第三编第四百八十六条规定，受要约人超过承诺期限发出承诺，或者在承诺期限内发出承诺，按照通常情形不能及时到达要约人的，为新要约；但是，要约人及时通知受要约人该承诺有效的除外。根据《民法典》的规定，新要约的确定基于以下两个方面。

a. 受要约人超过承诺期限的承诺

《民法典》第三编第四百八十七条规定，受要约人在承诺期限内发出承诺，按照通常情形能够及时到达要约人，但是因其他原因承诺到达要约人时超过承诺期限的，除要约人及时通知受要约人因承诺超过期限不接受该承诺外，该承诺有效。

b. 受要约人对要约的内容作出实质性变更

《民法典》第三编第四百八十八条规定，承诺的内容应当与要约的内容一致。受要约人对要约的内容作出实质性变更的，为新要约。有关合同标的、数量、质量、价款或者报酬、履行期限、履行地点和方式、违约责任和解决争议方法等的变更，是对要约内容的实质性变更。

3.1.3 电子签名

1. 电子签名概述

（1）我国《电子签名法》的立法概述

自 1995 年美国犹他州制定了世界上第一部电子签名法——犹他州《数字电子签名法》以来，全世界已经有多个国家制定了有关电子商务方面的法律，对规范电子签名活动、保障电子交易安全、维护电子交易各方的合法权益、促进电子商务的健康发展起到了重要作用。

2019 年 4 月 23 日，第十三届全国人民代表大会常务委员会第十次会议通过修改《中华人民共和国电子签名法》的决定。

（2）我国《电子签名法》的立法意义

《电子签名法》是我国第一部电子商务的法律，它被称为"中国首部真正意义上的信息化法律"，它对规范电子商务交易和行为，促进电子商务、电子政务，以及相关方面的健康发展起到重要的推动作用。其意义主要包括以下 3 个方面。

① 规范电子签名行为

《电子签名法》在法律上对电子签名提出了要求，包括电子签名的定义、电子签名的法律效力、可靠电子签名的条件等。在电子商务的交易过程中，以网络上的数据电文形式的签名，起到了规范作用，从而推进网络身份确定的规范化。

② 确立电子签名的法律效力

《电子签名法》第一次确立了电子签名的法律效力，可靠的电子签名具有与传统手写签字、盖章同等的法律效力，对于民事活动中的合同或者其他文件、单证等文书，当事人可以约定使用或者不使用电子签名、数据电文。当事人约定使用电子签名、数据电文的文书，不得仅因为其采用电子签名、数据电文的文书，不得仅因为其采用电子签名、数据电文的形式而否定其法律效力。

③　维护有关各方的合法权益

电子签名用于识别签名人的网络身份，同时表明签名人认可文件中的内容，享有规定的义务，承担相应的责任。《电子签名法》在电子商务交易中，可避免不必要的纠纷，对维护电子商务交易双方的权益将会起到重要作用。

（3）电子签名的适用范围和不适用范围

① 电子签名的适用范围

第一，电子商务活动。不论是在互联网上还是在专用网络上，交易过程中均会涉及很多资格身份、交易内容的确定和证明，电子签名将是最为普遍的网上身份认证方式。

第二，经济、社会事务管理。随着信息化水平的不断提高，政府部门在一些经济、社会事务的管理中，也开始采用电子手段，如电子报关、电子报税、电子年检以及依据行政许可法规定采用数据电文方式提出行政许可申请等，这些也都涉及电子签名的法律效力问题，同样适用本法的有关规定，不必再单独制定法律。

② 电子签名的不适用范围

《电子签名法》规定，有些文书不适用电子签名。不适用电子签名的文书包括：a. 涉及婚姻、收养、继承等人身关系的；b. 涉及停止供水、供热、供气等公用事业服务的；c. 法律、行政法规规定的不适用电子文书的其他情形。

2. 电子签名的概念

签名一般指一个人在一份文件上亲自写下姓名或留下印记、印章或其他特殊符号，以确定签名人的身份并确定签名人对文件内容予以认可。传统的签名必须依附于某种有形的介质，而在电子交易过程中，文件是通过数据电文的发送、交换、传输、储存形成的，没有有形介质，这就需要通过一种技术手段来识别交易当事人、保证交易安全，以达到与传统的手写签名相同的功能。这种能够达到与手写签名相同功能的技术手段，一般称为电子签名。

《电子签名法》第二条第一款规定，电子签名，是指数据电文中以电子形式所含、所附用于识别签名人身份并表明签名人认可其中内容的数据。

联合国国际贸易法委员会《电子签名示范法》第二条第一款规定，"电子签名"系指在数据电文中，以电子形式所含、所附或在逻辑上与数据电文有联系的数据，它可用于鉴别与数据电文相关的签名人和表明签名人认可数据电文所含信息。

3. 电子签名的法律法规

（1）电子签名满足的条件

签订的电子合同符合法律要求才能有效，它除了要满足《民法典》的有关规定之外，还要满足《电子签名法》的有关规定。《电子签名法》第十四条规定，可靠的电子签名与手写签名或者盖章具有同等的法律效力。

电子签名需要满足一定的条件，才能成为可靠的电子签名。

《电子签名法》第十三条规定，电子签名同时符合下列条件的，视为可靠的电子签名：①电子签名制作数据用于电子签名时，属于电子签名人专有；②签署时电子签名制作数据仅由电子签名人控制；③签署后对电子签名的任何改动能够被发现；④签署后对数据电文内容和形式的任何改动能够被发现。

并不是所有电子合同都具有与纸质合同同等的法律效力，要想签订的电子合同有效，需要具备以下两个条件。

第一，合同签署的各方已经经过实名认证。实名认证是对用户资料真实性进行的一种验证审核，分为个人实名认证和企业实名认证两种，其中个人实名认证采用刷脸验证的方式，方便快捷；电子签名。企业认证需要提交企业相关资料和公章，以及授权书声明。

第二，电子合同上的签名是根据《电子签名法》认可的可靠电子签名。

满足以上两个条件，这份电子合同才能具备和纸质合同手写签名或者盖章同等的法律效力。总之，能锁定签约主体真实身份、有效防止文件篡改、精确记录签约时间的电子合同才可以被法律认可。

（2）电子签名的相关法律规定

① 电子签名的失密

《电子签名法》第十五条规定，电子签名人应当妥善保管电子签名制作数据。电子签名人知悉电子签名制作数据已经失密或者可能已经失密时，应当及时告知有关各方，并终止使用该电子签名制作数据。

《电子签名法》第二十七条规定，电子签名人知悉电子签名制作数据已经失密或者可能已经失密未及时告知有关各方、并终止使用电子签名制作数据，未向电子认证服务提供者提供真实、完整和准确的信息，或者有其他过错，给电子签名依赖方、电子认证服务提供者造成损失的，承担赔偿责任。

② 电子签名的认证

《电子签名法》第十六条规定，电子签名需要第三方认证的，由依法设立的电子认证服务提供者提供认证服务。

③ 伪造、冒用、盗用他人电子签名的法律责任

《电子签名法》第三十二条规定，伪造、冒用、盗用他人的电子签名，构成犯罪的，依法追究刑事责任；给他人造成损失的，依法承担民事责任。

3.2 跨境电子商务中的消费者权益保护

3.2.1 电子商务消费者权益保护概述

1. 消费者定义

我国《消费者权益保护法》虽未直接明确消费者的定义，但第二条将"为生活消费需要购买、使用商品或者接受服务"的行为界定为消费者的消费行为。

跨境电子商务中的
消费者权益保护

根据这一规定，我们可以看出，所谓消费者，是指为满足生活需要而购买、使用商品或者接受服务的，由国家专门法律确认其主体地位、保护其消费权益的个人。这一定义不仅符合《消费者权益保护法》保护弱者的立法原则，而且与消费者协会是"保护消费者合法权益的社会团体"的性质一致，也与有关国际组织和国家的立法相

一致。国际标准化组织（International Organization for Standardization，ISO）认为，消费者是以个人消费为目的而购买、使用商品或者接受服务的个体社会成员。日本、泰国、英国等国家也将消费者定义为个体社会成员。

2. 电子商务消费者的定义

电子商务消费者（又称网络消费者、互联网消费者），是指通过网络、现代信息技术手段，为生活需要而购买、使用商品或者接受服务的，由国家法律法规确定消费权益的单位和个人。

3. 电子商务中消费者权益保护存在的问题

电子商务拓宽了消费市场，增加了市场的透明度，传统的消费活动几乎都被搬到了网络空间。然而，电子商务在带来便利的同时也引发了不少的问题，加大了消费者遭受损害的隐患。电子商务中消费者权益保护存在如下诸多问题。

（1）交易安全

由于很多电子商务活动都是在开放、虚拟的网络环境中进行的，形形色色的人员都可以参与其中，这就给交易安全问题提出了更高的要求。因此，身份识别、信用认证、合同有效性认定和安全电子支付是电子商务应用中必须解决的关键问题。

（2）消费者知情权

知情权是消费者的一项基本权利。在电子商务环境下，消费者在购买商品或接受服务时，应知晓商品和服务的真实情况。但在实际电子商务活动中，经营者对消费者虚假告知或不完全告知的案例时有发生。

（3）消费者隐私权保护

在电子商务中，由于黑客技术的发展和网络利益的驱使，消费者的隐私权极易受到侵犯。网络隐私一旦被滥用，将给消费者个人带来难以想象甚至是灾难性的后果。

（4）消费者退换货

在电子商务环境下，由于网络交易的特殊性，消费者不能当面检验商品，这一方面，导致消费者错误购买的可能性较大；另一方面也使经营者的权益可能受到消费者退换货的影响。例如，对于一些数字化商品（如音乐 CD、影视 DVD、软件、电子书籍等），消费者在要求退换货前保留复制品的可能性较大。

（5）格式条款的效力

格式合同是社会经济发展的产物，但网络中存在诸多不公平的格式合同或霸王条款。如果这些格式合同或霸王条款得不到合理控制，会增加消费者权益受到侵害的可能性，最终导致消费者拒绝这种网上交易方式。

（6）管辖权

网络的非中心化和无边界性，使网络空间成为一个不易受主权管辖的新领域。网上活动发生的具体地点和确切范围很难界定，因而消费者合法权益保护问题可能受到立法差异、管辖权限制和地方保护主义等多方面的阻碍。

（7）损害责任的承担

人们在网络交易过程中经常会遇到一些障碍，导致交易中止。不管中止的原因是黑客袭击还是系统失误，都必须要有人来承担责任，而相关法律法规中并未明确风险承担人。

3.2.2 电子商务消费者权益保护的法律法规

1. 电子商务消费者安全权及其保护

（1）消费者安全权定义

消费者安全权是指消费者在购买商品或接受服务时所涉及的生命安全权、健康安全权、财产安全权等权利。其中，前两项称为人身权，第三项称为财产权。

《消费者权益保护法》第七条规定，消费者在购买、使用商品和接受服务时享有人身、财产安全不受损害的权利。消费者有权要求经营者提供的商品和服务，符合保障人身、财产安全的要求。

《中华人民共和国民法典》第一编第三条规定，民事主体的人身权利、财产权利以及其他合法权益受法律保护，任何组织或者个人不得侵犯。

《中华人民共和国民法典》第一编第一百一十条规定，自然人享有生命权、身体权、健康权、姓名权、肖像权、名誉权、荣誉权、隐私权、婚姻自主权等权利。法人、非法人组织享有名称权、名誉权、荣誉权等权利。

（2）消费者安全权的保护

侵犯消费者安全权的行为主要有经营者出售过期的商品、出售变质的食品或食品中含有对身体有害的物质、出售伪劣产品等。

《消费者权益保护法》第十一条规定，消费者因购买、使用商品或者接受服务受到人身、财产损害的，享有依法获得赔偿的权利。

《消费者权益保护法》第四十九条规定，经营者提供商品或者服务，造成消费者或者其他受害人人身伤害的，应当赔偿医疗费、护理费、交通费等为治疗和康复支出的合理费用，以及因误工减少的收入。造成残疾的，还应当赔偿残疾生活辅助具费和残疾赔偿金。造成死亡的，还应当赔偿丧葬费和死亡赔偿金。

2. 电子商务消费者知情权及保护

（1）消费者知情权的定义

消费者知情权是指消费者享有知悉其购买、使用的商品或者接受的服务的真实情况的权利。

凡是消费者在选购、使用商品或服务过程中与正确的判断、选择、使用等有直接联系的信息，消费者都有权了解。

《消费者权益保护法》第八条规定，消费者享有知悉其购买、使用的商品或者接受的服务的真实情况的权利。消费者有权根据商品或者服务的不同情况，要求经营者提供商品的价格、产地、生产者、用途、性能、规格、等级、主要成分、生产日期、有效期限、检验合格证明、使用方法说明书、售后服务，或者服务的内容、规格、费用等有关情况。

（2）消费者知情权的保护

生产者、经营者若违反法律法规的规定，没有向消费者公开或宣告商品、服务相关信息，则应该受到处罚。

《电子商务法》第十九条规定，电子商务经营者搭售商品或者服务，应当以显著方式提请消费者注意，不得将搭售商品或者服务作为默认同意的选项。

《消费者权益保护法》第五十六条规定，经营者有下列情形之一，除承担相应的民事责任外，其他有关法律、法规对处罚机关和处罚方式有规定的，依照法律、法规的规定执行；法律、法规未作规定的，由工商行政管理部门或者其他有关行政部门责令改正，可以根据情节单处或者并处警告、没收违法所得、处以违法所得一倍以上十倍以下的罚款，没有违法所得的，处以五十万元以下的罚款；情节严重的，责令停业整顿、吊销营业执照：①提供的商品或者服务不符合保障人身、财产安全要求的；②在商品中掺杂、掺假，以假充真，以次充好，或者以不合格商品冒充合格商品的；③生产国家明令淘汰的商品或者销售失效、变质的商品的；④伪造商品的产地，伪造或者冒用他人的厂名、厂址，篡改生产日期，伪造或者冒用认证标志等质量标志的；⑤销售的商品应当检验、检疫而未检验、检疫或者伪造检验、检疫结果的；⑥对商品或者服务作虚假或者引人误解的宣传的；⑦拒绝或者拖延有关行政部门责令对缺陷商品或者服务采取停止销售、警示、召回、无害化处理、销毁、停止生产或者服务等措施的；⑧对消费者提出的修理、重作、更换、退货、补足商品数量、退还货款和服务费用或者赔偿损失的要求，故意拖延或者无理拒绝的；⑨侵害消费者人格尊严、侵犯消费者人身自由或者侵害消费者个人信息依法得到保护的权利的；⑩法律、法规规定的对损害消费者权益应当予以处罚的其他情形。经营者有前款规定情形的，除依照法律、法规规定予以处罚外，处罚机关应当记入信用档案，向社会公布。

3．电子商务消费者选择权及其保护

（1）消费者选择权的定义

消费者选择权是指消费者可以根据自己的消费需求，自主选择自己满意的商品或服务，决定是否购买或接受的权利。

《消费者权益保护法》第九条规定，消费者享有自主选择商品或者服务的权利。消费者有权自主选择提供商品或者服务的经营者，自主选择商品品种或者服务方式，自主决定购买或者不购买任何一种商品、接受或者不接受任何一项服务。消费者在自主选择商品或者服务时，有权进行比较、鉴别和挑选。

（2）消费者选择权的保护

任何经营者、组织，乃至政府及其部门，强行或违背购买者的意愿销售、搭售商品或附加其他不合理的条件等，都是对消费者选择权的侵害。

《电子商务法》第十七条规定，电子商务经营者应当全面、真实、准确、及时地披露商品或者服务信息，保障消费者的知情权和选择权。电子商务经营者不得以虚构交易、编造用户评价等方式进行虚假或者引人误解的商业宣传，欺骗、误导消费者。

《消费者权益保护法》第十六条第三款规定，经营者向消费者提供商品或者服务，应当恪守社会公德，诚信经营，保障消费者的合法权益；不得设定不公平、不合理的交易条件，不得强制交易。

4．电子商务消费者公平交易权及其保护

（1）消费者公平交易权利的定义

消费者享有公平交易的权利（以下简称为"公平交易权"）。在消费法律关系中，消费者与经营者的法律地位平等，他们之间所产生的行为属市场交易行为，因而应当遵循市场交易的基本原则，即《消费者权益保护法》确立的自愿、平等、公平、诚信的原则，从而保证公平交易的实现。客观地讲，虽然消费者和经营者进行交易时都享有公平交易的权利，但从消费活动的全过程看，由于多种因素的影响，消费者购买商品或者接受服务时往往处于弱者地位，因此更需要突出强调其公平交易权，以便从法律上给予特别保护。在市场交易中，经营者如果违背自愿、平等、公平、诚信的原则进行交易，则侵犯了消费者的公平交易权。

（2）消费者公平交易权的保护

《消费者权益保护法》第十六条规定，经营者向消费者提供商品或者服务，应当依照本法和其他有关法律、法规的规定履行义务。经营者和消费者有约定的，应当按照约定履行义务，但双方的约定不得违背法律、法规的规定。经营者向消费者提供商品或者服务，应当恪守社会公德，诚信经营，保障消费者的合法权益；不得设定不公平、不合理的交易条件，不得强制交易。

5. 电子商务消费者退货权及其保护

（1）消费者退货权的定义

消费者退货权是指消费者享有在法定的合理期限内适用商品并无条件提出退货要求，而经营者应当无条件予以退货的权利。消费者退货权是消费者知情权和选择权的延伸，是为处于弱势地位的消费者给予一定的保护而提供的一种特别途径和方法。

（2）消费者退货权的保护

《消费者权益保护法》第二十四条规定，经营者提供的商品或者服务不符合质量要求的，消费者可以依照国家规定、当事人约定退货，或者要求经营者履行更换、修理等义务。没有国家规定和当事人约定的，消费者可以自收到商品之日起七日内退货；七日后符合法定解除合同条件的，消费者可以及时退货，不符合法定解除合同条件的，可以要求经营者履行更换、修理等义务。依照前款规定进行退货、更换、修理的，经营者应当承担运输等必要费用。

《消费者权益保护法》第二十五条规定，经营者采用网络、电视、电话、邮购等方式销售商品，消费者有权自收到商品之日起七日内退货，且无须说明理由，但下列商品除外：①消费者定做的；②鲜活易腐的；③在线下载或者消费者拆封的音像制品、计算机软件等数字化商品；④交付的报纸、期刊。除前款所列商品外，其他根据商品性质并经消费者在购买时确认不宜退货的商品，不适用无理由退货。消费者退货的商品应当完好。经营者应当自收到退回商品之日起七日内返还消费者支付的商品价款。退回商品的运费由消费者承担；经营者和消费者另有约定的，按照约定。

国家工商行政管理总局《网络购买商品七日无理由退货暂行办法》第三条规定，网络商品销售者应当依法履行七日无理由退货义务。网络交易平台提供者应当引导和督促平台上的网络商品销售者履行七日无理由退货义务，进行监督检查，并提供技术保障。

6. 电子商务消费者索赔权及其保护

（1）消费者索赔权的定义

消费者索赔权又叫消费者求偿权，是指消费者因购买、使用商品或者接受服务受到人身、财产损害的，享有依法获得赔偿的权利。消费者受到的损害包括人身损害和财产损害。侵犯消费者求偿权的行为包括经营者对消费者所受伤害应得到的补偿不予负担；对消费者索取赔偿采取拖延方式，甚至使用暴力或威胁等手段。

（2）消费者索赔权的保护

《消费者权益保护法》第五十五条规定，经营者提供商品或者服务有欺诈行为的，应当按照消费者的要求增加赔偿其受到的损失，增加赔偿的金额为消费者购买商品的价款或者接受服务的费用的三倍；增加赔偿的金额不足五百元的，为五百元。法律另有规定的，依照其规定。经营者明知商品或者服务存在缺陷，仍然向消费者提供，造成消费者或者其他受害人死亡或者健康严重损害的，受害人有权要求经营者依照本法第四十九条、第五十一条等法律规定赔偿损失，并有权要求所受损失二倍以下的惩罚性赔偿。

《消费者权益保护法》第四十八条规定，经营者提供商品或者服务有下列情形之一的，除本法另有规定外，应当依照其他有关法律、法规的规定，承担民事责任：①商品或者服务存在缺陷的；②不具备商品应当具备的使用性能而出售时未做说明的；③不符合在商品或者其包装上注明采用的商品标准的；④不符合商品说明、实物样品等方式表明的质量状况的；⑤生产国家明令淘汰的商品或者销售失效、变质的商品的；⑥销售的商品数量不足的；⑦服务的内容和费用违反约定的；⑧对消费者提出的修理、重作、更换、退货、补足商品数量、退还货款和服务费用或者赔偿损失的要求，故意拖延或者无理拒绝的；⑨法律、法规规定的其他损害消费者权益的情形。经营者对消费者未尽到安全保障义务，造成消费者损害的，应当承担侵权责任。

《消费者权益保护法》第四十四条规定，消费者通过网络交易平台购买商品或者接受服务，其合法权益受到损害的，可以向销售者或者服务者要求赔偿。网络交易平台提供者不能提供销售者或者服务者的真实名称、地址和有效联系方式的，消费者也可以向网络交易平台提供者要求赔偿；网络交易平台提供者做出更有利于消费者的承诺的，应当履行承诺。网络交易平台提供者赔偿后，有权向销售者或者服务者追偿。网络交易平台提供者明知或者应知销售者或者服务者利用其平台侵害消费者合法权益，未采取必要措施的，依法与该销售者或者服务者承担连带责任。

7. 电子商务消费者个人信息权及其保护

（1）个人信息权的定义

《中华人民共和国网络安全法》第七十六条第五项规定，个人信息，是指以电子或者其他方式记录的能够单独或者与其他信息结合识别自然人个人身份的各种信息，包括但不限于自然人的姓名、出生日期、身份证号码、个人生物识别信息、住址、电话号码等。

消费者个人信息是指消费者在消费过程中产生的，能够单独或与其他信息对照后识别特定的消费者个人的信息。这些信息包括消费者姓名、家庭住址、手机号码、QQ 及 MSN 账号等。其不同于一般信息的特点在于它能够准确地识别出特定的消费者个人。

个人信息权是指个人享有的对本人信息的支配、控制和排除他人侵害的权利。《民法典》中公民的个人信息权具体包括信息决定权、信息保密权、信息查询权、信息更正权、信息封锁权、信息删除权和信息报酬请求权。

（2）消费者个人信息权的保护

《电子商务法》第二十三条规定，电子商务经营者收集、使用其用户的个人信息，应当遵守法律、行政法规有关个人信息保护的规定。

《电子商务法》第二十四条规定，电子商务经营者应当明示用户信息查询、更正、删除以及用户注销的方式、程序，不得对用户信息查询、更正、删除以及用户注销设置不合理条件。电子商务经营者收到用户信息查询或者更正、删除的申请的，应当在核实身份后及时提供查询或者更正、删除用户信息。用户注销的，电子商务经营者应当立即删除该用户的信息；依照法律、行政法规的规定或者双方约定保存的，依照其规定。

《电子商务法》第二十五条规定，有关主管部门依照法律、行政法规的规定要求电子商务经营者提供有关电子商务数据信息的，电子商务经营者应当提供。有关主管部门应当采取必要措施保护电子商务经营者提供的数据信息的安全，并对其中的个人信息、隐私和商业秘密严格保密，不得泄露、出售或者非法向他人提供。

《消费者权益保护法》第二十九条规定，经营者收集、使用消费者个人信息，应当遵循合法、正当、必要的原则，明示收集、使用信息的目的、方式和范围，并经消费者同意。经营者收集、使用消费者个人信息，应当公开其收集、使用规则，不得违反法律、法规的规定和双方的约定收集、使用信息。经营者及其工作人员对收集的消费者个人信息必须严格保密，不得泄露、出售或者非法向他人提供。经营者应当采取技术措施和其他必要措施，确保信息安全，防止消费者个人信息泄露、丢失。在发生或者可能发生信息泄露、丢失的情况时，应当立即采取补救措施。经营者未经消费者同意或者请求，或者消费者明确表示拒绝的，不得向其发送商业性信息。

《消费者权益保护法》第五十六条第九款规定，侵害消费者人格尊严、侵犯消费者人身自由或者侵害消费者个人信息依法得到保护的权利的，除承担相应的民事责任外，其他有关法律、法规对处罚机关和处罚方式有规定的，依照法律、法规的规定执行；法律、法规未做规定的，由工商行政管理部门或者其他有关行政部门责令改正，可以根据情节单处或者并处警告、没收违法所得、处以违法所得一倍以上十倍以下的罚款，没有违法所得的，处以五十万元以下的罚款；情节严重的，责令停业整顿、吊销营业执照。

8. 电子商务消费者其他权利及其保护

消费者的其他权利主要包括消费者的结社权、知识获取权、受尊重权、监督权和检举权等。

（1）消费者的结社权及其保护

消费者结社权是指消费者享有依法成立维护自身合法权益的社会团体的权利。《中华人民共和国宪法》第三十五条规定，中华人民共和国公民有言论、出版、集会、结社、游行、示威的自由。结社自由是指公民依法享有的为了达到某一共同目的，结成固定的社会团体组织，进行某种社会活动的自由。

《消费者权益保护法》第十二条规定，消费者享有依法成立维护自身合法权益的社会组织的权利。消费者组织社团应当遵守宪法和法律、法规，不得从事损害国家、社会集体的利益及其他公民合法的自由和权利。

（2）消费者知识获取权及其保护

知识获取权是指消费者享有获得有关消费和消费者权益保护方面的知识的权利。

《消费者权益保护法》第十三条规定，消费者享有获得有关消费和消费者权益保护方面的知识的权利。消费者应当努力掌握所需商品或者服务的知识和使用技能，正确使用商品，提高自我保护意识。

（3）消费者受尊重权及其保护

消费者受尊重权是指消费者在购买、使用商品和接受服务时，享有其人格尊严、民族风俗习惯得到尊重的权利。经营者应尊重消费者的权利包括姓名权、名誉权、肖像权等。经营者不得对消费者进行辱骂、诽谤、名誉诋毁、非法搜查、拘禁等。

《消费者权益保护法》第十四条规定，消费者在购买、使用商品和接受服务时，享有人格尊严、民族风俗习惯得到尊重的权利，享有个人信息依法得到保护的权利。

《消费者权益保护法》第五十条规定，经营者侵害消费者的人格尊严、侵犯消费者人身自由或者侵害消费者个人信息依法得到保护的权利的，应当停止侵害、恢复名誉、消除影响、赔礼道歉，并赔偿损失。

《消费者权益保护法》第五十一条规定，经营者有侮辱诽谤、搜查身体、侵犯人身自由等侵害消费者或者其他受害人人身权益的行为，造成严重精神损害的，受害人可以要求精神损害赔偿。

《民法典》第四编第一千零二十四条规定，民事主体享有名誉权。任何组织或者个人不得以侮辱、诽谤等方式侵害他人的名誉权。名誉是对民事主体的品德、声望、才能、信用等的社会评价。

（4）消费者监督权和检举权及其保护

消费者监督权是指消费者享有对商品和服务以及保护消费者权利工作进行监督的权利。监督权的内容包括消费者对商品和服务的质量、价格、计量、品种、供应、服务态度、售后服务等进行监督。消费者检举权是指消费者有权检举、控告侵害消费者权益的行为，有权检举工作人员在保护消费者权益工作中的违法失职行为，同时有权对消费者权益工作提出批评和建议的权利。

《消费者权益保护法》第十五条规定，消费者享有对商品和服务以及保护消费者权益工作进行监督的权利。消费者有权检举、控告侵害消费者权益的行为和国家机关及其工作人员在保护消费者权益工作中的违法失职行为，有权对保护消费者权益工作提出批评、建议。

3.3　跨境电子商务中的知识产权保护

3.3.1　电子商务知识产权概述

1. 电子商务知识产权的定义和类别

（1）知识产权的定义

知识产权是指公民或法人等主体依据法律的规定，对其从事智力创作或创新活动产生的知识产品所享有的专有权利，又称为"智力成果权""无形财产权"，主要包括发明专利、商标以及工业品外观设计等方面组成的工业产权和自然科学、社会科学、文学、音乐、戏剧、绘画、雕塑和电影摄影等方面的作品组成的版权（著作权）两部分。

（2）知识产权的类别

① 根据国内法的分类

我国传统意义上的知识产权分为工业产权和著作权。工业产权包括专利权、商标专用权、禁止不正当竞争权。工业产权（industry property）作为一种动产，有企业形态的产权含义，同时，工业产权又是一种知识产权（intellectual property），有知识形态的含义。工业（industry）应做广义的理解，它本身就包括农业、工业、采掘业、商业等所有的产业部门。著作权、专利权和商标专用权为知识产权的三大支柱。

② 根据国际法的分类

广义的知识产权分类即根据国际法的分类，主要依据是世界知识产权组织（World Intellectual Property Organization，WIPO）的《建立世界知识产权组织公约》和《与贸易有关的知识产权协议》。根据《建立世界知识产权组织公约》第二条第八款的规定，知识产权可以分为如下 8 类。

a. 关于文学、艺术和科学作品的权利。

b. 关于表演艺术家的演出、录音和广播的权利。

c. 关于人们努力在一切领域的发明的权利。

d. 关于科学发现的权利。

e. 关于工业品式样的权利。

f. 关于商标、服务商标、厂商名称和标记的权利。

g. 关于制止不正当竞争的权利。

h. 在工业、科学、文学或艺术领域里一切其他来自知识活动的权利。

（3）电子商务知识产权的定义

电子商务知识产权又称网络知识产权，是指电子商务活动中涉及的著作权和工业产权。其中，工业产权主要包括专利权与商标权。为保护网络知识产权，2009 年 12 月 30 日中国互联网协会网络版权工作委员会在北京正式成立。

2. 电子商务对知识产权的挑战

（1）电子商务对传统著作权保护的挑战

传统的著作权客体包括认可的发明、设计、文学艺术等作品，但是在电子商务中，计算机软件、数据库、多媒体技术给版权的客体带来了新的内容。在涉及电子商务的著作权侵权问题时，法律界限不明确，加大了判断难度。

（2）电子商务对传统专利权保护的挑战

电子商务的专利权也面临大量新问题。例如，计算机软件能否成为专利制度保护的客体、互联网的广泛性和开放性对专利"三性"（新颖性、创造性、实用性）中的新颖性提出的挑战、专利电子申请方式中涉及的法律问题等，这些问题都需要在网络环境中找到解决方法。

（3）电子商务对传统商标权保护的挑战

在传统商务中，商标有识别商品的来源、品质、社会声誉等的功能。在电子商务环境中，现实中许多企业为了利用因特网获得更好的商机，往往会利用已有的商标等作为域名注册，使商标、商号等已取得的信誉在网络世界中延伸。传统的商标是以平面形式存在且相对固定不变的文字、图形、字母、数字等元素的组合；在电子商务中，商标可以是动态化的视频、声音等，使网络上商标和域名的侵权行为难以确定。

（4）电子商务对传统的反不正当竞争的挑战

不正当竞争的行为是多样化的。电子商务利用网络技术，使不正当竞争的形式更为复杂。例如，曾出现当事人将法院生效的法律文书发布到网上，诋毁当事人的不正当竞争行为。当事人的行为是否应当禁止？1999 年 5 月 21 日，北京市海淀区人民法院开庭审理了一起关于胜诉的原告将起诉书及经过法院调解结案的调解书上网的案件，尽管当事人原告没有篡改法律文书的内容，但是起诉书和调解书的上网和信息的传播造成了足以诋毁诉讼中对方当事人的商业信誉的后果，因而法院判决此案当事人原告构成侵权。

3.3.2　电子商务商标权的法律法规

1. 电子商务商标权

（1）商标

商标是指商品生产者或者经营者为区别于其他商品生产者或者经营者所生产或经营的同一或类似商品，使用在自己商品上的由文字、图形或者其组合所构成的显著标记。

（2）商标权

商标权是指商标所有人对其商标所享有的独占、排他的权利。《中华人民共和国商标法》（以下简称《商标法》）将商标权表述为商标专用权。在我国，由于商标权的取得实行注册原则，因此商标权实际上是由商标所有人申请、经国家商标局确认的专有权利，即由商标注册而产生的专有权。商标是用以区别商品和服务不同来源的商业性标志，由文字、图形、字母、数字、三维标志、颜色组合、声音或者上述要素的组合构成。

2. 商标法

2019 年 4 月 23 日，第十三届全国人民代表大会常务委员会第十次会议通过了对《商标法》做出修改的决定，《商标法》的修改条款自 2019 年 11 月 1 日起施行。

（1）商标注册诚实信用原则

《商标法》第七条规定，申请注册和使用商标，应当遵循诚实信用原则。商标使用人应当对其使用商标的商品质量负责。各级工商行政管理部门应当通过商标管理，制止欺骗消费者的行为。

将民事活动应遵循的基本原则明确写入《商标法》，目的在于倡导市场主体在从事有关商标的活动时诚实守信，同时对当前日益猖獗的商标抢注行为予以规制。

（2）申请商标注册需注意的问题

① 申请注册的商标构成要素

《商标法》第八条规定，任何能够将自然人、法人或者其他组织的商品与他人的商品区别开的标志，包括文字、图形、字母、数字、三维标志、颜色组合和声音等，以及上述要素的组合，均可以作为商标申请注册。

此外，《商标法》第十条～第十三条规定了不得注册商标的情况。

② 宣传禁用"驰名商标"字样

《商标法》第十四条规定，生产、经营者不得将"驰名商标"字样用于商品、商品包装或者容器上，或者用于广告宣传、展览以及其他商业活动中。

③ 禁止恶意抢注他人商标

《商标法》第十五条规定，未经授权，代理人或者代表人以自己的名义将被代理人或者被代表人的商标进行注册，被代理人或者被代表人提出异议的，不予注册并禁止使用。就同一种商品或者类似商品申请注册的商标与他人在先使用的未注册商标相同或者近似，申请人与该他人具有前款规定以外的合同、业务往来关系或者其他关系而明知该他人商标存在，该他人提出异议的，不予注册。

（3）商标注册程序

① 商标注册的申请

《商标法》第二十二条规定，商标注册申请人应当按规定的商品分类表填报使用商标的商品类别和商品名称，提出注册申请。商标注册申请人可以通过一份申请就多个类别的商品申请注册同一商标。商标注册申请等有关文件，可以以书面方式或者数据电文方式提出。

"一标多类"是我国商标申请制度与国际接轨的一次重大变革。制定这一制度的出发点在于方便申请人针对同一商标在多个类别的注册申请，对规模较大、跨类经营较多以及注重商标保护性注册的企业而言无疑是个好消息。

《商标法》第二十五条规定，商标注册申请人自其商标在外国第一次提出商标注册申请之日起六个月内，又在中国就相同商品以同一商标提出商标注册申请的，依照该外国同中国签订的协议或者共同参加的国际条约，或者按照相互承认优先权的原则，可以享有优先权。

《商标法》第二十六条规定，商标在中国政府主办的或者承认的国际展览会展出的商品上首次使用的，自该商品展出之日起六个月内，该商标的注册申请人可以享有优先权。

② 商标注册申请的审查

《商标法》第二十八条规定，对申请注册的商标，商标局应当自收到商标注册申请文件之日起九个月内审查完毕，符合本法有关规定的，予以初步审定公告。

《商标法》第三十四规定，对驳回申请、不予公告的商标，商标局应当书面通知商标注册申请人。商标注册申请人不服的，可以自收到通知之日起十五日内向商标评审委员会申请复审。商标评审委员会应当自收到申请之日起九个月内做出决定，并书面通知申请人。有特殊情况需要延长的，经国务院工商行政管理部门批准，可以延长三个月。当事人对商标评审委员会的决定不服的，可以自收到通知之日起三十日内向人民法院起诉。

《商标法》第三十五条规定，对初步审定公告的商标提出异议的，商标局应当听取异议人和被异议人陈述事实和理由，经调查核实后，自公告期满之日起十二个月内做出是否准予注册的决定，并书面通知异议人和被异议人。有特殊情况需要延长的，经国务院工商行政管理部门批准，可以延长六个月。

商标局做出准予注册决定的，发给商标注册证，并予公告。异议人不服的，可以依照本法第四十四条、第四十五条的规定向商标评审委员会请求宣告该注册商标无效。

商标局做出不予注册决定，被异议人不服的，可以自收到通知之日起十五日内向商标评审委员会申请复审。商标评审委员会应当自收到申请之日起十二个月内做出复审决定，并书面通知异议人和被异议人。有特殊情况需要延长的，经国务院工商行政管理部门批准，可以延长六个月。被异议人对商标评审委员会的决定不服的，可以自收到通知之日起三十日内向人民法院起诉。人民法院应当通知异议人作为第三人参加诉讼。

（4）恶意申请人及代理机构的行政处罚和其他措施

《商标法》第五十八条规定，将他人注册商标、未注册驰名商标作为企业名称中的字号使用，误导公众，构成不正当竞争行为的，依照《中华人民共和国反不正当竞争法》处理。《商标法》五十八条保护的对象包括所有的注册商标权利人以及未注册的驰名商标所有人，保护的对象更加广泛。

《商标法》第六十条规定，《商标法》第五十七条所列侵犯注册商标专用权行为之一，引起纠纷的，由当事人协商解决；不愿协商或者协商不成的，商标注册人或者利害关系人可以向人民法院起诉，也可以请求工商行政管理部门处理。

工商行政管理部门处理时，认定侵权行为成立的，责令立即停止侵权行为，没收、销毁侵权商品和主要用于制造侵权商品、伪造注册商标标识的工具，违法经营额五万元以上的，可以处违法经营额五倍以下的罚款，没有违法经营额或者违法经营额不足五万元的，可以处二十五万元以下的罚款。对五年内实施两次以上商标侵权行为或者有其他严重情节的，应当从重处罚。销售不知道是侵犯注册商标专用权的商品，能证明该商品是自己合法取得并说明提供者的，由工商行政管理部门责令停止销售。

对侵犯商标专用权的赔偿数额的争议，当事人可以请求进行处理的工商行政管理部门调解，也可以依照《中华人民共和国民事诉讼法》向人民法院起诉。经工商行政管理部门调解，当事人未达成协议或者调解书生效后不履行的，当事人可以依照《中华人民共和国民事诉讼法》向人民法院起诉。

《商标法》第六十三条规定，侵犯商标专用权的赔偿数额，按照权利人因被侵权所受到的实际损失确定；实际损失难以确定的，可以按照侵权人因侵权所获得的利益确定；权利人的损失或者侵权人获得的利益难以确定的，参照该商标许可使用费的倍数合理确定。对恶意侵犯商标专用权，情节严重的，可以在按照上述方法确定数额的一倍以上五倍以下确定赔偿数额。赔偿数额应当包括权利人为制止侵权行为所支付的合理开支。

人民法院为确定赔偿数额，在权利人已经尽力举证，而与侵权行为相关的账簿、资料主要由侵权人掌握的情况下，可以责令侵权人提供与侵权行为相关的账簿、资料；侵权人不提供或者提供虚假的账簿、资料的，人民法院可以参考权利人的主张和提供的证据判定赔偿数额。

权利人因被侵权所受到的实际损失、侵权人因侵权所获得的利益、注册商标许可使用费难以确定的，由人民法院根据侵权行为的情节判决给予五百万元以下的赔偿。

人民法院审理商标纠纷案件，应权利人请求，对属于假冒注册商标的商品，除特殊情况外，责令销毁；对主要用于制造假冒注册商标的商品的材料、工具，责令销毁，且不予补偿；或者在特殊情况下，责令禁止前述材料、工具进入商业渠道，且不予补偿。

假冒注册商标的商品不得在仅去除假冒注册商标后进入商业渠道。

《商标法》第六十八条规定，商标代理机构有下列行为之一的，由工商行政管理部门责令限期改正，给予警告，处一万元以上十万元以下的罚款；对直接负责的主管人员和其他直接责任人员给予警告，处五千元以上五万元以下的罚款；构成犯罪的，依法追究刑事责任。①办理商标事宜过程中，伪造、变造或者使用伪造、变造的法律文件、印章、签名的；②以诋毁其他商标代理机构等手段招徕商标代理业务或者以其他不正当手段扰乱商标代理市场秩序的；③违反本法第四条、第十九条第三款和第四款规定的。

商标代理机构有前款规定行为的，由工商行政管理部门记入信用档案；情节严重的，商标局、商标评审委员会可以决定停止受理其办理商标代理业务，予以公告。

商标代理机构违反诚实信用原则，侵害委托人合法利益的，应当依法承担民事责任，并由商标代理行业组织按照章程规定予以惩戒。

对恶意申请商标注册的，根据情节给予警告、罚款等行政处罚；对恶意提起商标诉讼的，由人民法院依法给予处罚。

3.3.3 域名知识产权的法律法规

1. 域名概述

域名又称为 IP 地址，是在国际互联网上为了区分主机，给每台主机分配的一个专门的"地址"，在数据传输时用来标识计算机的电子方位。

《互联网域名管理办法》第五十五条第一款规定，域名，指互联网上识别和定位计算机的层次结构式的字符标识，与该计算机的 IP 地址相对应。

2. 域名注册机构的法律法规

《互联网域名管理办法》第五十五条第七款规定，域名注册服务机构，是指依法获得许可、受理域名注册申请并完成域名在顶级域名数据库中注册的机构。

《互联网域名管理办法》第九条规定，在境内设立域名根服务器及域名根服务器运行机构、域名注册管理机构和域名注册服务机构的，应当依据本办法取得工业和信息化部或者省、自治区、直辖市通信管理局（以下统称电信管理机构）的相应许可。

许可申请流程如下。

（1）申请

《互联网域名管理办法》第十三条规定，申请设立域名根服务器及域名根服务器运行机构、域名注册管理机构的，应当向工业和信息化部提交申请材料。申请设立域名注册服务机构的，应当向住所地省、自治区、直辖市通信管理局提交申请材料。申请材料应当包括：申请单位的基本情况及其法定代表人签署的依法诚信经营承诺书；对域名服务实施有效管理的证明材料，包括相关系统及场所、服务能力的证明材料、管理制度、与其他机构签订的协议等；网络与信息安全保障制度及措施；证明申请单位信誉的材料。

（2）受理

《互联网域名管理办法》第十四条规定，申请材料齐全、符合法定形式的，电信管理机构应当向申请单位出具受理申请通知书；申请材料不齐全或者不符合法定形式的，电信管理机构应当场或者在 5 个工作日内一次性书面告知申请单位需要补正的全部内容；不予受理的，应当出具不予受理通知书并说明理由。

（3）批准许可

《互联网域名管理办法》第十五条规定，电信管理机构应当自受理之日起 20 个工作日内完成审查，做出予以许可或者不予许可的决定。20 个工作日内不能做出决定的，经电信管理机构负责人批准，可以延长 10 个工作日，并将延长期限的理由告知申请单位。需要组织专家论证的，论证时间不计入审查期限。予以许可的，应当颁发相应的许可文件；不予许可的，应当书面通知申请单位并说明理由。

《互联网域名管理办法》第十六条规定，域名根服务器运行机构、域名注册管理机构和域名注册服务机构的许可有效期为 5 年。

（4）域名注册服务

《互联网域名管理办法》第二十三条规定，域名根服务器运行机构、域名注册管理机构和域名注册服务机构应当向用户提供安全、方便、稳定的服务。

《互联网域名管理办法》第二十四条规定，域名注册管理机构应当根据本办法制定域名注册实施细则并向社会公开。

（5）变更和终止服务

《互联网域名管理办法》第十七条规定，域名根服务器运行机构、域名注册管理机构和域名注册服务机构的名称、住所、法定代表人等信息发生变更的，应当自变更之日起 20 日内向原发证机关办理变更手续。

《互联网域名管理办法》第十八条规定，在许可有效期内，域名根服务器运行机构、域名注册管理机构、域名注册服务机构拟终止相关服务的，应当提前 30 日书面通知用户，提出可行的善后处理方案，并向原发证机关提交书面申请。原发证机关收到申请后，应当向社会公示 30 日。公示期结束 60 日内，原发证机关应当完成审查并做出决定。

3. 域名注册和注销的法律法规

按照国家有关法律法规、《互联网域名管理办法》的规定，自然人、法人和其他组织可以申请、注册域名。

（1）原则

《互联网域名管理办法》第二十六条规定，域名注册服务原则上实行"先申请先注册"，相应域名注册实施细则另有规定的，从其规定。

《互联网域名管理办法》第二十九条规定，域名注册服务机构不得采用欺诈、胁迫等不正当手段要求他人注册域名。

（2）域名注册时不得包含的内容

《互联网域名管理办法》第二十八条规定，任何组织或者个人注册、使用的域名中，不得含有下列内容：①反对宪法所确定的基本原则的；②危害国家安全，泄露国家秘密，颠覆国家政权，破坏国家统一的；③损害国家荣誉和利益的；④煽动民族仇恨、民族歧视，破坏民族团结的；⑤破坏国家宗教政策，宣扬邪教和封建迷信的；⑥散布谣言，扰乱社会秩序，破坏社会稳定的；⑦散布淫秽、色情、赌博、暴力、凶杀、恐怖或者教唆犯罪的；⑧侮辱或者诽谤他人，侵害他人合法权益的；⑨含有法律、行政法规禁止的其他内容的。域名注册管理机构、域名注册服务机构不得为含有前款所列内容的域名提供服务。

《互联网域名管理办法》第五十四条规定，任何组织或者个人违反《互联网域名管理办法》第二十八条第一款规定注册、使用域名，构成犯罪的，依法追究刑事责任；尚不构成犯罪的，由有关部门依法予以处罚。

（3）提供真实准确完整的信息

《互联网域名管理办法》第三十条规定，域名注册服务机构提供域名注册服务，应当要求域名注册申请者提供域名持有者真实、准确、完整的身份信息等域名注册信息。域名注册管理机构和域名注册服务机构应当对域名注册信息的真实性、完整性进行核验。域名注册申请者提供的域名注册信息不准确、不完整的，域名注册服务机构应当要求其予以补正。申请者不补正或者提供不真实的域名注册信息的，域名注册服务机构不得为其提供域名注册服务。

（4）信息公开和保护

《互联网域名管理办法》第三十一条规定，域名注册服务机构应当公布域名注册服务的内容、时限、费用，保证服务质量，提供域名注册信息的公共查询服务。

《互联网域名管理办法》第三十二条规定，域名注册管理机构、域名注册服务机构应当依法存储、保护用户个人信息。未经用户同意不得将用户个人信息提供给他人，但法律、行政法规另有规定的除外。

（5）域名注册变更

《互联网域名管理办法》第三十三条规定，域名持有者的联系方式等信息发生变更的，应当在变更后 30 日内向域名注册服务机构办理域名注册信息变更手续。域名持有者将域名转让给他人的，受让人应当遵守域名注册的相关要求。

《互联网域名管理办法》第三十四条规定，域名持有者有权选择、变更域名注册服务机构。变更域名注册服务机构的，原域名注册服务机构应当配合域名持有者转移其域名注册相关信息。无正当理由的，域名注册服务机构不得阻止域名持有者变更域名注册服务机构。电信管理机构依法要求停止解析的域名，不得变更域名注册服务机构。

（6）应急处理

《互联网域名管理办法》第四十一条规定，域名根服务器运行机构、域名注册管理机构和域名注册服务机构应当遵守国家相关法律、法规和标准，落实网络与信息安全保障措施，配置必要的网络通信应急设备，建立健全网络与信息安全监测技术手段和应急制度。域名系统出现网络与信息安全事件时，应当在 24 小时内向电信管理机构报告。因国家安全和处置紧急事件的需要，域名根服务器运行机构、域名注册管理机构和域名注册服务机构应当服从电信管理机构的统一指挥与协调，遵守电信管理机构的管理要求。

（7）域名注销

《互联网域名管理办法》第四十三条规定，已注册的域名有下列情形之一的，域名注册服务机构应当予以注销，并通知域名持有者：①域名持有者申请注销域名的；②域名持有者提交虚假域名注册信息的；③依据人民法院的判决、域名争议解决机构的裁决，应当注销的；④法律、行政法规规定予以注销的其他情形。

3.3.4　网络版权的法律法规

1. 网络版权概述

（1）网络版权的定义

网络版权又称网络著作权，是在网络环境下公民、法人或非法人单位按照法律享有的对自己文学、艺术、自然科学、工程技术等作品的专有权。网络著作权包括传统著作在网络上的著作权人所享有的专有权和网络著作在网络上的著作权人所享有的专有权。

《著作权法》第十条第十二项规定，信息网络传播权，即以有线或者无线方式向公众提供作品，使公众可以在其个人选定的时间和地点获得作品的权利。

《著作权法》第三条规定，本法所称的作品，包括以下列形式创作的文学、艺术和自然科学、社会科学、工程技术等作品：①文字作品；②口述作品；③音乐、戏剧、曲艺、舞蹈、杂技艺术作品；④美术、建筑作品；⑤摄影作品；⑥电影作品和以类似摄制电影的方法创作的作品；⑦工程设计图、产品设计图、地图、示意图等图形作品和模型作品；⑧计算机软件；⑨法律、行政法规规定的其他作品。

最高人民法院《关于审理涉及计算机网络著作权纠纷案件适用法律若干问题的解释》

第二条规定，受著作权法保护的作品，包括著作权法第三条规定的各类作品的数字化形式。在网络环境下无法归于著作权法第三条列举的作品范围，但在文学、艺术和科学领域内具有独创性并能以某种有形形式复制的其他智力创作成果，人民法院应当予以保护。

（2）网络版权的侵权情形

第一，以纸质媒体为代表的传统媒体对网络的侵权，即将网上作品擅自下载并发表在传统媒体上。

第二，网络对网络的侵权，即发表在一个网站上的作品被另一个网站擅自使用。网络对网络的侵权行为更多地表现为对其他网站的信息资源著作权的侵犯，特别是有些商业站点，缺乏信息资源，未经授权大量摘抄新闻媒体的网络版信息，已引起许多网上媒体的关注。

第三，网络对传统媒体的侵权，即未经作者许可，擅自将传统媒体上发表的作品在网站上传播，从而引发纠纷。

2．著作权的专有权利内容

《著作权法》第十条规定了著作权的专有权利的内容，包括下列人身权和财产权。

（1）发表权，即决定作品是否公之于众的权利；

（2）署名权，即表明作者身份，在作品上署名的权利；

（3）修改权，即修改或者授权他人修改作品的权利；

（4）保护作品完整权，即保护作品不受歪曲、篡改的权利；

（5）复制权，即以印刷、复印、拓印、录音、录像、翻录、翻拍等方式将作品制作一份或者多份的权利；

（6）发行权，即以出售或者赠与方式向公众提供作品的原件或者复制件的权利；

（7）出租权，即有偿许可他人临时使用电影作品和以类似摄制电影的方法创作的作品、计算机软件的权利，计算机软件不是出租的主要标的除外；

（8）展览权，即公开陈列美术作品、摄影作品的原件或者复制件的权利；

（9）表演权，即公开表演作品，以及用各种手段公开播送作品的表演的权利；

（10）放映权，即通过放映机、幻灯机等技术设备公开再现美术、摄影、电影和以类似摄制电影的方法创作的作品等的权利；

（11）广播权，即以无线方式公开广播或者传播作品，以有线传播或者转播的方式向公众传播广播的作品，以及通过扩音器或者其他传送符号、声音、图像的类似工具向公众传播广播的作品的权利；

（12）信息网络传播权，即以有线或者无线方式向公众提供作品，使公众可以在其个人选定的时间和地点获得作品的权利；

（13）摄制权，即以摄制电影或者以类似摄制电影的方法将作品固定在载体上的权利；

（14）改编权，即改变作品，创作出具有独创性的新作品的权利；

（15）翻译权，即将作品从一种语言文字转换成另一种语言文字的权利；

（16）汇编权，即将作品或者作品的片段通过选择或者编排，汇集成新作品的权利；

（17）应当由著作权人享有的其他权利。

3．网络著作权的主要法律法规

（1）承担停止侵害、消除影响、赔礼道歉、赔偿损失等民事责任

《著作权法》第四十七条规定，有下列侵权行为的，应当根据情况，承担停止侵害、消除影响、赔礼道歉、赔偿损失等民事责任：

① 未经著作权人许可，发表其作品的；

② 未经合作作者许可，将与他人合作创作的作品当作自己单独创作的作品发表的；

③ 没有参加创作，为谋取个人名利，在他人作品上署名的；

④ 歪曲、篡改他人作品的；

⑤ 剽窃他人作品的；

⑥ 未经著作权人许可，以展览、摄制电影和以类似摄制电影的方法使用作品，或者以改编、翻译、注释等方式使用作品的，本法另有规定的除外；

⑦ 使用他人作品，应当支付报酬而未支付的；

⑧ 未经电影作品和以类似摄制电影的方法创作的作品、计算机软件、录音录像制品的著作权人或者与著作权有关的权利人许可，出租其作品或者录音录像制品的，本法另有规定的除外；

⑨ 未经出版者许可，使用其出版的图书、期刊的版式设计的；

⑩ 未经表演者许可，从现场直播或者公开传送其现场表演，或者录制其表演的；

⑪ 其他侵犯著作权以及与著作权有关的权益的行为。

（2）侵犯著作权较严重的处罚

《著作权法》第四十八条规定，有下列侵权行为的，应当根据情况，承担停止侵害、消除影响、赔礼道歉、赔偿损失等民事责任；同时损害公共利益的，可以由著作权行政管理部门责令停止侵权行为，没收违法所得，没收、销毁侵权复制品，并可处以罚款；情节严重的，著作权行政管理部门还可以没收主要用于制作侵权复制品的材料、工具、设备等；构成犯罪的，依法追究刑事责任。

① 未经著作权人许可，复制、发行、表演、放映、广播、汇编、通过信息网络向公众传播其作品的，本法另有规定的除外；

② 出版他人享有专有出版权的图书的；

③ 未经表演者许可，复制、发行录有其表演的录音录像制品，或者通过信息网络向公众传播其表演的，本法另有规定的除外；

④ 未经录音录像制作者许可，复制、发行、通过信息网络向公众传播其制作的录音录像制品的，本法另有规定的除外；

⑤ 未经许可，播放或者复制广播、电视的，本法另有规定的除外；

⑥ 未经著作权人或者与著作权有关的权利人许可，故意避开或者破坏权利人为其作品、录音录像制品等采取的保护著作权或者与著作权有关的权利的技术措施的，法律、行政法规另有规定的除外；

⑦ 未经著作权人或者与著作权有关的权利人许可，故意删除或者改变作品、录音录像制品等的权利管理电子信息的，法律、行政法规另有规定的除外；

⑧ 制作、出售假冒他人署名的作品的。

（3）赔偿损失的额度确定

《著作权法》第四十九条规定，侵犯著作权或者与著作权有关的权利的，侵权人应当按照权利人的实际损失给予赔偿；实际损失难以计算的，可以按照侵权人的违法所得给予赔偿。赔偿数额还应当包括权利人为制止侵权行为所支付的合理开支。

权利人的实际损失或者侵权人的违法所得不能确定的，由人民法院根据侵权行为的情节，判决给予五十万元以下的赔偿。

（4）保全的法规

《著作权法》第五十条规定，著作权人或者与著作权有关的权利人有证据证明他人正在实施或者即将实施侵犯其权利的行为，如不及时制止将会使其合法权益受到难以弥补的损害的，可以在起诉前向人民法院申请采取责令停止有关行为和财产保全的措施。

《著作权法》第五十一条规定，为制止侵权行为，在证据可能灭失或者以后难以取得的情况下，著作权人或者与著作权有关的权利人可以在起诉前向人民法院申请保全证据。

人民法院接受申请后，必须在四十八小时内做出裁定；裁定采取保全措施的，应当立即开始执行。人民法院可以责令申请人提供担保，申请人不提供担保的，驳回申请。申请人在人民法院采取保全措施后十五日内不起诉的，人民法院应当解除保全措施。

（5）复制品的侵权确认

《著作权法》第五十三条规定，复制品的出版者、制作者不能证明其出版、制作有合法授权的，复制品的发行者或者电影作品或者以类似摄制电影的方法创作的作品、计算机软件、录音录像制品的复制品的出租者不能证明其发行、出租的复制品有合法来源的，应当承担法律责任。

（6）网络服务提供者的责任确认

最高人民法院《关于审理涉及计算机网络著作权纠纷案件适用法律若干问题的解释》（以下简称《解释》）第三条规定，网络服务提供者通过网络参与他人侵犯著作权行为，或者通过网络教唆、帮助他人实施侵犯著作权行为的，人民法院应当根据《民法典》的规定，追究其与其他行为人或者直接实施侵权行为人的共同侵权责任。

《解释》第六条规定，网络服务提供者明知专门用于故意避开或者破坏他人著作权技术保护措施的方法、设备或者材料，而上载、传播、提供的，人民法院应当根据当事人的诉讼请求和具体案情，依照著作权法第四十七条第六项的规定，追究网络服务提供者的民事侵权责任。

（7）提供内容服务的网络服务提供者的责任确认

《解释》第四条规定，提供内容服务的网络服务提供者，明知网络用户通过网络实施侵犯他人著作权的行为，或者经著作权人提出确有证据的警告，但仍不采取移除侵权内容等措施以消除侵权后果的，人民法院应当根据《民法典》的规定，追究其与该网络用户的共同侵权责任。

《解释》第五条规定，提供内容服务的网络服务提供者，对著作权人要求其提供侵权行为人在其网络的注册资料以追究行为人的侵权责任，无正当理由拒绝提供的，人民法院应当根据《民法典》的规定，追究其相应的侵权责任。

（8）网络著作权侵权纠纷案件的管辖

《解释》第一条规定，网络著作权侵权纠纷案件由侵权行为地或者被告住所地人民法院管辖。侵权行为地包括实施被诉侵权行为的网络服务器、计算机终端等设备所在地。对难以确定侵权行为地和被告住所地的，原告发现侵权内容的计算机终端等设备所在地可以视为侵权行为地。

3.3.5 计算机软件著作权的法律法规

1. 计算机软件著作权概述

（1）计算机软件著作权的定义

《计算机软件保护条例》第三条规定，本条例下列用语的含义：①计算机程序，是指为了得到某种结果而可以由计算机等具有信息处理能力的装置执行的代码化指令序列，或者可以被自动转换成代码化指令序列的符号化指令序列或者符号化语句序列。同一计算机程序的源程序和目标程序为同一作品。②文档，是指用来描述程序的内容、组成、设计、功能规格、开发情况、测试结果及使用方法的文字资料和图表等，如程序设计说明书、流程图、用户手册等。

（2）计算机软件著作权人的特殊情形

《计算机软件保护条例》第十条规定，由两个以上的自然人、法人或者其他组织合作开发的软件，其著作权的归属由合作开发者签订书面合同约定。无书面合同或者合同未做明确约定，合作开发的软件可以分割使用的，开发者对各自开发的部分可以单独享有著作权；但是，行使著作权时，不得扩展到合作开发的软件整体的著作权。合作开发的软件不能分割使用的，其著作权由各合作开发者共同享有，通过协商一致行使；不能协商一致，又无正当理由的，任何一方不得阻止他方行使除转让权以外的其他权利，但是所得收益应当合理分配给所有合作开发者。

第十一条规定，接受他人委托开发的软件，其著作权的归属由委托人与受托人签订书面合同约定；无书面合同或者合同未做明确约定的，其著作权由受托人享有。

第十二条规定，由国家机关下达任务开发的软件，著作权的归属与行使由项目任务书或者合同规定；项目任务书或者合同中未做明确规定的，软件著作权由接受任务的法人或者其他组织享有。

第十三条规定，自然人在法人或者其他组织中任职期间所开发的软件有下列情形之一的，该软件著作权由该法人或者其他组织享有，该法人或者其他组织可以对开发软件的自然人进行奖励。

① 针对本职工作中明确指定的开发目标所开发的软件；

② 开发的软件是从事本职工作活动所预见的结果或者自然的结果；

③ 主要使用了法人或者其他组织的资金、专用设备、未公开的专门信息等物质技术条件所开发并由法人或者其他组织承担责任的软件。

（3）计算机软件著作权的内容

《计算机软件保护条例》第八条规定，软件著作权人享有下列各项权利。

① 发表权，即决定软件是否公之于众的权利；

② 署名权，即表明开发者身份，在软件上署名的权利；

③ 修改权，即对软件进行增补、删节，或者改变指令、语句顺序的权利；

④ 复制权，即将软件制作一份或者多份的权利；

⑤ 发行权，即以出售或者赠与方式向公众提供软件的原件或者复制件的权利；

⑥ 出租权，即有偿许可他人临时使用软件的权利，但是软件不是出租的主要标的

除外；

⑦ 信息网络传播权，即以有线或者无线方式向公众提供软件，使公众可以在其个人选定的时间和地点获得软件的权利；

⑧ 翻译权，即将原软件从一种自然语言文字转换成另一种自然语言文字的权利；

⑨ 应当由软件著作权人享有的其他权利。

软件著作权人可以许可他人行使其软件著作权，并有权获得报酬。软件著作权人可以全部或者部分转让其软件著作权，并有权获得报酬。

（4）计算机软件的合法复制品所有人享有的权利

《计算机软件保护条例》第十六条规定，软件的合法复制品所有人享有下列权利。

① 根据使用的需要把该软件装入计算机等具有信息处理能力的装置内；

② 为了防止复制品损坏而制作备份复制品。这些备份复制品不得通过任何方式提供给他人使用，并在所有人丧失该合法复制品的所有权时，负责将备份复制品销毁；

③ 为了把该软件用于实际的计算机应用环境或者改进其功能、性能而进行必要的修改；但是，除合同另有约定外，未经该软件著作权人许可，不得向任何第三方提供修改后的软件。

第十七条规定，为了学习和研究软件内含的设计思想和原理，通过安装、显示、传输或者存储软件等方式使用软件的，可以不经软件著作权人许可，不向其支付报酬。

2．计算机软件著作权的保护期限和使用转让

（1）计算机软件著作权的保护期限

《计算机软件保护条例》第十四条规定，软件著作权自软件开发完成之日起产生。

自然人的软件著作权保护期为自然人终生及其死亡后 50 年，截止于自然人死亡后第 50 年的 12 月 31 日；软件是合作开发的，截止于最后死亡的自然人死亡后第 50 年的 12 月 31 日。

法人或者其他组织的软件著作权，保护期为 50 年，截止于软件首次发表后第 50 年的 12 月 31 日，但软件自开发完成之日起 50 年内未发表的，本条例不再保护。

《计算机软件保护条例》第十五条规定，软件著作权属于自然人的，该自然人死亡后，在软件著作权的保护期内，软件著作权的继承人可以依照《中华人民共和国民法典》的有关规定，继承本条例第八条规定的除署名权以外的其他权利。

软件著作权属于法人或者其他组织的，法人或者其他组织变更、终止后，其著作权在本条例规定的保护期内由承受其权利义务的法人或者其他组织享有；没有承受其权利义务的法人或者其他组织的，由国家享有。

（2）计算机软件著作权的许可使用和转让

《计算机软件保护条例》第十八条规定，许可他人行使软件著作权的，应当订立许可使用合同。许可使用合同中软件著作权人未明确许可的权利，被许可人不得行使。

第十九条规定，许可他人专有行使软件著作权的，当事人应当订立书面合同。没有订立书面合同或者合同中未明确约定为专有许可的，被许可行使的权利应当视为非专有权利。

第二十条规定，转让软件著作权的，当事人应当订立书面合同。

第二十一条规定，订立许可他人专有行使软件著作权的许可合同，或者订立转让软件著作权合同，可以向国务院著作权行政管理部门认定的软件登记机构登记。

第二十二条规定，中国公民、法人或者其他组织向外国人许可或者转让软件著作权的，应当遵守《中华人民共和国技术进出口管理条例》的有关规定。

3. 计算机著作权的主要法律法规

（1）情节较轻的处罚

《计算机软件保护条例》第二十三条规定，除《中华人民共和国著作权法》或者本条例另有规定外，有下列侵权行为的，应当根据情况，承担停止侵害、消除影响、赔礼道歉、赔偿损失等民事责任。

① 未经软件著作权人许可，发表或者登记其软件的；

② 将他人软件作为自己的软件发表或者登记的；

③ 未经合作者许可，将与他人合作开发的软件作为自己单独完成的软件发表或者登记的；

④ 在他人软件上署名或者更改他人软件上的署名的；

⑤ 未经软件著作权人许可，修改、翻译其软件的；

⑥ 其他侵犯软件著作权的行为。

（2）情节较重的处罚

《计算机软件保护条例》第二十四条规定，除《中华人民共和国著作权法》、本条例或者其他法律、行政法规另有规定外，未经软件著作权人许可，有下列侵权行为的，应当根据情况，承担停止侵害、消除影响、赔礼道歉、赔偿损失等民事责任；同时损害社会公共利益的，由著作权行政管理部门责令停止侵权行为，没收违法所得，没收、销毁侵权复制品，可以并处罚款；情节严重的，著作权行政管理部门可以没收主要用于制作侵权复制品的材料、工具、设备等；触犯刑律的，依照刑法关于侵犯著作权罪、销售侵权复制品罪的规定，依法追究刑事责任。

① 复制或者部分复制著作权人的软件的；

② 向公众发行、出租、通过信息网络传播著作权人的软件的；

③ 故意避开或者破坏著作权人为保护其软件著作权而采取的技术措施的；

④ 故意删除或者改变软件权利管理电子信息的；

⑤ 转让或者许可他人行使著作权人的软件著作权的。

有前款第一项或者第二项行为的，可以并处每件 100 元或者货值金额 1 倍以上 5 倍以下的罚款；有前款第三项、第四项或者第五项行为的，可以并处 20 万元以下的罚款。

（3）计算机软件复制品的法律责任

《计算机软件保护条例》第二十八条规定，软件复制品的出版者、制作者不能证明其出版、制作有合法授权的，或者软件复制品的发行者、出租者不能证明其发行、出租的复制品有合法来源的，应当承担法律责任。

《计算机软件保护条例》第三十条规定，软件的复制品持有人不知道也没有合理理由应当知道该软件是侵权复制品的，不承担赔偿责任；但是，应当停止使用、销毁该侵权复制品。如果停止使用并销毁该侵权复制品将给复制品使用人造成重大损失，复制品使用人可以在向软件著作权人支付合理费用后继续使用。

（4）计算机软件著作权纠纷的解决途径

《计算机软件保护条例》第三十一条规定，软件著作权侵权纠纷可以调解。软件著作权合同纠纷可以依据合同中的仲裁条款或者事后达成的书面仲裁协议，向仲裁机构申请仲裁。当事人没有在合同中订立仲裁条款，事后又没有书面仲裁协议的，可以直接向人民法院提起诉讼。

3.4　跨境电子商务中的争议解决机制

3.4.1　传统跨境电子商务纠纷解决方式

在实践中，跨境电子商务争议的解决方式多种多样，比较传统的跨境电子商务争议解决方式包括以下几种。

1. 诉讼

诉讼是比较传统的争议解决方式，对于当事人来说如果利用诉讼来解决争议，需要经过一系列较为烦琐的程序。一方面，当事人需要进行跨国诉讼，选择某一国家的法院提交起诉状，进行起诉；另一方面，法院在确认自身管辖权并立案后，依照涉外民事诉讼程序，需要进行域外送达、域外取证、审判、执行等环节。这在解决以小额和简单著称的跨境电子商务争议中的缺陷如下。

第一，争议诉讼主体难以确定。网络具有虚拟性，因此争议主体也具有虚拟性。在互联网所创造的空间中，当事人一般不需要提供真实的身份信息，也不需要进行实名登记，所以在寻找争议诉讼主体时就比较困难；而且这些信息容易篡改、不容易被追踪，这就加大了争议诉讼主体确定的难度。

第二，管辖权难以确定。因互联网无界、虚拟的特性，互联网上的任何一个行动，都可能与现实生活中的几个位置相联系，所以在网络上要确定某一方具体的物理位置相对比较困难。在跨境电子商务中甚至可能有多个国家可以被认知为涉及地点，更加加剧了管辖权的冲突。

第三，法律适用问题。例如，传统的法律选择方法在网络环境中可能失效；即使运用传统的冲突规则，最终指向的准据法也可能失效。

第四，承认和执行存在问题。通过诉讼得到的判决书由于其管辖权本身存在争议、适用法律无法得到别国认同，致使其很难在别国得到承认、执行。

第五，跨境电子商务的交易额普遍较小，如果选择诉讼作为争议解决方式可能会付出商品金额数十倍、数百倍甚至更高的金额；而且跨国诉讼通常消耗时间长，当事人需要投入大量的时间和精力，无论从经济还是精力方面考虑，消费者一般都会选择放弃诉讼，承受损失。在跨境电子商务中，消费者选择诉讼作为争议解决方式的案例较少。

2. 替代性争议解决机制

替代性争议解决机制（Alternative Dispute Resolution，ADR），包括国际商事仲裁、协商和调节等，也可以用来解决跨境电子商务争议。

《电子商务法》第六十条规定，电子商务争议可以通过协商和解，请求消费者组织、行业协会或者其他依法成立的调解组织调解，向有关部门投诉，提请仲裁，或者提起诉讼等方式解决。

B2B 跨境电子商务争议利用国际商事仲裁来解决是一种比较现实和普遍的选择。但是对于远距离的、小金额的 B2C 和 C2C 跨境电子商务争议，国际商事仲裁存在较大的缺陷。

如果双方当事人利用国际仲裁解决问题，首先面临的问题是仲裁协议是否有效。网络环境中，仲裁协议通常包含在当事人双方的交易合同中，而跨境电子商务平台合同签订的过程及合同本身都由数字信号传递的字符组成，具有虚拟性，与一般传统的纸质仲裁协议不同，其效力难以确定，而且还存在电子签名是否被承认的问题等，所以在跨境电子商务中当事人双方很难达成有效的仲裁协议。即使达成了有效的仲裁协议，也存在后续执行困难的问题。国际仲裁的裁决结果可能得不到双方国家的认可，即使得到认可，执行中的费用也可能较高，甚至可能超出标的物的原有价值。

如果选择协商和调节解决争议，将会面临争议解决的收益与成本相冲突的问题。传统的协商和调解，都需要双方当事人的会面，即进行面对面交谈。但跨境电子商务中当事人之间会面的成本很高，对于小额的跨境电子商务争议，当事人需要耗费大量的金钱和时间进行远距离会面且最后还不一定能解决问题，这显然导致了争议解决的成本大于收益。

由此可见，虽然诉讼和替代性争议解决机制可以解决跨境电子商务产生的争议，但是这两种争议解决机制在解决这类争议时存在明显缺陷。对于小额的跨境电子商务争议而言，当事人一般不会采取这两种争议解决机制来解决问题。

3.4.2 电子商务争议在线解决机制

1. 在线争议解决机制的定义

伴随着电子商务的兴起，网络经济争议越来越多，这也为在线争议解决机制的发展创造了条件。世界各国在总结各自的经验和教训的基础上提供了一种全新的电子商务争议解决机制，即在线非诉讼争议解决机制（Online Dispute Resolution，ODR）（简称"在线争议解决机制"）。

在线争议解决机制是指运用计算机和网络技术，以替代性争议解决机制的形式来解决争议的方式，是一种当前应用比较广泛的替代解决机制，又称为在线争议解决方式、网上争议解决机制。

在线争议解决机制在 1996—1997 年首次运用于美国和加拿大。在美国和加拿大等英语国家，由于其固有法律传统，非诉讼争议解决机制已经成为其法律框架的固有成分。随着电子商务在这些国家的迅猛发展，非诉讼争议解决机制已经迅速扩展至在线商务活动领域。

《电子商务法》第六十三条规定，电子商务平台经营者可以建立在线争议解决机制，制定并公示争议解决规则，根据自愿原则，公平、公正地解决当事人的争议。

2. 在线争议解决机制的特征

（1）以网络为基础的争议解决方式

网络技术是在线争议解决机制能够运行的依托和基础。例如，当事人在网络上进行沟通需要依靠电子邮件、视频通话等先进的网络通信技术，这些通话记录的保存、在线争议解决机制的运行需要依靠计算机强大的运算和储存功能；当事人的信息安全需要依靠防火墙、数字加密等保密技术。由此可见，网络技术在在线争议解决机制中十分重要。

（2）非对抗性机制

互联网的虚拟性给当事人双方提供了一个独立的空间来理清是非，通常双方之间不用直接面对面，而是通过电子邮件、网络信息等媒介进行沟通。当事人双方通过邮件、信息阐述自己的要求，由于互联网上存在一定的时间差，这样可以使当事人双方在阐明自己的立场前具有充足的时间思考。

（3）具有一定的契约性

在线争议解决机制协议的达成以当事人合意为前提，它的性质与契约类似，但不具有法律约束力。跨境电子商务平台需进驻在线争议解决机制才能在该机制上解决争议。进驻在线争议解决机制需要签订同意协议，保证遵循在线争议解决机制的调节方式、程序，并且保证争议解决结果得到执行。

3. 在线争议解决机制的分类

在线争议解决机制通常分为在线协商、在线调解和在线仲裁三类。

（1）在线协商

在线协商是目前在线争议解决机制中应用较多的一种。在线协商是指在没有第三人参加的情况下，通过第三方网络信息平台和网络争议解决环境，当事人双方利用网络信息技术，在没有双方会面的情况下，进行解决争议的信息传输、交流、沟通，最后达成争议解决协议、化解争议，又可以称为在线和解、在线谈判。在线协商的主要特点是没有第三人参加，只提供给双方当事人一个解决争议的网络平台，由双方代理人直接接触并进行协商；通常不收取当事人的任何费用，减少了当事人因争议解决而支出的成本，符合跨境电子商务争议解决的要求；相较于当事人利用其他工具私下联系，作为第三方平台更能够保障当事人获得公平对话的权利，保密性措施也相对较周全。

在线协商一般分为两种形式。一种称为辅助型在线协商，即当事人在没有第三方的情况下，通过平台，运用包括语音通话、视频会议、电子邮件方式在内的网络通信技术进行协商，最后达成协议，谈判过程均由争议当事人自行掌握；另一种称为自动型在线协商，即在辅助型在线协商基础上，由在线争议平台自带的系统程序直接给出争议解决协议，该协议一般仅具有合同效力。

美国的萨博赛特商务网络公司和克里克塞特商务网络公司提供的在线协商服务最典型。

① 萨博赛特在线协商机制

萨博赛特商务网络公司创建了一个完全自动化的金钱支付争议在线解决方式，是世界上第一个提供在线协商的网络公司。萨博赛特商务网络公司最初只涉及保险争议，现在也受理人身伤害和职工劳务补偿争议。

② 克里克塞特在线协商机制

克里克塞特商务网络公司提供了两种在线协商程序，一种适用于人身伤害和职工劳务补偿争议；另一种适用于其他的金钱争议。

（2）在线调解

在线调解是网络技术与网络经济相结合的产物。在线调解与传统调解在实质上是相同的，都是由一个居于中立地位的第三人（即调解员）努力帮助当事人达成解决争议协议的一种程序。在线调解是在互联网上进行的调解，从程序的发起至争议解决协议的达成全部在线发生，这是在线调解与传统调解最大的不同。在线调解的基本运行过程为：争议发生后，争议双方以在线的方式向在线调解服务机构提交争议，在线调解服务机构运用现代的网络技术，营造一个虚拟的调解场所，让当事人在自己选出的或由该机构委派的在线调解员的主导下，运用电子邮件、聊天室、可视会议等交流手段，提交争议、追踪案件进展、与调解员以及当事人进行交流以解决争议。

目前，国际社会存在大量的在线调解服务机构。在线欧姆巴兹办公室（Online Ombuds Office）是当前国际上较为著名的调解机构，该机构由美国马萨诸塞大学发起。

随着我国互联网事业的迅速发展，网络日益深入人们的生活，越来越多的单位和个人愿意甚至倾向于使用网络所提供的资源，这为我国在线调解机制的建立提供了可能性。2004年6月，我国第一个专门的在线争议解决机构"中国在线争议解决中心"（China ODR）成立并开通了网站，发生争议的任何一方当事人可以通过互联网在该网站登记案件，申请在线调解。

（3）在线仲裁

在线仲裁是指电子商务争议双方的当事人，自愿将争议交给第三者，通过网络评判、裁决并约定自觉履行裁决结果的一种方式。

萨博仲裁庭由加拿大蒙特利尔大学法学院设立，是当前国际上比较有代表性的在线仲裁机构，其宗旨是解决电子商务交易中产生的争议。

随着跨境电子商务的发展，在线仲裁机构也在全世界大量出现。例如，有中国国际经济贸易仲裁委员会设立的"中国国际经济贸易仲裁委员会网上争议解决中心"等传统仲裁庭设立的在线仲裁，也有各种专门负责进行在线仲裁的新设网站或项目（如美国的Webdispute、加拿大的Eresoulution），还有一类以在线调解为代表的网站同时也兼有在线仲裁的功能（如美国的Sauare Trade）。

在线仲裁有程序严格、仲裁人员专业、仲裁结果具有相应强制力保障等特点，较为适宜解决争议较大、相对严重的电商交易争议，为全面、系统地解决各类电商交易争议做出了不可磨灭的贡献。

为了满足不同当事人的需求，更好地解决跨境电子商务中众多类型的争议，绝大多数的在线争议解决机制都是采用多种在线争议解决方式相结合的形式。

3.5 主要国际组织和国际法有关跨境电子商务的法律法规

3.5.1 WTO有关电子商务的法律法规

WTO有关电子商务的立法范围涉及跨境交易的税收和关税问题、电子支付、网上交易、知识产权保护、个人隐私、安全保密、电信基础设施、技术标准、普遍服务、劳工问题。

1. 关于电子商务关税

1997年3月26日，世界贸易组织成员签署了"信息技术产品协议"（Information Technology Agreement，ITA），要求自1997年7月1日起各方将主要的信息技术产品关税降为零。该协议还提供了一个各方认可的信息技术产品分类列表。同年7月，在波恩召开的超过40个成员方参与的部长级会议上，同意在电子商务领域实施自由贸易的原则，各成员方不得自设关税和非关税壁垒且不增加新的税种，最终有 29 个成员方签署。

1998 年 5 月 20 日，世界贸易组织达成日内瓦协议，对在互联网上交付使用的软件和货物免征关税，但不涉及实物的采购（即从网站订购产品，然后采用普通方式运输，通过有形边界交付使用的行为）。此外，世界贸易组织认为，电子商务与传统贸易不应该被区别对待，电子商务的税收制度应该简单、透明、流程操作容易，不应增加纳税人的负担。世界贸易组织于 1998 年 5 月 29 日通过了全球电子商务宣言，认为应该建立综合性的审查和与贸易有关的全球电子商务工作计划，并且要求各成员方维持现有做法，不对电子交易征收关税，这被称为《WTO 电子传输关税豁免暂时延期》（WTO Duty-free Moratorium on Electronic Transmissions）。此后，2001 年多哈部长会议宣言、2005 年香港宣言、2009 年总理事会的决定都宣布不对电子传输征收关税。

2. 关于电子商务的归属定性

大部分国家认为，电子商务的规则应该归在关税与贸易总协定（General Agreement on Tariffs and Trade，GATT）或服务贸易总协定（General Agreement on Trade in Services，GATS）下还是另立一个门类，是一个关键问题。在 WTO 的相关会议上，越来越多的国家认为物理运输的商品仍旧适用 GATT，但是电子形式运输的商品应该适用于 GATS。关于关税与贸易总协定和服务贸易总协定的区别，世界贸易组织秘书处总结了以下四个方面。

（1）关税与贸易总协定下的国民待遇是全面的义务。服务贸易总协定下，该义务则根据各成员在各部门所做的承诺而定；

（2）关税与贸易总协定禁止采取数量限制措施，但也允许有例外情况。贸易总协定规定，如政府希望保持对市场准入的限制，允许使用数量限制措施；

（3）在关税与贸易总协定下，成员如没有将其关税水平约束至零，对进口就要征收关税。服务贸易总协定中除了指出任何税收体制都必须与成员在具体承诺减让表中就国民待遇做出的承诺相一致之外，基本不再涉及关税或一般税费；

（4）关税与贸易总协定的重点在于跨境的货物贸易，而服务贸易总协定除涉及跨境贸易外，还将在外国司法管辖权的商业存在和自然人的流动等问题作为服务贸易的一部分加以考虑。

3. 关于电子商务市场准入

电子商务是一种以网上电子交换为基础的商业机制，必须立足互联网和电信系统。但在大多数国家，一般的电信服务和互联网接入服务属于垄断性控制的市场，为国家不容易开放的领域。即使一些国家承诺开放市场，但如果不能建立一个非歧视性的、透明的国内监管机制，市场开放承诺也只是一纸空文。

根据服务贸易总协定第八条的规定，在没有开放基础电信领域，但对互联网接入服务做出具体开放承诺的 WTO 成员，应确保处于垄断地位的电信服务提供商不得对外国接入服务商实行歧视待遇。也就是说，互联网服务提供商应当平等、不受歧视地享有使用或租用公用电信网络的权利。

除了服务贸易总协定第八条的规定外，乌拉圭回合最后文件中，服务贸易总协定有一个"电信附件"（telecommunication annex）。该附件规定成员方应彼此提供与合理和非歧视待遇相关的条件，进入和使用公共电信传输网络和服务。这意味着，即使在电信市场开放上未能达成一项协议，互联网内容服务以及电子货物贸易仍然可以在一国的公共电信网络进行。1997 年颁布的《基础电信协议》（也称为《服务贸易总协定》第四议定书）进一步推动了基础电信领域内的市场开放。该协议涵盖全球 90%的基础电信贸易，极大地放开了基础电信领域内的竞争，对电子商务有着不可估量的影响。

4. 关于知识产权

世界贸易组织对电子商务知识产权的保护主要规定在 1995 年的《与贸易有关的知识产权协定》（以下简称"TRIPS 协议"）之中。TRIPS 协议主要是通过有效执行、监督争端解决机制，从而加强知识产权保护。TRIPS 协议的保护范围广泛，几乎涉及知识产权的所有领域，在很多方面的保护程度超过现有公约对知识产权的保护。TRIPS 协议规定，一种计算机程序，无论是源程序还是目标程序，必须与著作一样受到保护；数据库的应用也应该得到保护。

在版权保护方面，TRIPS 协议将计算机程序和有独创性的数据汇编列为版权保护的对象；对计算机程序和电影作品的出租权做出了规定；延长一些作品保护期，完善对表演者、录音制品（唱片）制作者和广播组织的保护。在商标注册方面，TRIPS 协议所指的商标是广泛的，不仅包括商品商标，还包括服务商标，允许将"气味商标"和"音响商标"排除在注册保护之外；加强了对驰名商标的保护，对驰名商标的保护可以延伸到服务商标。在专利保护方面，TRIPS 协议规定，除了某些例外或条件，对一切技术领域内具有新颖性和创造性，并能付诸工业应用的任何发明（不论是产品还是方法）均有可能获得专利。

3.5.2 主要国际法中有关电子商务的法律法规

1. 关于常设机构的认定

从事跨境电子商务的企业可以在另一国境内购买或租用服务器，与所在国家的客户或其他国家的客户进行交易。如果企业自己没有独立建立服务器，也可以向网络服务供应商（ISP）租用网址，从而开展商务活动。跨境电子商务的发展引起了传统的常设机构认定规则的争议。根据传统的常设机构概念，许多交易因为在收入来源国没有常设机构，所以就不需要在收入来源国纳税。经济合作与发展组织（Organization for Economic Co-operation and Development，OECD）于 2000 年在国际税收协定《经济合作与发展组织关于避免双重征税的协定范本》第五条注释中增加有关电子商务常设机构认定规则的内容。根据其精神，非居民如果在本国拥有服务器，该服务器存放于特定的位置且存在的时间足够长，企业通过该服务器进行各种形式不具有准备性或辅助性特征的营业活动，那么该服务器就构成企业的常设机构，企业在另一国拥有的网址则不列入常设机构。

2. 关于电子商务税收问题

目前电子商务的税收政策有两种倾向，一种是以美国为代表的免税派，另一种是以欧盟为代表的征税派。15 个欧盟成员普遍实行增值税，增值税对这些国家非常重要。欧盟认为，电子商务不应该承担额外的税收，但也不想免除现有电子商务税收，电子商务必须履行其纳税义务，否则会导致不公平的竞争。

1997 年 11 月，经济合作与发展组织在芬兰举行"撤除全球电子商务障碍"的圆桌会议，与会各国一致认可运用税收中性原则和既有税收原则，认为税收不应阻碍电子商务的正常发展，应该由国际社会各国政府和企业界做出共同努力，以解决电子商务征税的问题。

2000年3月，OEDC财政事务委员会发布了《常设机构概念在电子商务背景下的运用：对经济合作与发展组织税收协定范本第五条的注释的建议性说明》修订草案，该草案对于电子商务税收法律制度的确立具有十分重要的意义，第一次从税法的角度对电子商务进行了比较全面的剖析，使电子商务税收法律问题的解决又向前迈进了一步。

虽然这种商务的税收问题有很多争论，但世界各国也形成了一些共识。第一，税收中性原则是电子商务征税的基本指导方针，即不是通过创造新税或附加税，而是对现行税种进行修改，使其适用于电子商务，确保电子商务的发展不会扭曲税收公平。第二，注重加强国际合作，制定有利于电子商务发展的政策，推动网络贸易发展。

3. 关于在线纠纷的解决

1999年以来，国际社会开始讨论电子商务争议解决机制的问题，对跨境电子商务网上争议解决机制在推进国际电子商务的发展中起到的重要作用已达成共识。经济合作与发展组织发布"电子商务消费者保护原则"，提出要建立一个公平、有效、实时以及不会不合理增加消费者负担的消费者网上争议解决机制。经济合作与发展组织分别在2000年和2004年举行会议，讨论B2C电子商务争议解决机制的发展，提出了《在线解决电子商务争议：正确处理消费者申诉与商务纠纷》，引导中小企业有效地利用在线争议解决机制，妥善处理网络交易纠纷。联合国欧洲经济委员会为电子商务和在线争议解决机制提出了四点建议，包括鼓励和发展技术的应用、促进在线争议解决机制法律及技术机制的发展、发挥政府的导向作用以及改善现存ODR在数字技术及公正性方面的缺陷。

2010年，联合国国际贸易委员会开始起草《跨境电子商务交易网上争议解决：程序规则》，目前已取得重要进展。同时，作为电子商务的一个重要法律基础，电子签名法案在美国、欧盟等多个国家陆续签署，为跨境电子商务的开展奠定了实施基础。

4. 关于跨境网络隐私保护权和数据安全

在跨境进出口业务中，消费者大量的私人信息和数据经由信息服务系统收集、储存、运输，消费者的隐私难免受到威胁。例如，网络运营商为追求利益，出售消费者个人信息；银行的过错行为或黑客侵犯导致个人信用卡信息被盗、丢失；垃圾邮件骚扰等。信息社会很重要的价值创造来源于数据的处理、交换和传输，而这些数据多涉及个人隐私。挖掘数据和利用数据的规则是信息时代很重要的商业规则。目前，国际社会对跨境网络隐私的保护力度已经有了很大的提升。经济合作与发展组织1980年推出的《隐私保护与个人数据资料跨境流通指导原则》、1998年发布的《全球网络隐私保护宣言》，欧盟1995年发布的《个人数据保护指令》等，都详细规定了个人网络隐私的保护，美国、英国、德国等国家已经出台了保护公民网络隐私权的法案。亚太经济合作组织（Asia-Pacific Economic Cooperation，APEC）的"APEC电子商务指导组"近几年专门开会讨论了跨境网络隐私权的保护，倡议并构建跨境隐私规则体系（Cross-Border Privacy Rules，CBPR），号召"成员经济体应当尽力实施隐私框架，用最适合经济体的各种方法确保个人（信息）隐私保护，包括法律、行政、行业自律或者以上方法的集合"。

5. 其他

早在1985年，联合国贸发会就十分关注计算机的商业应用所引发的法律问题。1996年贸发会发布了《电子商务示范法》，对电子签名认证机构及其相关的法律问题做出了规定，确立了使用数据电文、电子手段传递信息的法律地位和法律效率，为电子商务提供了法律保障。

1997 年 11 月国际商会颁发了"国际数字化安全商务应用指南"，主要是为了解决在互联网进行可靠的数字交易的问题。1999 年欧盟公布了"关于统一市场电子商务的某些法律问题的建议"，包括一些市场准入和认证服务、电子证书及责任等问题。

本章小结

本章共分 5 节来阐述与探讨跨境电子商务法律法规。3.1 节是跨境电子商务合同的法律法规，包括数据电文、电子合同和电子签名；3.2 节是跨境电子商务中的消费者权益保护；3.3 节是跨境电子商务中的知识产权保护；3.4 节是跨境电子商务中的争议解决机制；3.5 节是主要国际组织和国际法有关跨境电子商务的法律法规。

实训项目

1. 阅读新修订的《商标法》，说明其对原商标法做出了哪些修改？分析原因并形成报告。
2. 讨论电子合同要约与要约邀请的区别，论述电子合同与传统合同的区别以及电子合同违约责任的主要方式。

课后习题

1. 数据电文的特点是什么？
2. 说明要约与承诺的条件。
3. 举例说明网络版权的侵权情形。
4. 跨境电子商务消费者权益保护的难点体现在哪些方面？
5. 用《电子商务法》相关法条分析如下案例。

魏女士 11 月 22 日在"洋码头"店铺购买贝德玛粉水，因在未发货的状态下该商品在 5 小时内迅速降价，故申请退款重新购买，但商家拒绝退款。申请平台介入后，商家后台售后窗口被强制关闭，不予退款并强制发货交易。

对此，"洋码头"表示，黑色星期五期间，买手推出了限时限量低价抢购的店铺促销，促销商品价格低于日常销售价。对于给用户造成的误解买手已进行解释，并主动退还了差价，同意用户以限时抢购的价格购买商品。

6．用《消费者权益保护法》相关法条分析如下案例。

蒋女士于 2018 年 9 月 8 日在"德国 w 家官网"购买奶粉，原本想要 8 盒 2 岁+喜宝奶粉和 1 盒新生儿爱他美奶粉，结果因为没看清楚，新生儿的买成了 1 岁+的爱他美奶粉，所以咨询客服，并按客服要求于半个小时内申请取消订单。蒋女士第二天收到了 w 家邮件，并与客服确认已成功取消订单，客服承诺退款将在 1～2 周内到账，可是到了第 16 天蒋女士依然没有收到退款。蒋女士又与客服联系，对方说目前是周末要等工作日处理，但到了工作日还是没有确切消息，也没有给出具体的解决问题时限。

对此，"德国 w 家官网"表示，会计部门已经安排退款给蒋女士，希望能以 500 积分（能抵扣 5 欧元）弥补蒋女士受到的损失。积分可以在下单时抵扣付款金额，有效期为 24 个月，没有限制购买最低金额或指定产品。如果蒋女士接收，需以邮件方式发给 w 家，w 家会立即将积分添加到蒋女士的 w 家账户里。

第4章
跨境电子商务交易流程

跨境电子商务与传统电商（或传统贸易）的交易流程基本相似，都需要经历交易前的准备、交易磋商及合同的签订与履行三个环节。但跨境电子商务的交易始于跨境电子商务交易平台，同样也终于跨境电子商务交易平台，其交易主体来自不同关境，通过电子商务的手段将传统贸易中的展示、磋商、成交和结算环节电子化，并通过跨境物流送达商品。因此，跨境电子商务商业模式下的国际市场调研需考虑的因素比境内电子商务更为复杂，调研的渠道及手段和传统贸易也有所不同。同时，跨境电子商务涉及的交易安全问题更为复杂。

引导案例

贵州白酒 2018 年出口 33.23 亿元，同比增长 10%，畅销全球 64 个国家和地区。包括红茶、绿茶在内的贵州茶叶出口总值达 3.32 亿元，同比增长 110%，销往全球 19 个国家和地区。贵州烤烟、卷烟出口总值达 7.18 亿元，同比增长 15.8%，销往全球 42 个国家和地区。食品方面，调味品全年出口总值达 4181 万元，同比增长 24.2%，销往全球 18 个国家和地区。中药材 2018 年出口总值达 2803 万元。

2019 年，贵州省农产品出口总值达 45.46 亿元，同比增长 13.9%，占同期全省出口总值的 13.9%，所占比重较 2018 年提升了 2.1 个百分点。值得一提的是，贵州省茶产业发展迅猛，总产值连续七年排名全国第一，茶叶成为贵州省第一大出口农产品。贵州茶叶主要出口品种有红茶、绿茶、白茶和乌龙茶。

据贵阳海关统计：2019 年 1 月至 11 月，贵州茶叶出口至"一带一路"沿线国家的货值达 6591.3 万美元，同比增长 61.2%，增幅再创新高，这些国家主要包括俄罗斯、泰国、印度尼西亚等。

阅读以上案例，思考：

1. "一带一路"背景下跨境电子商务该如何发展？

2．跨境电子商务出口交易流程是怎样的？

4.1　跨境电子商务交易流程简介

跨境电子商务交易流程包括如下三个环节。

1．交易前的准备工作

交易前的准备工作包括选择目标市场、选择目标客户（通过发出询价与信息反馈，对潜在的客户进行筛选）。选定客户后，建立客户关系，进而进行实质性的业务洽谈，即进入交易磋商和订立合同阶段。

2．交易磋商

交易磋商包括询价、发价、还价和接受（受盘）。交易双方对所洽谈的各项贸易条件达成一致意见，并签订合同，即为交易成功。以上各项工作均主要通过互联网手段完成。

3．合同的签订和履行

合同签订的流程，一般来说分成酝酿、起草文本、签字盖章三个阶段。

履行合同阶段工作包括很多业务环节。按照工作落实的顺序要求，该阶段包括备货、落实信用证（在信用证支付条件下）、订舱、制单、结汇，其中这个阶段中一些环节的工作是通过互联网途径完成的。

以 CIF 价格成交、信用证支付的出口业务为例，跨境电子商务出口交易流程如图 4-1 所示。

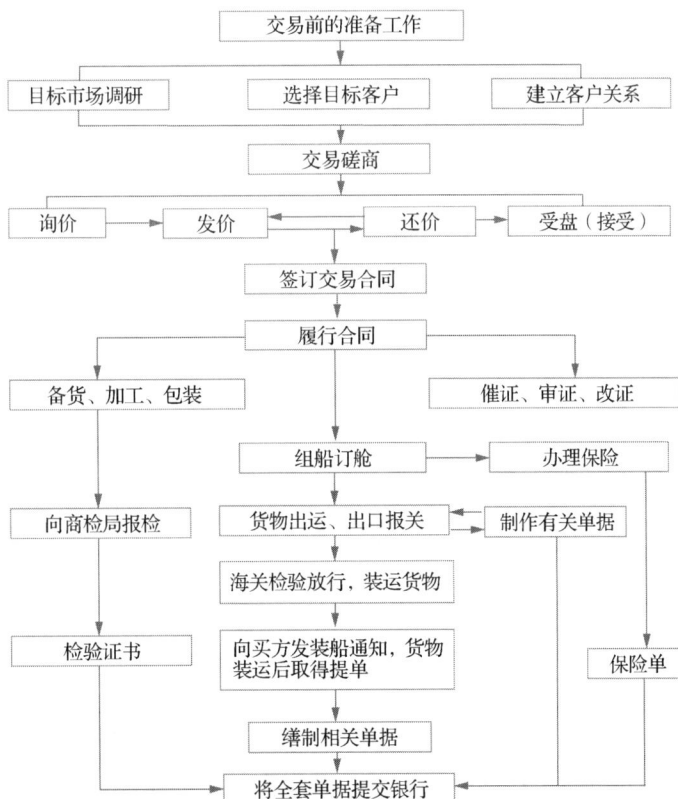

图 4-1　跨境电子商务出口交易流程

其他贸易术语或使用其他运输方式的出口合同，其所涉及的环节同上述环节大致相同。由于使用的贸易术语不同，交易的卖方和买方承担的义务和责任有所差异。

进口贸易在交易准备阶段和交易磋商阶段中的各个业务环节与出口交易相同。买卖双方通过谈判达成买卖协议后，一般以出口合同的形式规定买方和卖方的责任与义务。此后，进入合同履行阶段。一方履行出口合同，意味着另一方履行进口合同。

4.2 国际市场调研与客户开发

4.2.1 跨境电子商务市场调研

跨境电子商务的国际市场调研与传统的市场调研一样，应遵循一定的方法和步骤，以保证市场调研的质量。跨境电子商务国际市场调研的内容，通常主要包括国别（地区）调研、市场需求调研、可控因素调研和不可控制因素调研。

国际市场调研与客户开发

1. 国别（地区）调研

国别（地区）调研主要是为了贯彻国别（地区）政策，选择适宜的市场，创造有利的条件，从而建立跨境电子商务贸易关系。具体包括以下五个方面。

（1）一般概况调研：包括该国（地区）的人口、面积、气候、函电文字、通用语言、电子商务的普及和电子商务平台的使用情况等。

（2）政治情况调研：包括该国（地区）的政治制度、对外政策以及与我国的关系等。

（3）经济情况调研：包括该国（地区）的主要物产资源、工农业生产、财政金融、就业状况、收入状况、使用电商购物的人群特性等。

（4）对外贸易情况调研：包括该国（地区）的主要进出口商品贸易额，进出口贸易的主要国别（地区），对外贸易政策，海关税率和商检措施，海关对于邮件、小包、快递类的管制措施，民法和商法以及与我国进行贸易的情况等。

（5）运输条件调研：包括该国（地区）的邮政包裹、商业快递的选择和使用情况，清关能力等。

2. 市场需求调研

市场需求调研主要包括市场需求容量调研、市场消费特点调研和目标人群调研。

（1）市场需求容量调研

市场需求容量调研主要包括现有和潜在的需求容量、市场最大和最小需求容量、不同商品的需求特点和需求规模、不同市场空间的营销机会以及企业和竞争对手的现有市场占有率等。

（2）市场消费特点调研

市场消费特点调研包括消费水平、质量要求、消费习惯、销售季节、商品销售周期、商品供求价格变动规律等。

（3）目标人群调研

我们通过目标人群调研，要了解目标人群的消费特点，了解目标人群喜爱的品牌，以及这些品牌在该市场的占有率，同时也需要了解竞争对手是如何布局他们的同类商品线。同时结合目标人群的特性，做好第三方平台或独立平台的选择，在选商品方面，就要立足于第三方平台或者独立平台的目标人群的需求以及购物习惯。例如，在出口跨境电子商务方面，eBay 在 3C 类电子产品、家居类上销量较好，亚马逊在品牌服饰上优势明显，速卖通在新兴市场国家和地区销量增长较快等。

3. 可控因素调研

可控因素调研主要包括对商品、价格、销售渠道和促销方式和不可控因素等的调研。

（1）商品调研

商品调研包括有关商品性能、特征和客户对商品的意见和要求的调研；市场适销商品调研，包括品种、规格、用料、颜色、包装、商标、运费等；商品生命周期调研，以了解商品所处的生命期的阶段；商品的包装、名牌等给客户的印象的调研，以了解这些形式是否与消费者或用户的习俗相适应。

（2）价格调研

价格调研包括商品价格的需求弹性调研、竞争对手价格变化情况调研、新商品价格制定或老商品价格调整所产生的效果调研、选样实施价格优惠策略的时机和实施这一策略的效果调研。

（3）销售渠道调研

销售渠道调研包括企业现有商品分销渠道状况，中间商在分销渠道中的作用及各自实力，用户对中间商尤其是代理商、零售商的印象等。

（4）促销方式调研

促销方式调研主要是对人员推销、广告宣传、公共关系等促销方式的实施效果进行分析、对比。

4. 不可控制因素调研

（1）政治环境调研：包括对企业商品的主要用户所在国家（或地区）的政府现行政策、法令及政治形势的稳定程度等方面的调研。

（2）经济发展状况调研：主要调查企业所面对的市场在宏观经济发展中将产生何种变化。

（3）社会文化因素调研：包括对市场需求变动产生影响的社会文化因素，如文化程度、职业、宗教信仰及民风、社会道德与审美意识等方面的调研。

（4）技术发展状况与趋势调研：主要是为了解与本企业生产有关的技术水平状况及趋势，同时还应把握社会相同商品生产企业的技术水平的提高情况。

（5）市场竞争情况调研：包括市场容量、供货主要来源、主要生产者、主要竞争者、主要消费对象等。

（6）竞争对手调研：主要调查竞争对手数量、竞争对手的市场占有率及变动趋势、竞争对手已经并将要采用的营销策略、潜在竞争对手情况等方面的调研。

4.2.2 跨境电子商务市场的调研方法

对于跨境电子商务市场调研而言，除了使用一些传统手段的市场调研方法，随着科技的进步，特别是 IT 的飞速发展，利用网络进行跨境电子商务市场调研越来越成为主流方式。

跨境电子商务市场调研有两种方法：一种方法是直接进行的一手资料调研，即直接调研法；另一种方法是利用互联网的媒体功能，在互联网上收集二手资料，即网上间接调研法。

随着信息电子化的推进，利用网络进行跨境电子商务市场调研变得越来越容易。利用互联网进行市场调研，实际上已经很难严格区分一手资料和二手资料的界限。

1. 跨境电子商务市场直接调研法

跨境电子商务市场直接调研法主要包括传统的访问法、观察法和试验法等（如电话访问法、邮寄询问法），也可以基于网络根据不同的调查方式进行细分，如网上观察法、专题讨论法、在线问卷法和网上实验法，使用最多的是专题讨论法和在线问卷法。

（1）网上观察法

网上观察的实施主要是利用相关软件和人员，记录登录网络浏览者的浏览活动。相关软件能够记录登录网络浏览者浏览企业网页时所单击的内容和浏览的时间；在网上喜欢看什么商品网页；看商品时，先单击的是商品的价格、服务、外形还是其他人对商品的评价；是否有就相关商品和企业进行沟通的愿望等。

（2）专题讨论法

专题讨论法可通过新闻组 Usenet、电子公告牌（BBS）或邮件列表讨论组进行。其步骤如下。

① 确定要调查的目标市场。

② 识别目标市场中要加以调查的讨论组。

③ 确定可以讨论或准备讨论的具体话题。

④ 登录相应的讨论组，通过过滤系统发现有用的信息，或创建新话题，让大家讨论，从而获得有用的信息。

（3）在线问卷法

利用在线调查问卷获取信息是最常用的在线调研方法。在线问卷法在网站上设置调查表，即请求浏览其网站的每个人参与企业的各种调查。访问者在线回答问题并提交到网站服务器，从服务器上即可看到调查的结果。在线问卷法可以委托专业公司进行。在线问卷法广泛地应用于各种调查活动，这实际上就是传统问卷调查方法在互联网上的表现形式。最简单的调查问卷可能只有几个问题需要回答，或者提供几个答案供选择；而复杂的调查问卷可能有几十个甚至更多的问题需要回答。还可以在具有相应的功能支持的跨境电子商务企业网站上，通过设置多语种调查表进行调查。网上调查也被认为是跨境电子商务网站的主要功能之一。

① 调查问卷的基本结构

调查问卷一般包括三个部分，即标题及标题说明、调查内容和结束语。

标题及标题说明是调查者向被调查者写的简短信，主要说明调查的目的、意义、选择方法以及填答说明等，一般放在调查问卷的开头。

调查内容主要包括各类问题，问题的回答方式及其指导语，这是调查问卷的主体，也是问卷设计的主要内容。调查问卷中的问答题从形式上看，可分为封闭式、开放式和混合式三大类。封闭式问答题既提问题，又给若干答案，被调查者只需在选中的答案中打"√"即可。开放式问答题只提问题，不给具体答案，要求被调查者根据自己的实际情况自由作答。混合式问答题又称半封闭式问答题，是在采用封闭式问答题的同时，最后再附上一项开放式问题。指导语（也就是填答说明）是用来指导被调查者填答问题的各种解释和说明。

结束语一般放在问卷的最后，对被调查者表示感谢；也可征询一下被调查者对问卷设计和对调查问卷本身的看法和感受，要诚恳亲切。

② 在线问卷发布的主要途径

在线问卷发布的主要途径有以下 4 个。

第一，将问卷放置在自己的网站或问卷网上，等待访问者访问时填写问卷。

第二，通过微信朋友圈方式将问卷链接地址发送给微信朋友，说明并请求被调查者协助调查或转发问卷。

第三，通过已知的电子邮箱地址，以 E-mail 方式将设计好的调查问卷直接发送到被调查者的邮箱中；或者在电子邮件正文中给出一个可到达在线调查问卷页面的网址链接，这种方式在一定程度上可以对用户成分加以选择，并节约被调查者的上网时间。被调查者完成后将结果再通过 E-mail 返回。

第四，在相应的讨论组中发布问卷信息或者调查题目。

（4）网上实验法

网上实验法是指在互联网上开展的实验研究。例如，在网上调查广告效果，设计几种不同的广告内容和形式在网页或者新闻组上发布，或利用 E-mail 传递广告。广告的效果可以通过服务器端的访问统计软件随时监测，也可以利用查看客户的反馈信息量的大小来判断，还可借助专门的广告评估机构来评定。

2. 跨境电子商务市场间接调研法

跨境电子商务市场间接调研指的是网上二手资料的收集。二手资料的收集相对比较容易，花费代价小，来源也更广。二手资料的来源有很多，如公共图书馆、大学图书馆、贸易协会、市场调查公司、广告代理公司、专业团体、企业情报室等。随着科技的发展，利用互联网收集二手资料更加方便，速度也比传统方法快很多，而且通常可以直接从网上复制，因此大大缩短了资料收集、输入及处理的时间。再加上众多综合型互联网内容提供商（ Internet Content Provider，ICP ）、专业型 ICP，以及成千上万个搜索引擎网站，使得互联网上二手资料的收集非常方便。

间接调研法有网上搜索法、网站跟踪法和订阅邮件列表等。

（1）网上搜索法

利用网上搜索可以收集到市场调研所需要的大部分二手资料，如大型国际调查咨询公司的公开性可查报告，大型国际性企业、商业组织、学术团体及报刊等发布的调查资料，各国政府发布的调查统计信息等。

（2）网站跟踪法

在市场调研的日常资料收集工作中，需要对一些提供信息的网站进行定期跟踪，对有价值的信息及时地进行收集、记录、分类、整理。对于一个特定的市场调研项目，至少要在一定时期内对某些领域的信息进行跟踪。一般来说，可以提供大量一手资料和二手资料的网站有各类网上博览会、各行业的经贸信息网站、企业间的跨境电子商务（B2B）网站、国际大型调研咨询公司网站、各国政府统计机构网站等。

（3）订阅邮件列表

很多网站为了维持与用户的关系，常常将一些有价值的信息以新闻邮件和电子刊物等形式免费向用户发送，用户通常只要进行简单的登记即可订阅邮件列表。比较有价值的邮件列表如各大电子商务网站初步整理出来的市场供求信息、各种调查报告等。定期处理收到的邮件列表信息也是一种有效的资料收集方法。

4.2.3 寻找和了解客户的途径

互联网搜索和境外组织机构获取是跨境电子商务寻找和了解客户的主要途径，主要通过搜索引擎，网络黄页，行业协会网站，国际展览会、博览会网站，B2B、B2C 等网络平台。

1. 搜索引擎

搜索引擎是自动从因特网搜集信息并对信息进行一定整理以后，提供给用户进行查询的系统。因特网上的信息浩瀚万千且毫无秩序，所有的信息像汪洋上的一个个小岛，网页链接是这些小岛之间纵横交错的桥梁；而搜索引擎则为用户绘制了一幅一目了然的信息地图，供用户随时查阅。搜索引擎从网上提取各个网站的信息（以网页文字为主），建立起数据库，并能检索与用户查询条件相匹配的记录，按一定的排列顺序返回结果。

搜索引擎营销是外贸企业境外推广的有效手段之一。在搜索引擎营销中，最为重要的一点在于选好关键词，并对关键词进行良好的关联管理。

2. 网络黄页

网络黄页（企业名录）是跨境贸易人士获取商业信息的主要途径之一，是纸上黄页在互联网上的延伸和发展的结果，是了解境外客户的直接渠道。传统黄页以纸张形式打印黄页广告，包括公司地址、公司名称、邮政编码、电话号码、联系人等基本信息。网络黄页是拥有独立业务标志的企业网站，包括企业邮件、商品动态、数据库空间、交易信息、企业简介、即时消息、短信交互等功能。通过网页上的行业划分，可以在线查找企业，或输入关键词搜索相关企业。

3. 行业协会网站

行业协会网站是集中反映本行业领域内（业内）有关境内及境外生产、销售、市场状况的行业性网站，是外贸行业人士用于了解境内外商务行情的便利渠道。在搜索引擎中输入行业协会的名称，即可找到该协会的网站，如在搜索引擎上输入文字"中国食品土畜进出口商会"，就可以找到该商会的网站。进入某境外行业网站，在搜索引擎中输入关键词，如输入"产品名称+association"，就能找到相关的协会网站。

4. 国际展览会、博览会网站

境内外大型的、固定办展的国际进出口商品展览会或博览会都有官方网站，并且拥有大量世界范围的参展企业名录，这些参展企业一般是相关的制造商、经销商或进出口贸易企业。通过官方网站搜索信息，能够使企业的商业视野更加宽广，并获得参展的信息和参展商品的情况。查询境内展览会、博览会网站的方法比较简单，即在搜索引擎（如百度）中输入展览会或博览会的名称，即可找到该会的网站。例如，输入"中国进出口商品交易会官方网站"，就会得到该网站的页面和网站地址。

查询境外展会网站，只要在境外的搜索引擎中输入关键词即可。例如，输入"产品+exhibition/fair/conference"。在这些展会网站里，通常可以得到有关展会的概况、参展企业名称及数量、参展企业来源国家（或地区）、大类商品参展动态，尤其是新商品发展的动态等信息。

5．其他

通过 B2B、B2C 等网络平台，可以获得大量的供求信息。

4.2.4　网上发布商务信息的途径

网上发布商务信息的途径众多，各有长短。发布信息时，企业应根据自身情况及目标客户选择合适的途径。网上商务信息发布常用的途径有以下几个。

1．网站形式

建立企业自己的网站，它如同企业名片，不但包含企业信息，还能更好地树立企业在市场和行业内的形象，是自家广告宣传的载体。企业网站办得好，会成为企业的无形资产。

2．网络内容服务商

企业可向境内外专业的网络服务商购买相关服务和商品，如商品发布、寻求客户等。境内一些成熟的网站访问量巨大、信息覆盖范围广、网站知名度高，是企业可以关注和选择的目标网站，如搜狐、网易、新浪、百度、腾讯等。

3．供求信息平台

供求信息平台是目前较为普遍和有效的信息发布途径之一，对于跨境电子商务企业而言，主要是各种 B2B 及 C2C 平台。供求信息平台会员注册数量多、平台活跃程度高，其服务一般分为免费会员和收费会员两种。免费会员一般能够发布各种供求、合作、代理信息，有上传图片、联系方式等简单操作；收费会员则能享受到更周到的服务，如发布信息的数量、上传图片的数量等都有明显增加。

4．黄页网站和企业名录

黄页网站和企业名录由于有大量的浏览客户，所以也是发布信息的重要途径。大部分的黄页网站都可以免费发布信息。另外，这些网站一旦发布信息后，可以较长时间地保留发布记录，而且能够分门别类地进行归档，便于客户查询。

5．网络报纸和网络杂志

互联网的发展改变了大众主要依靠"纸面"形式的阅读方式。境内外的一些著名的报刊纷纷在互联网上建立自己的主页，并且发行网络报纸和网络杂志。网络阅读方式的人群也在不断地扩大。对于注重广告宣传的跨境电子商务企业来说，在网络报纸和网络杂志上做广告也是一个很好的传播途径。

4.3　网上交易磋商

网上交易磋商（online business negotiation）是指买卖双方通过互联网的形式，就某项交易的达成进行协商，以求完成交易的过程。

4.3.1　网上交易磋商的方式

1．网上交易磋商的基本方式

网上交易磋商的基本方式分为口头磋商和书面磋商。

口头磋商是指交易双方利用互联网进行洽商交易，其主要方法有互联网在线服务（如Skype）、跨境电话、微信语音等。口头磋商的优点是可以使双方及时、准确地了解对方的合作态度，根据洽商具体进展随时调整战略。

书面磋商是指交易双方通过电子邮件、传真、电传、信函、电报或互联网等通信方式进行洽商交易。有时口头磋商和书面磋商两种形式也可以结合使用。随着现代化通信技术的发展，书面磋商越来越简便易行，而且洽商费用与口头磋商相比有时还更低廉一些，因此，通过网络通信技术或平台进行交易磋商成为网络贸易的主要业务洽谈方式。

2. 网上交易磋商的通信途径

现阶段，跨境电子商务网上交易磋商常用的通信途径有以下几个。

（1）电子邮件

目前，利用电子邮件进行业务联系在国际贸易中十分普遍。电子邮件不但操作容易，而且不受时间、地点的限制，可随时收发；通信成本低廉；能收发多样化信息载体的文件，如照（图）片、链接、PDF 格式文件等。其特点符合贸易需求，是通过书写形式进行业务沟通的主要途径。

（2）即时通信软件

即时通信（Instant Message，IM）是指能时时发送和接收互联网消息等的业务。在跨境电子商务业务中，选择合适的即时性沟通工具可以提高网上磋商效率。在选择即时性沟通工具时，企业应当考虑目标市场客户群的使用习惯及跨境电子商务平台的站内信息反馈功能。

（3）传真与网络传真

传真（Fax）曾是二十多年前发展最快的非话电信业务，它是将文字、图表、相片等记录在纸面上的静止图像，通过扫描和光电变换，变成电信号，经各类信道传送到目的地，在接收端通过一系列逆变换过程，获得与发送原稿相似记录副本的通信方式。网络传真（Network Fax）是基于公共电话交换网（Public Switched Telephone Network，PSTN）和互联网的传真存储转发，也称电子传真，它整合了电话网、智能网和互联网技术，其原理是通过互联网将文件传送到传真服务器上，由传真服务器转换成传真机接收的通用图形格式后，再通过 PSTN 发送到全球各地的普通传真机上。由于通信技术迅速发展，网络传真正逐渐成为取代传真机的新一代通信工具。网络传真采用客户端、Web 浏览器、电子邮件三种方式发送传真。

4.3.2 交易磋商的主要内容

交易磋商通常要磋商 11 个交易条件，也就是《2010 年国际贸易术语解释通则》中的 11 个贸易术语所对应的交易条件。每个交易条件构成交易合同中的一个贸易条款，11 个贸易条款构成交易合同的主要内容。

为使交易磋商进行得有序、有效率，按照洽商内容的重要程度，将交易条件（款）分为一般贸易条件和基本贸易条件。

一般贸易条件包括货名、规格、数量、包装、价格、装运期和支付条件。保险条件是否进行磋商，需要依据交易所使用的价格术语而定。

基本贸易条件包括检验检疫、争议与索赔、不可抗力和仲裁。

一般而言，一笔交易首先要对一般贸易条件进行磋商，达成一致后，再对基本贸易条件进行磋商。谈判双方对各项条件达成一致后，交易合同即宣告成立。

4.3.3　网上交易磋商的基市过程

通过互联网进行交易磋商与传统的贸易磋商在内容和过程上是一致的。网上交易磋商的一般程序包括询盘、发盘、还盘和接受（承诺）4 个环节。电子合同与传统的纸质合同最明显的区别在于电子合同必须经过数字签名及第三方权威认证机构的认证才能生效。

1. 询盘

询盘又称为询价（inquiry），是指交易的一方为购买或出售商品，向另一方询问商品的交易条件以邀请对方发盘的表示。询盘内容包括商品的价格、数量、规格、质量、包装、运输、交货时间，并可获取样品、目录等。在实际业务中，询盘主要询问商品的价格，因此通常把询盘称为询价。任何希望交易的一方都可以以口头表述或者书面的形式来进行询价。询价的目的是检验对方对交易条款的诚意和理解，有时可能是一笔交易的起点；但询价对买卖双方并无法律约束力，不是交易磋商的必要环节，也没有固定的格式。

（1）书面形式询价的实例解读

买方询价（也称邀请发价）的示例如下。

PLEASE OFFER WEDDING DRESS MOST FAVORABLE PRICE.（请报婚纱的最优惠价格。）

BOOKABLE MIDDLE SIZE T-SHIRT 2000 DOZEN，PLEASE CABLE LOWEST PRICE EARLIEST DELIVERY.（拟订购中号 T 恤衫 2000 打，请电告最低价格和最快交货期。）

卖方询价（也称邀请递盘）的示例如下。

CAN SUPPLY WEDDING DRESS，PLEASE BID.（可供婚纱，请递盘。）

CAN SUPPLY T-SHIRT MARCH SHIPMENT，CABLE IF INTERESTED.（可供 T 恤衫 3 月装，如有兴趣电告。）

在实际的网络贸易中，业务洽谈多是以电子邮件进行沟通，此时会使用询价函。询价函一般包括三方面的内容，一是表明是如何获知对方信息的，二是表明去函目的，三是鼓励对方回函。

（2）口头形式询价的实例解读

买方询价的示例如下。

We're interested In your Flying Pigeon brand bicycles. I'd like to have your lowest quotation for 500 sets CFR Singapore In May.（我们对你方飞鸽牌自行车很感兴趣，请报 CFR 新加坡的最低价，数量 500 辆，5 月装运。）

卖方询价的示例如下。

We are one of the leading companies dealing In spaces In Tianjin. These are all our samples. If you'd like to have our competitive quotations，I shall supply you with it immediately.（我们公司是天津经营香料的主要公司之一。这里（展示的）都是我公司的样品。如果需要我方有竞争性报价，我们可以马上提供。）

2. 发盘

在国际贸易实务中，发盘也称发价、报盘、报价。发盘可以在交易一方接到对方的询盘后，应对方询盘的要求发出，也可以在没有询盘的情况下，主动向对方发出确定的交易条件。发盘一般出卖方发出，但也可以由买方发出，称为递盘，法律上称之为"要约"。根据《联合国国际货物销售合同公约》（以下简称《公约》）的解释，发盘指向一个或一个以上特定的人提出订立合同的建议，并且表明在确定的数量、价格及其他条件得到对方接受时，承受其约束。

发盘通常由卖方公司主动发出，习惯上称为卖方发价。当由买方发出时，习惯上称为买方交盘。相关示例如下。

Offer 5000 Dozen sport shirts sample March 15th USD84.50 per dozen CIF New York export standard packing，May/June shipment payment by Irrevocable sight L/C subject reply here 20th.（现在发盘 5000 打运动衫，规格按 3 月 15 日样品，每打 CIF 纽约价为 84.50 美元，标准出口包装，5～6 月装运，以不可撤销的信用证支付，限 20 日复到。）

发盘需注意以下内容。

（1）发盘的内容必须十分确定

发盘必须列明货物名称、价格、数量，或者决定价格、数量的方法。《公约》第十四条规定，向一个或一个以上特定的人提出的订立合同的建议，如果十分确定并且表明发价人在得到接受时承受约束的意旨，即构成发价。一个建议如果写明货物并且明示或暗示地规定数量和价格或规定如何确定数量和价格，即十分确定。发盘内容必须十分确定，至少包括三个基本要素，即货物、数量和价格。但是上述十分确定的三个条件只是最低要求，在实际业务中，如果只列明这三个条件而不提及其他，很容易给履行合同带来困难，也容易产生纠纷。慎重起见，我们应在对外报价时，将货物的名称、规格、数量、价格、包装、交货期限和支付方式等一并列明。

（2）发盘必须送达受盘人时才能生效

《民法典》第一编第一百三十七条规定，以对话方式作出的意思表示，相对人知道其内容时生效。以非对话方式作出的意思表示，到达相对人时生效。以非对话方式作出的采用数据电文形式的意思表示，相对人指定特定系统接收数据电文的，该数据电文进入该特定系统时生效；未指定特定系统的，相对人知道或者应当知道该数据电文进入其系统时生效。当事人对采用数据电文形式的意思表示的生效时间另有约定的，按照其约定。

（3）发盘的有效期

发盘的有效期指给予对方表示接受的时间限制。若超过发盘规定的期限，发盘人则不受发盘约束。

发盘人对发盘的有效期可做明确的规定。例如，采取口头发盘时，除发盘人发盘时另有声明外，受盘人只能当场接受才能有效；采用函电发盘时，可规定最迟接受的期限（如 5 月 31 日复到有效）或规定一段接受的期限（如发盘有效期为 10 天）。

如果发盘中没有明确规定有效期，受盘人应在合理的时间内接受，否则该发盘无效。"合理时间"并无明确规定。有效期的规定要考虑境外法律的不同规定和所在地与我国所处的地理位置和时差，明确有效期的起止日期。例如，"我方时间×月×日复到"或"我方时间 5 日为复到有效"。对于发盘时间的起算，《公约》解释，从发盘人电报、电话等多交发时刻起算，例如，信上未载明发信日期，则从信封上所载日期起算（我国信封邮戳日期）。发盘人以电话、传真或其他快速通信方式规定的接受日期，从发盘送达受盘人时起算。

（4）发盘的撤回和修改

《公约》第十五条规定，一项发盘只要其撤回通知先于发盘或与发盘同时到达受盘人，该发盘就可被撤回。

撤回的实质是阻止发盘生效。因此，在受盘人接到发盘之前，发盘人可以用更为迅速的传递方式，声明撤回和修改发盘内容。只要该项声明是先于发盘或与发盘同时送达受盘人，撤回和修改即生效。但在现代通信技术发达的时代，贸易商大多采用传真和电子邮件等方式进行询盘、发盘，撤回很难实现，故需对发盘内容做好详细考虑。

（5）发盘的撤销

英美法系和大陆法系国家的法律将撤回和撤销作为同一个概念对待，但其实二者有很大的区别。撤回指发盘人在其发盘生效前的更改或取消，撤销指发盘人将发盘人已送达发盘人生效之后再取消。

由于各国法律在对待发盘有效期之内是否可以撤销的问题存在不同解释，这样就形成了法律冲突，有碍国际贸易发展。为了解决这个法律冲突，《公约》做了如下规定：①撤销通知需在受盘人发出接受通知之前到达受盘人；②下列情况不得撤销：发盘写明有效期或以其他方式表明发盘不可撤销；受盘人有理由相信该发盘不可撤销，并已本着对该发盘的信赖行事。

（6）发盘的终止

发盘的终止是指发盘的法律效力消失。《民法典》第三编第四百七十八条规定，有下列情形之一的，要约失效：①要约被拒绝；②要约依法被撤销；③承诺期限届满，受要约人未作出承诺；④受要约人对要约的内容作出实质性变更。

3. 还盘（counter-offer）

还盘又称还价，是受价人对发价的内容不完全同意而提出修改或变更的表示。还价的形式可以不同，如有的明确使用"还价"字样，有的则不使用，在内容中表示出对发价内容的修改或变更即构成还价。需要注意的是，还价是对发价的拒绝，还价一经确定，原发价即失去效力，发价人便不再受原发价的约束。在实际业务中，一项交易的洽谈中可以有多次还价，即反复地讨价还价，直至最终对各项交易条件取得一致意见，交易达成。如果在讨价还价中未能对交易条件达成一致，而且任何一方无意继续磋商，则磋商终止，未能达成交易。

4. 接受

接受（acceptance）是交易的一方在接到对方的发价或还价后，以声明或行为向对方表示同意，法律上将接受称作承诺。接受和发盘一样，既属于商业行为，又属于法律行为。一方的要约经过另一方接受，交易即告达成，合同即告订立，合同双方均应承担各自的义务。表示接受，一般用"接受""同意""确认"等术语。

（1）接受的构成条件有以下两个。

① 接受必须是无条件地同意发盘所提出的交易条件。接受内容应该与原发盘完全一致。如果受盘人对发盘或递盘、还盘的内容做了修改、添加或限制，就构成还盘。但并不是所有的更改都构成还盘。《公约》解释，只有"实质性"变更才构成还盘，否则可视作"有条件的接受"。

根据《公约》第十九条的规定可知，实质性变更货物价格、付款、货物质量、数量、交货时间、地点，双方赔偿责任范围、争端解决条件；"非实质性变更"包括单证的份数、单据的种类。如果发盘人不表示反对，则视为有效接受。交易条件以变更后的条件为准。

② 接受必须在有效期内送达受盘人。如果发盘明确规定了具体的有效期限，受盘人只有在此期限内表示接受才有效。如果受盘人是用信件或电报通知接受，由于接受通知不能立即送达发盘人，则有一个接受通知何时生效的问题。对此，国际上不同法系的法律规定不同。

《公约》中采用到达生效。发盘有效期内接受未到达，则该接受无效。

（2）逾期接受

如果接受晚于有效期或合理时间才送达发盘人，该项接受便称为"逾期接受"或"迟到的接受"。它对发盘人无约束力，实际上是新的发盘。《公约》规定，在以下两种情形下接受仍然有效。

① 如果发盘人毫无迟延地用口头或书面形式将此种意见通知受盘人，则逾期接受仍然有效。

② 如果可以证明载有逾期接受的信件或其他书面文件是在传递正常、能及时送达发盘人的情况下寄发的，则该项逾期接受具有接受力（即逾期接受是由于传递不正常情况造成的延误），除非发盘人毫无迟延地用口头或书面形式通知受盘人他认为他的发盘已经失效。

由此可见，发生逾期接受时，合同可否成立主要取决于发盘人。因此，在遭遇逾期接受时，发盘人及时通知受盘人并明确其态度是十分必要的。

《公约》还规定，接受期限的最后一天是发盘人所在地正式假日或非营业日，而使对方的接受不能送达发盘人地址的，只要证明上述情况属实，该项接受的最后期限应顺延至下一个营业日。所以在计算接受期限时，接受期间的正式假日或非营业日期应计算在内。

（3）接受的撤回问题

《公约》规定，接受是可以撤回的，只要撤回通知先于接受通知或与接受通知同时到达发盘人即可，与大陆法系规定相同。而英美法系认为，接受通知一旦投邮发出就立即生效，合同成立；撤销已生效的接受，无异于撤销一份合同，即构成毁约行为。因此，发盘人一定要谨慎，规定"接受于接受通知到达时生效"。

4.4　合同的签订和履行

4.4.1　合同签订

1. 合同签订

在交易磋商中，一方发盘经另一方接受后签订买卖合同（contract），交易即告成立，买卖双方就构成合同关系。合同不仅是双方履约的依据，也是处理贸易争议的主要依据。在电子商务合同中，须经当事人的数字签名及第三方权威认证机构的认证，才能实现合同当事人的签字功能。

国际上越来越多的跨境厂商采用 E-mail 邮件方式来签订商务合同。目前制作此类合同主要有三种方法，一是直接使用邮件正文文本作为合同；二是采用通过附件发送的 Word、Excel 等电子文档作为合同；三是先由一方发送 Word、Excel 等电子文档，另一方接收后用打印机打出，然后签字盖章，使用扫描仪扫描成 PDF 或图片格式，最后通过 E-mail（或传真）回传第一方。从规范化、安全性的角度考虑，更多的跨境电子商务企业选择使用第三种方法。

除了上述 E-mail 电邮合同的方式外，在现阶段，传统的书面贸易合同形式依然广泛存在于国际贸易中，且占有主要地位。在国际上，对书面合同的形式没有具体的限制，买卖双方可以采用正式的合同、确认书、协议，也可以采用订单等形式。

（1）合同

合同的特点在于内容比较全面，对双方的权利、义务以及发生争议后的处理方式均有比较详细的规定。一般在大宗、复杂、贵重或成交额较大的商品交易中采用这种形式。合同若由卖方制作则称为销售合同（sales contract），若由买方制作则称为购货合同（purchase contract）。

合同的条款是构成跨境电子交易合同的主要内容。买卖双方对每一个交易条件进行洽商而达成一致后，将它们一一明确无误地写入合同中，即形成交易条款。这些条款内容涉及货名、规格、数量、包装、价格、装运期和支付条件、保险、检验检疫、争议与索赔、不可抗力和仲裁。

（2）确认书

确认书（confirmation）属于一种简式合同，适用于小批量业务、金额较小但批次较多的业务或者已订有代理、包销等长期贸易协议的交易。

与合同相比，确认书往往不列出或不完全列出基本贸易条件，只列明一般贸易条件。

（3）协议

协议（agreement）在法律上与合同具有同等的含义。若买卖双方所商洽的交易较为复杂，经过谈判后只商定了一部分条件，其他条件有待进一步协商，则双方可先签订一个"初步协议"或者"原则性协议"，把双方已商定的交易条件确定下来，其余条件留待日后另行洽谈。

（4）订单

订单（order）是指由进口商或实际买家拟制的货物订购单。在买卖双方达成交易后，境外买家通常会寄来一份拟制的订单，以便卖家据此履行交货和交单等合同义务；有的买家还会寄来正本（一式两份），要求卖家签署后返回一份。这种经磋商成交后寄来的订单，实际上是境外客户的购货合同或购货确认书。

2．电子合同的生效条件

根据《公约》，合同的成立应该具备要约和承诺两个阶段。

我国《民法典》第三编第四百七十一条规定：当事人订立合同，可以采取要约、承诺方式或者其他方式。

我国法律规定，当事人订立合同，有书面形式、口头形式和其他形式。口头合同也叫口头协议，是指双方当事人以谈话、电话等口头形式对合同内容达成一致的协议，其优点是节省时间、方便且快捷，但这种合同无任何书面的或其他有形载体来表现其内容，因而对交易双方的利益均无保障，一旦发生争议就很被动。跨境电子商务合同作为书面合同的一种，合同的载体是信息系统，为确保经双方确认的电子信息内容不被编辑，往往要求增加合同当事人的亲笔签名，即"电子签名"，但目前这方面在技术上还有难度，各个国家（或地区）还有争议。

3. 跨境电子商务合同的生效时间

《民法典》第三编第四百七十四条规定，要约生效的时间适用本法第一百三十七条。

《民法典》第三编第四百九十一条规定，当事人采用信件、数据电文等形式订立合同要求签订确认书的，签订确认书时合同成立。当事人一方通过互联网等信息网络发布的商品或者服务信息符合要约条件的，对方选择该商品或者服务并提交订单成功时合同成立，但是当事人另有约定的除外。

4. 跨境电子商务合同的生效地点

《民法典》第三编第四百九十二条规定，承诺生效的地点为合同成立的地点。采用数据电文形式订立合同的，收件人的主营业地为合同成立的地点；没有主营业地的，其住所地为合同成立的地点。当事人另有约定的，按照其约定。

4.4.2 出口合同履行

跨境电子商务合同履行主要是指在跨境电子商务合同商订后，买卖双方所做的促使整个交易顺利完成的所有工作。它和网上交易磋商一样，属于整个跨境电子商务业务流程中最主要的部分。其中，履行出口合同的程序主要包括货（备货）、证（催证、审证、改证）、船（订舱）、款（制单结汇）四个密不可分的环节。目前，跨境电子商务出口合同履行主要是按照电子商务合同及第三方平台的规则组织出境业务的执行，具体流程主要包括买方付款、卖家发货、检验监管、平台报关、物流配送和信息跟踪。

1. 买家付款

合同订立后，买家应在规定的时间期限内及时付款，以便卖家可以及时发货。买家可以选用合同订立时规定的付款方式。在第三方平台业务中，买家可以根据第三方平台的规则，选择跨境电子商务中常用的付款方式进行付款，如各种信用卡、银行转账或第三方支付。第三方支付是随着互联网的发展而兴起的区别于传统支付方式的新型支付方式，它主要由独立的第三方机构通过与银行的合作，提供交易支付平台。在第三方支付中，买家在订购好商品后，先将货款打到交易支付平台的账户里，等收到货物并验货合格后，再通知第三方支付平台将货款付给卖家。目前，因第三方支付既满足了用户对便捷性和低费率的要求，又大大简化了小额出口业务的收款环节，是跨境电子商务小额贸易的主流支付方式。

2. 卖家发货

一般情况下，卖家在备好货物的前提下会选择合同中规定的物流模式将货物送达买家；如果合同中没有对物流模式进行规定，卖家会根据买家的要求、自身的商业习惯或规则选取具体的物流模式。

在第三方平台的交易模式下，卖家需要根据平台针对特定商品设置的运费模板进行物流配送。以中国"保税区发货模式"为例，中国卖家从境外大批量订购商品，邮寄到中国海关的保税区。等买家下单以后，将货物直接从保税区发出，在货物有问题的情况下还可以退换，这大大节省了物流时间和成本，而且使售后也有了保障，极大地方便了有境外购物需求的消费者。

在大宗商品交易 B2B 模式下，卖家会选择等同于传统国际贸易的发货方式。在支付方式已经落实、货物已经备妥后，卖家就要根据合同规定的运输方式（海运、空运或国际多式联运）履行交货义务，其具体工作是办理货物托运及发送装运通知等。

3．检验监管

检验检疫部门在货物进入海关监管仓库前会实施检验监管。虽然各个地区由于地方政府对跨境商品的报检手续因政策不同而有所不同，但大体流程基本是一致的，主要包括如下几个方面。

（1）备案审核

从事跨境电子商务业务的企业需要在检验检疫部门办理备案手续并做好备案审核。备案主要指从事跨境电子商务业务的企业在跨境电子商务平台进行登记，向检验检疫机构提供企业及其商品信息。企业信息主要包括企业基本信息、与经营范围相对应的资质证明文件以及进出口企业质量诚信经营承诺书（包括对进出口商品的质量保证、不合格商品的召回承诺等）。商品信息主要有品牌、HS 编码、规格型号、原产国别、供应商名称等。此外，企业还需要根据不同的商品风险等级，提交商品符合性申明、质量检测报告、质量安全评估报告等。

（2）检验检疫

为有效控制商品的质量安全风险，在做好备案工作后，需要由法定检验机构或第三方检验检疫机构来对商品质量安全进行合格评定。凡属法定检验的出口货物，必须根据国家有关进出口商品检验检疫方面的法规，在规定的时间和地点向检验检疫机构报检。经检验检疫合格后，由检验检疫机构颁发检验合格证书，海关才予以放行，否则不得出口。

需要说明的是，对于大多数以邮政包裹方式运送的跨境电子商务商品可以不用提供检验检疫许可证。因为跨境电子商务商品大多通过邮政包裹的方式运送，而非传统的集装箱方式，所以很难对单个包裹提供检验检疫许可证。为了避免客户索赔，卖家应当严格按照平台可售的商品类目选品，在平台上详细告知消费者商品基本信息。对于食品类商品，基本信息包括商品名称、品牌、配方或配料表、是否转基因商品、原产地、商品适用的生产标准国别、储存条件、使用方法等，在商品的外包装上附有可查证商品基本信息的中文标识和标签，还可以在包裹里放置一份打印的商品英文说明标签，让境外客户在收到包裹的时候能够了解该商品的保质期和储存条件等情况。

4．平台报关

与传统贸易不同，出口跨境电子商务企业向海关申办报关业务主要是通过电子商务通关服务平台与海关互联网对接的形式来进行的。具体步骤如下。

（1）企业向海关办理注册登记手续。

（2）平台数据对接。在进行报关申报前，相关的企业（包括电子商务企业或个人、支付企业及物流企业）需要通过电子商务平台提交订单、支付和物流等信息，之后再将以上信息通过电子商务通关服务平台与海关互联网对接，也可以由海关人员通过电子仓储管理系统将信息通过电子商务通关服务平台与海关互联网对接。

（3）申报。我国海关对于跨境电子商务进出境申报的时间进行了规定。出口申报时间为货物运抵海关监管场所后，装货 24 小时前。企业和个人在向海关进行申报的同时，应分别按照一般进出口货物和进出境邮递物品有关规定办理征免税手续。

5．物流配送和信息跟踪

进出境货物或物品在办理完进出境申报、单证审核、货物查验和关税征免等手续后，即可被海关准予放行。发货人将与当地的物流企业相配合将商品配送到收货人手中。收货人可以通过电子交易平台查询物流跟踪信息。当商品到达收货人手中并完成签收后，整个物流配送过程才算结束。

对于小额跨境电子商务 B2C 出口业务来说，如果采用海外仓运营方式，则可以简化合同履约、物流配送等环节。

以亚马逊海外仓配送模式下的出口履约环节为例。（1）跨境电子商务卖家根据自己对商品销量、淡旺季的判断，向仓库发送库存。（2）客户在平台下单后，海外仓会自行发货。（3）等海外仓成功发货后收汇。（4）后期根据库存来补充库存。（5）售后的退换货一般由海外仓工作人员完成。

本章小结

本章根据《国际货物贸易合同公约》及《中华人民共和国民法典》，较为系统地介绍了跨境贸易网上交易磋商的主要内容与注意事项、电子商务合同的特点及外贸电子合同签订与履约操作的要点等，旨在帮助卖家在国际竞争市场既能规范经营，又能提高网络贸易的效率，同时也需要保护网络消费者的利益。

本章共分 4 节。4.1 节总体介绍跨境电子商务交易流程；4.2 节介绍国际市场调研与客户开发；4.3 节介绍网上交易磋商的方式、主要内容及基本过程；4.4 节介绍出口电子合同的签订和履行。

实训项目

与你的贸易伙伴（同学）就某种你们感兴趣的商品在网上进行书面洽谈，按照洽谈的进度，分别进行询盘和发盘，并发送包括 2 个还盘和接收的电子信函。

课后习题

1. 什么是发盘？构成法律承认的有效发盘的条件是什么？
2. 交易磋商前，交易双方应该进行哪些准备工作？
3. 简述跨境电子商务市场的直接调研法与间接调研法的区别。
4. 简述跨境电子商务出口的交易流程。
5. 《公约》和《民法典》对电子商务条件下磋商过程的"接受"做了哪些规定？

第5章

跨境电子商务平台操作

目前跨境电子商务在国家相关政策的大力扶持下在国内飞速发展，许多跨境电子商务平台应运而生并蓬勃发展。对于这些跨境电子商务平台，因为影响经营者的运营节奏、推广策略、物流模式和支付方法等，所以企业和个人可以根据自身的产品优势和区位特点，选择合适的平台。目前在中国，主流的跨境电子商务平台有阿里巴巴、速卖通、亚马逊、eBay、Wish 等。

▶ 引导案例

Starday 平台成立于 2015 年，是集跨境电子商务、海外仓储、物流配送、线下体验店为一体的全面服务企业。作为一家新兴的生活购物平台，实力强劲，资金雄厚，注册资金为 5000 万元。目前已经有 500 万注册用户，培养了 20 万金牌卖家。平台产品种类齐全，包括服装、家电、宠物用品、儿童玩具、日用杂货等。

Starday 平台花费巨资在日本做推广，为中国卖家全面打开市场；Starday 平台在日本签约了千名网络名人，在 Twitter、ins、YouTube 推广优秀卖家产品。百位博客名人分享平台购物体验，推广平台。Starday 员工在 TikTok、Twitter、Google 为优秀卖家产品免费进行付费推广；Starday 在日本东京圈 22 站、23 个广告位全面铺设地铁广告，还在东京各大商场以 7 连屏、5 连屏、3 连屏轮播展示 Starday 平台。在 TikTok 旗下 buzzvideo 投放广告，获得 TikTok 信息流第 4 展示位；在新型冠状病毒肺炎疫情期间，Starday 推出"1 日元 10 个口罩"的公益活动，获得多家日媒报道和网络名人转载。

自 Starday 正式在日本上线，多家知名媒体报道平台动态，如朝日新闻、雅虎财经等。Starday 平台新注册的日本用户，可以免费领取 1000 积分。

Starday 2020 年追加投资 1.3 亿元人民币，进行了全方位的品牌宣传与平台升级，届时将与社会各界新闻媒体及一线艺人进行推广合作。推广活动的费用全部由 Starday 承担，免费为卖家带来充足的流量，为中国卖家提供了一个流量和实力兼备的外贸新渠道。

阅读以上案例，思考：

1. Starday 平台如何推广营销？
2. 你知道哪些跨境电子商务平台？

5.1 阿里巴巴国际站

5.1.1 阿里巴巴国际站简介

阿里巴巴国际站成立于 1999 年，是阿里巴巴集团的第一个业务板块，现已成为全球领先的跨境贸易 B2B 电子商务平台。"阿里巴巴国际站"是帮助中小企业拓展国际贸易的出口营销推广服务的贸易平台，通过向海外买家展示、推广供应商的企业和产品，进而获得贸易商机和订单，是出口企业拓展国际贸易普遍使用的网络平台之一。

阿里巴巴国际站以数字化格局的技术与产品，重构跨境贸易全链路，精准匹配跨境贸易买卖双方业务需求，为客户提供数字化营销、交易、金融及供应链服务。

2019 年 1 月 18 日，阿里巴巴国际站（Alibaba.com）发布了"新外贸操作系统"（见图 5-1），这也是阿里巴巴赋能商业社会的最新承诺。阿里巴巴国际站通过数字化重构交易履约体系，旨在帮助商家在做跨境贸易时，像做内贸一样简单。阿里巴巴面对全球的消费者和商家群体，构建了一套以"数字化人货场"为内环、"数字化交易履约系统"为外环、"数字化信用体系"为纽带的三大全新矩阵布局。

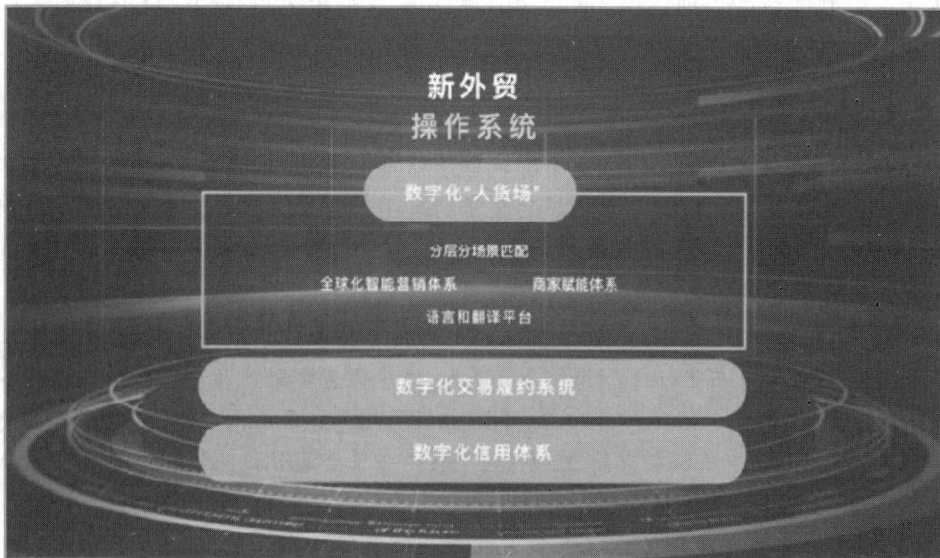

图 5-1 新外贸操作系统

在这个数字化商业系统中，首要的关键点便是作为内环的"数字化人货场"。以人为例，数据赋能"人"：就是帮助企业做一个客户资产管理，首先，从企业端的固定资产做数字化赋能，并通过数字化的方式去存储现有客户需求。其次，则是商品（即"货"）信息升级并分层、分场景赋能，商家通过商品的数字化重构，提高自身竞争力。就像沃尔玛针对消费者偏向于小批量、碎片化、定制化采购需求，提高定制化能力以及小批量生产的能力一样。阿里巴巴通过数字化的方式帮助商家将产品设计、生产工艺不断展现出来，吸引买家的眼球。最后，打造多元化的"场"，如多元场景和关系型导购或者全球展会场景拓展，将所有参展商家的商品或服务进行数字化，并通过数字化的方式让线上买家可以和商家进行实时互动，让"场"发挥更大的效应。而作为外环的"数字化交易履约系统"则在这个过程中扮演着保护伞的职责，全面升级包括信用保障、外贸综合服务平台、国际物流、国际快递、金融服务、支付结算在内的跨境供应链。

5.1.2 阿里巴巴国际站平台操作

1. 登录操作平台

登录阿里巴巴国际站官网，单击登录按钮。如果是新用户，可以单击注册按钮进入注册页面，输入本人基本信息进行免费注册。注册成功后就可以利用账户和密码登录平台了（见图 5-2）。

图 5-2 阿里巴巴国际站登录对话框

2. 登录后台管理工具

阿里巴巴国际站有一个即时沟通工具：TradeManager。它类似于 QQ，业务员可以用它与客户沟通及关注后台数据。每个业务员必须有一个账号，一般要求 24 小时在线，并设置成开机自动启动。这也是使曝光率提高，询盘增加的一个重要操作。登录后就可以看到后台的管理界面了（见图 5-3）。

3. 填写关键词

当注册企业想要客户通过在阿里巴巴国际站上搜索某词来找到企业的某个产品时，关键词的运用无疑是客户轻松找到企业产品的绿色通道。产品关键词的设置虽然跟排序无关，但它在提高匹配度上起到决定性作用。

图 5-3　阿里巴巴国际站 TradeManager

在填写时需要注意三个要点：首先，要使关键词保持完整性。其次，多使用新奇的组合，避免使用一些热门的组合，因为那些卖家能想到的组合往往也是别人能想到的，这会导致竞争变得激烈，使得排名很有可能靠后；一些组合出来的长尾词、偏门词，客户根本就不去搜索。最后，还要注意填写的位置。这里的关键词填写栏有三个（见图 5-4），此时可以根据不同的情况采用不同的方法填写。方法一：三个产品关键词栏里各填写不同的"产品关键词"；方法二：三个产品关键词栏里都填写同一个"产品关键词"。例如，商家对于橱窗产品可以选择在三个栏里各填写不同的关键词；对热度较高的产品则在三个产品关键词栏里填写同一个关键词；对热度较低的产品则在三个产品关键词栏里填写不同的产品关键词。

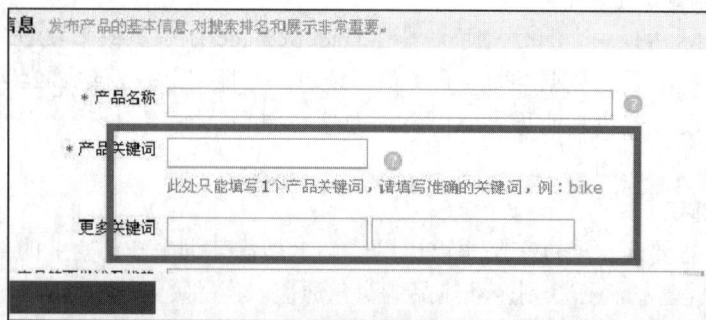

图 5-4　阿里巴巴国际站关键词填写

5.1.3 阿里巴巴国际站平台规则

1. 注册规则

（1）注册前提

用户在申请注册阿里巴巴国际站用户账号前，应了解、同意并遵守《Free Membership Agreement》等相关协议/规则。

（2）账号仅限自己注册

用户应以其自身名义注册阿里巴巴国际站账号，不得有如下行为：以他人名义注册账号；向他人出租、出借其营业执照等法人单位证明文件用以注册账号；借用、租用他人营业执照用以注册账号；伪造、变造营业执照用以注册账号。

（3）账号信息合法合规

用户账号信息中不得包含有违反国家法律法规、涉嫌侵犯他人权利或干扰阿里巴巴正常运营秩序等的相关信息。

（4）账号管理

用户应严格保密并妥善保管账户及密码，并应管理及规范账户操作人的行为。同时用户需定期检查账户的安全性、不断加强对各种钓鱼网站的识别能力，应禁止离职人员继续使用账户并应及时变更密码。

（5）账号责任

用户明确同意通过其国际站账号及密码进行的任何操作均应被视为用户行为，其法律后果由用户自己承担。

（6）服务使用

用户在账户下购买的服务仅限其自己使用，不得许可他人使用；用户不得擅自将服务全部或部分转让给他人。

（7）账号安全

为了保护用户的合法权益，阿里巴巴一旦发现（或有理由怀疑将发生）数据异常或账号行为存在潜在风险，包括但不限于 IP 地址异常、信息泄露、信息被扒取、信息被非法使用等可能危害用户或平台利益的情况，阿里巴巴有权对相关用户账号随时采取各种保护、限制或处罚措施。

2. 发布规则

（1）合法且不侵权

用户在阿里巴巴国际站发布信息应遵循合法、真实、准确、有效、完整的基本原则，不得包含违反国家法律法规或涉嫌侵犯他人知识产权等合法权益的相关内容。详见《阿里巴巴国际站禁限售规则》《阿里巴巴国际站知识产权规则》《不当使用他人信息处理规则》。

（2）合规

用户发布信息应符合电子商务英文网站的一般规范及要求，不得有滥发、类目错放、重复铺货等行为。阿里巴巴国际站的信息发布操作规范如下：《商品信息滥发违规处罚规则》，以及《阿里巴巴国际站搜索排序规则》等其他阿里巴巴不时公布的操作规范。

3. 交易规则

（1）交易行为原则

诚信交易原则：用户应恪守诚信交易原则，按交易双方的约定履行相关交易，按照约定的时间、地点、交运方式、支付方式、货品验收方式等进行真实有效的交易行为，共同维护阿里巴巴国际站合法、诚信的交易市场秩序。

合法合规原则：阿里巴巴国际站的用户在交易中使用阿里巴巴国际站服务（包括但不限于交易服务）的，应遵守所有适用的法律法规、其他在阿里巴巴国际站不时公布的规则及有关服务相应的阿里巴巴国际站合同等。

（2）交易规则的适用范围

交易规则适用于阿里巴巴国际站用户（作为买卖双方）相关的跨境货物交易（简称交易），不适用于外贸服务市场等中国境内用户间的产品或服务交易。

（3）跨境交易合同

阿里巴巴国际站支持买卖双方通过网站提供的在线交易系统及相关技术服务（统称"在线交易服务"）进行跨境货物交易。买卖双方在进行上述交易时，应遵守阿里巴巴交易服务协议、相关的阿里巴巴国际站服务合同（如中国供货商服务合同）和相关规则。买卖双方有责任协商确认与上述交易对应的跨境交易合同，并就货品数量、价格、规格材质等货品属性及支付方式、交付时间、地点、交运方式、货品验收等条款进行诚信约定。如果用户使用 Secure Payment、信用保障（Trade Assurance）等特殊服务，则首先应按前述特殊服务相应的合同约定/规则（如适用）处理，但如果前述规则没有明确规定，则按本规则处理。

为维护阿里巴巴国际站诚信的交易环境和平台健康有序的市场秩序，对于不当获取网站权益的合同、不真实的合同或不诚信的合同等，阿里巴巴有权单方决定对相关交易及涉及用户进行处置和处罚，并保留对不当获取的网站权益进行处置和追偿相关损失等权利。

阿里巴巴并不鼓励用户（作为买方或卖方）通过本站结识后仍然坚持通过线下传统跨境贸易方式进行交易，请买卖双方自行保留相关交易凭证，并维护相应权益。对于此类线下合同所引发的纠纷，阿里巴巴仅提供有限的纠纷调处服务。

4. 放款规则

在确认合同后，买卖双方应按照阿里巴巴补充服务协议进行交易支付。同时，买方应依照交易合同约定的支付金额、支付方式、收款账号进行付款。如果用户使用 Secure Payment、信用保障（Trade Assurance）等特殊交易服务，则首先应按前述特殊交易服务相应的支付规则（如适用）处理，但如果前述规则没有明确规定，则按本规则处理。

为保障买卖双方的权益，阿里巴巴国际站建议使用 Secure Payment、信用保障（Trade Assurance）交易服务产品认可的支付方式。除非特殊约定，一般情况下交易所产生的额外费用（如银行、第三方机构收取的费用）由产品或服务的使用方承担；买卖双方应自行承担交易过程中汇率变动的风险。

5. 评价规则

对于阿里巴巴认可的在线交易方式，买家可以对完结的交易进行评价，表 5-1 和 Secure Payment 相关内容可供参考。

对于在评价或沟通中，禁止出现违法或不当言语（包括但不限于跟该交易无关的广告消息，淫秽、色情、侮辱、诽谤信息，泄露他人姓名、联系方式、地址等隐私信息，侵犯他人合法权益方面的言语及破坏社会稳定等言语），阿里巴巴有权视情况隐藏或屏蔽相关内容，或直接删除整条评价及相应的评价积分，并对相关用户进行处理。

表 5-1	阿里巴巴国际站的评价时限
交易类型	评价时限
使用信用保障服务的交易	因交易合同中保障范围的不同而有所差异，最长不超过 45 天
使用 Secure Payment 的交易	自买家确认收货后或系统自动确认收货起最长不超过 30 天

6. 纠纷处理规则

当用户在在线交易服务中或通过阿里巴巴国际站结识后，通过线下传统贸易方式进行交易，而在交易履行过程中产生交易争议时，买卖双方应自行协商解决，若双方无法协商或协商不能达成一致意见，一方或双方可申请提交阿里巴巴进行纠纷调处，阿里巴巴有权根据相关规则决定是否受理相关争议投诉。其中，发起交易纠纷投诉、提出判责要求的用户称为投诉方，另一方为被投诉方。

阿里巴巴可视实际情况行使单方面决定权，同意介入调处其交易纠纷。阿里巴巴提供投诉举报平台（以下简称"投诉平台"）供争议双方使用。争议双方应通过投诉平台提交投诉、反通知、支持双方主张的证据材料。投诉方未在规定的时间内提供证据材料或虽提交证据材料但不能充分说明其主张的，阿里巴巴有权不予受理并关闭该投诉。投诉双方应保证在投诉平台所提供的证据材料真实、准确且没有误导性。任意一方有涂改、伪造、变造证据材料情形的，阿里巴巴就有权直接做出不利于该方的决定。

阿里巴巴目前接受三种交易类型的纠纷投诉，具体如表 5-2 所示。

表 5-2	不同交易类型的投诉时效及相关规定		
交易类型	投诉时效	纠纷调处时效	保障金额
使用信用保障服务的交易	根据交易合同中发货方式的不同而有所差异，且最长不超过确认收货后 30 天	阿里巴巴纠纷处理团队会在 20 天内给出答复，若有特殊情况，纠纷调处处理时长会有适当调整	因交易合同中保障范围的不同而有所差异，且最大不超过交易合同实收金额
使用 Secure Payment 的交易	买家完成支付后至确认收货前或系统自动确认收货前，且最长不超过卖家发货之日起 90 天		
使用线下支付的交易	在约定交货之日起 90 天内		

对于涉嫌欺诈类投诉（包括但不限于收款不发货、严重货不对版和收货不付款等情况），阿里巴巴有权延长投诉受理时效或不设具体的受理时效。

卖家对销售的货品负有承担售后问题的责任，须自觉遵守对买家做出的售后服务承诺，并遵守相关法律、法规或阿里巴巴国际站相关规则。若用户未遵守履行约定导致交易中产品的主要商业目标无法达成，平台有权利根据实际投诉情况来酌情延长纠纷投诉受理时效，不受上述投诉受理时效规则所限。

对于阿里巴巴决定调处的纠纷，阿里巴巴将根据相关规则对相关事实进行认定，双方均有义务针对自己的主张提供相关事实依据，阿里巴巴有权根据已搜集到的数据进行独立判断，并做出处理决定。若认定某方存在违约违规行为，阿里巴巴将按相关服务合同及相关规则进行处理。鉴于阿里巴巴非专业争议解决机构对证据的鉴别能力及对纠纷的处理能力有限，阿里巴巴不保证争议处理结果符合买卖双方的期望，亦不对争议处理结果承担任何责任。如阿里巴巴介入斡旋后，买卖双方仍无法就相关争议达成一致意见，买卖双方应另行采用诉讼或仲裁等方式解决争议。同时，阿里巴巴的处理并不能免除责任方依据适用法律法规应受的处罚。

5.2 亚马逊

5.2.1 亚马逊简介

亚马逊（英文名：Amazon），是美国最大的一家电子商务公司，公司成立于 1995 年，位于美国华盛顿州的西雅图。亚马逊是最早基于互联网进行网络电子商务的公司之一，其最初定位是网络书店和网上销售音像制品，1997 年转型成为综合性网络零售商。亚马逊在推广跨境电子商务时，采取的方式是收购或自建本土化网站进入国外市场；同时，在世界各地推出全球开店业务，目标直指全球范围内的采购和销售。在全球范围内，亚马逊是对卖家要求最高的跨境电子商务平台，它不仅要求卖家的商品质量必须有优势，而且还必须有品牌才行。手续也比速卖通等平台复杂。亚马逊鼓励用户自主购物，将用户对于售前客服的需求降至最低，这就要求卖家提供非常详细、准确的产品详情页面和图片。

亚马逊平台

亚马逊支持货到付款，并且拥有自己的付费会员群体 Amazon Prime。2018 年 5 月 11 日包年会员费，从之前的 99 美元上调到 119 美元，Amazon Prime 享受免运费 2 日送达服务（个别商品除外），还能够通过亚马逊观看海量电影和电视剧并享受 Kindle（由亚马逊设计和销售的电子阅读器）电子书资源服务。根据 CIRP 的统计，93%的会员用户表示对服务质量感到满意，并打算继续使用该服务。这一庞大的会员群体主要为国外的高端消费群体，他们是亚马逊最具有价值的会员。

5.2.2 亚马逊平台操作

步骤一： 登录亚马逊官网，单击"全球开店"，选择国家，亚马逊全球开店如图 5-5 所示。

图 5-5 亚马逊全球开店

步骤二：创建账号：根据需求，将姓名、密码、邮箱等信息一一填入，注意要用拼音，不能用中文，创建账号如图 5-6 所示。

图 5-6　创建账号

步骤三：账户建好后跳转到下个页面，填写相关信息后，选择业务类型（见图 5-7），单击"同意并继续"。

图 5-7　选择业务类型

如果选择的业务类型是个人，则填写卖家信息、付款信息、其他信息和店铺名称，填写个人卖家信息如图 5-8 所示。

图 5-8　填写个人卖家信息

　　如果选择企业，则填写业务信息、卖家信息、付款信息和其他信息以及店铺名称，填写企业业务信息如图 5-9 所示。

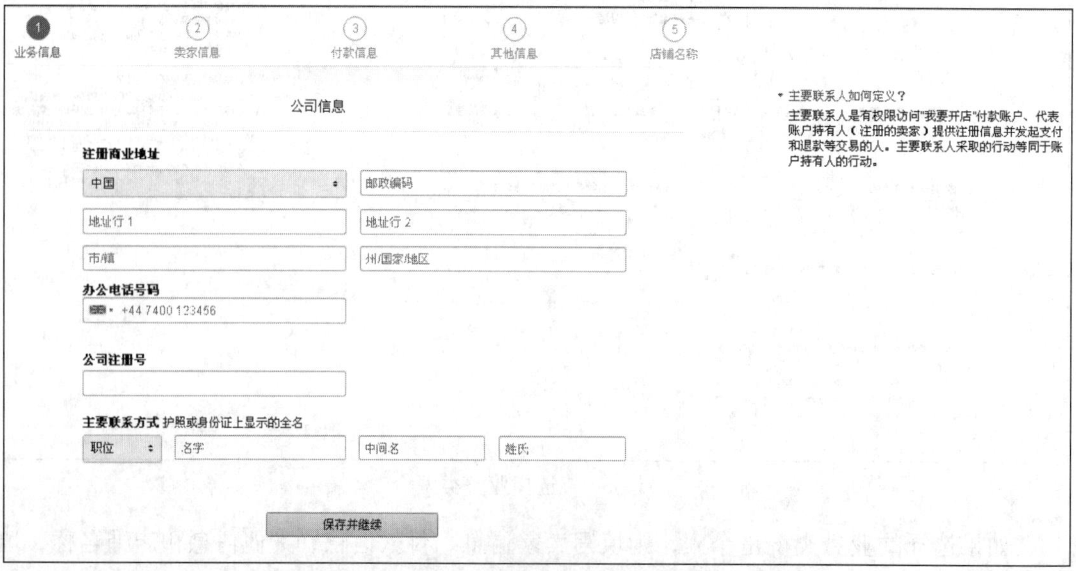

图 5-9　填写企业业务信息

5.2.3　亚马逊平台规则

1. 注册规则

企业资质：入驻亚马逊的卖家必须是在中华人民共和国注册的企业（在港、澳、台地区注册的企业除外），且需要具备销售相应商品的资质，具体如下。

能够开具发票：如果顾客需要发票，须及时为顾客提供普通销售发票。

具备全国配送能力：亚马逊顾客遍布全国，卖家会收到来自全国各地的订单，所以如果选择了自主配送模式，卖家需要具备将商品配送至全国的能力。个体工商户不能入驻亚马逊商城。

亚马逊规定一个卖家只允许有一个亚马逊账号。一旦卖家被平台发现拥有两个以上亚马逊账号，那么平台会告知卖家账号关联的信息，并且封锁卖家账号作为惩罚。

国内卖家的确存在使用多个账户的情况。为了避免新账户和旧账户的关联，卖家应尽量做到：使用不同的注册地址，使用不同的电子邮箱，使用不同的联系手机，使用不同的信用卡信息，使用不同的 IP 地址，使用新用户名称，使用新店铺名称等。

2. 发布规则

（1）确保商品质量

影响商品质量的违规行为可大致分为"严重不符"的违规行为和"知识产权"违规行为。

① "严重不符"的违规行为：卖家发布和配送的商品必须与相应商品详情页面上的描述和图片完全一致。发布或配送"严重不符"的商品违反了亚马逊政策。例如：

a. 配送已残损、存在缺陷、分类错误、描述错误或缺失详情页面上的商品图片中显示的零件的商品；

b. 在相关畅销商品的详情页面上发布卖家的商品进行销售，而卖家的商品却与该页面上的描述不完全一致。

如果卖家出售严重不符的商品，则应为买家退款或换货。如果卖家拒不退款或换货，则买家能够通过亚马逊商城交易保障索赔获得退款。

② "知识产权"违规行为：亚马逊尊重他人的知识产权。卖家要负责确保提供的商品合法且已授权，可进行销售或转售，并且这些商品没有侵犯他人的知识产权，如版权、专利权、商标权以及宣传的权利。

"知识产权"违规行为示例如下。

a. 在未经商标所有者授权的情况下出售与热门商标商品相同的商品（也称为"假冒伪劣"）。

b. 制造和出售与热门商标商品相同的商品。

c. 在未经版权所有者授权的情况下在自己商品的包装上使用其他方的版权内容。

如果卖家发布的内容侵犯了他人的知识产权，则亚马逊可能会下架卖家的商品，或者中止或取消卖家的销售权限。

（2）禁止销售未授权及无证商品

所有在亚马逊上出售的商品必须是经商业化生产，授权或批准作为零售商品出售的商品。

（3）正确使用商品详情页面，与实际的商品信息匹配

亚马逊禁止为已存在于亚马逊目录中的商品创建商品详情页面。亚马逊使用现有商品

详情页面发布商品以供销售时，所选的商品详情页面必须在各个方面准确描述该商品，包括（但不限于）以下属性：制造商、版次、捆绑组合、版本、格式或播放器兼容性。同时，卖家不得为完全相同的同一商品创建另一条商品信息。

（4）禁止翻版媒介类商品

亚马逊禁止卖家非法出售未经持权者许可而再复制、配音、汇编或转换的媒介类商品（包括图书、电影、CD、电视节目、软件、视频游戏等）。

禁止媒介类商品的促销版，包括图书（试读副本和未校对样稿）、音乐和视频（试看录像），这些产品仅用于推广目的，一般不授权零售分销或销售。

（5）不得侵犯他人公开权

卖家有责任确保自己的商品和商品信息未侵犯他人的公开权。例如，卖家必须先获取相关方的适当许可，才能在商品信息或商品中使用名人的图片和姓名。这包括名人产品代言，以及在商品或宣传材料（如海报、鼠标垫、钟表、数字格式的图片集、广告等）上使用名人的肖像。

3. 交易规则

（1）禁止非法复制、复印或制造的任何商品

卖家在亚马逊上出售的商品必须是正品。亚马逊禁止发布侵犯他人商标的商品和商品信息。卖家必须先获取他人的适当许可才能使用其商标。亚马逊禁止发布侵犯他人版权的内容。卖家必须先获取他人的适当许可才能使用其版权。卖家有责任确保自己的商品未侵犯他人的专利权。

（2）禁止滥用销售排名

畅销排名功能有助于买家评估商品的受欢迎程度。亚马逊禁止任何试图操纵销售排名的行为，要求卖家不得征求或故意接受虚假或欺诈性订单，其中包括不得下单购买自己的商品；不得向买家提供补偿以使其购买自己的商品，或为了提高销售排名向买家提供优惠码。此外，卖家不得在商品详情页面（包括商品名称和描述）中宣传关于该商品的畅销排名信息。

（3）禁止滥用搜索和浏览

当买家使用亚马逊的搜索引擎和分类结构时，他们希望查看相关且准确的结果。禁止任何试图操纵搜索和浏览体验的行为。禁止的行为包括但不限于：人为模拟买方流量、提供具有误导性或不相关的目录信息、添加商品编码隐藏关键性属性。

（4）禁止任何试图规避已制定的亚马逊销售流程或将亚马逊用户转移到其他网站或销售流程的行为

亚马逊禁止卖家使用任何广告、营销信息（特价优惠）或"购买号召"引导、提示或鼓励亚马逊用户离开亚马逊网站。方式包括使用电子邮件或者在任何卖家生成的确认电子邮件信息或任何商品/商品信息描述字段中包含超链接、URL 或网址。

（5）禁止进行不当的电子邮件通信

亚马逊禁止卖家主动向买家发送电子邮件（必要时可进行有关订单配送及相关客户服务的电子邮件通信），禁止进行任何类型的与营销相关的电子邮件通信。

（6）禁止滥用亚马逊销售服务

如果卖家反复上传大量数据，或以其他方式过度或不合理地使用该服务，则亚马逊可自行限制或阻止卖家访问商品上传数据或被滥用的任何其他功能，直到卖家停止这种滥用行为。

4. 放款规则

对于正常经营的账号，亚马逊放款日固定，以 14 天为一个放款周期，但由于自发货的账号存在一定的潜在风险，亚马逊对于自发货的账号，放款时会留存一部分储备金以降低风险，留存金额一般是一个或两个放款周期的收款额。

5. 评价规则

亚马逊禁止任何试图操纵评分、反馈或评论的行为。买家可通过评分和反馈功能评估卖家的总体绩效，从而帮助卖家在亚马逊商城建立声誉，但不得发布侮辱性或不恰当的反馈。卖家不得对自己的账户发布评分或反馈，可以请求买家提供反馈，但不可以利诱买家，使其提供或删除反馈。

6. 售后规则

（1）亚马逊禁止任何滥用亚马逊交易保障索赔流程的行为。收到亚马逊交易保障索赔的次数或总金额过多的卖家，有可能被终止销售权限。如果买家对商品或服务不满意，他们可以联系卖家，让其酌情安排退款、退货或更换。如果亚马逊根据交易保障条款向买家做出了赔偿，亚马逊有权向卖家寻求补偿。

（2）亚马逊禁止任何试图在交易完成后提高商品销售价格的行为，此外，卖家不得设置过高的订单配送费用。

（3）亚马逊将对不符合其安全标准的第三方卖家包裹罚款。2018 年年底，亚马逊通知第三方卖家，将对不符合其安全标准的包裹收取罚款，这部分收费将归到亚马逊的 "unplanned services"（计划外服务收费）中。

亚马逊的安全要求包括卖家需要对含有有害物质（如气溶胶或电子产品）的商品进行特殊包装。亚马逊已于 2018 年 11 月 29 日开始试运行该规定，其表示在正式收取罚款前 1 个月会告知卖家。

5.3　敦煌网

5.3.1　敦煌网简介

敦煌网创建于 2004 年，敦煌网 CEO 是创始人王树彤。B2B 在线交易平台于 2005 年正式上线，致力于帮助中国中小企业通过跨境电子商务平台走向全球市场，是我国首家为中小企业提供 B2B 网上交易服务的网站，它采取佣金制，2019 年 2 月 20 日起对新卖家注册开始收取费用，只在买卖双方交易成功后收取费用，是为国外众多的中小采购商有效提供采购服务的全天候国际网上批发交易平台。

敦煌网开创了 DHgate 小额 B2B 交易平台，打造了外贸交易服务一体化平台 DHport，为优质企业提供了直接对接海外市场需求的通路。率先为传统贸易线上化提供从金融、物流、支付、信保到关、检、税、汇等领域的一站式综合服务。

5.3.2　敦煌网平台操作

注册敦煌网卖家账户时提交的相关资料，包括注册人姓名、身份证号码、公司名称、营业执照号码等。

步骤一：登录敦煌网官方网站单击"轻松注册"按钮，敦煌网首页如图 5-10 所示。

图 5-10　敦煌网首页

步骤二：填写基本注册信息如图 5-11 所示。

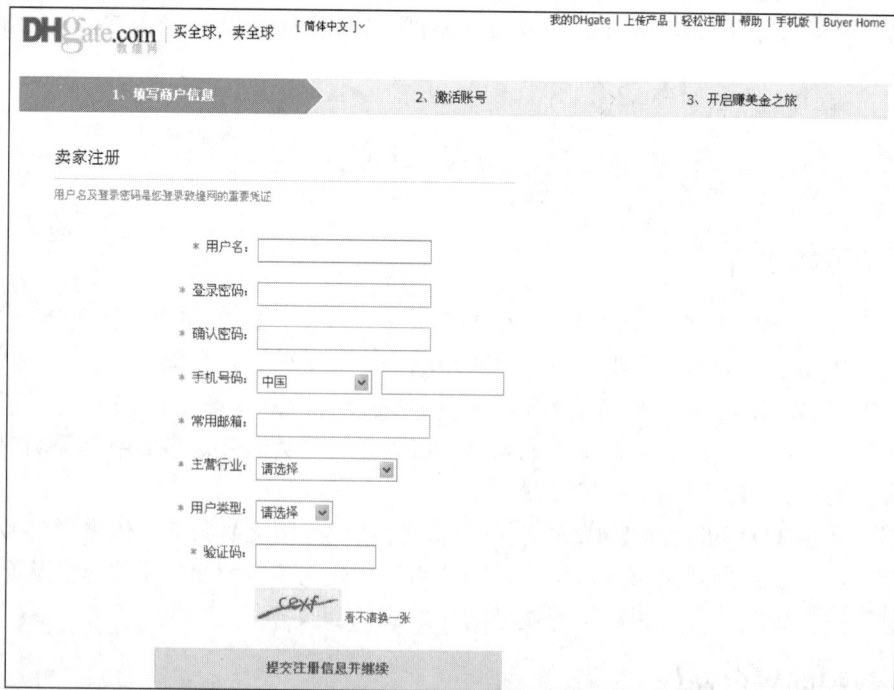

图 5-11　填写基本注册信息

步骤三：注册后，根据注册成功提示直接进入邮箱认证，敦煌网邮箱验证如图 5-12 所示。

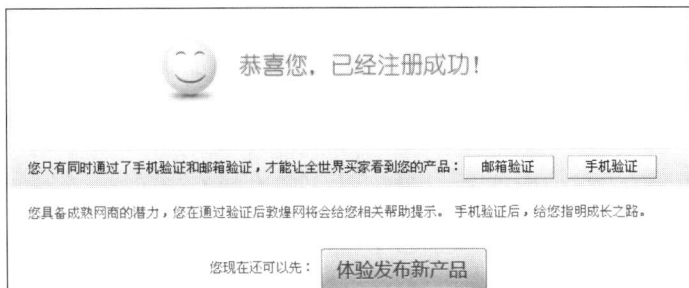

图 5-12 敦煌网邮箱验证

5.3.3 敦煌网平台规则

1. 注册规则

注册人年龄须在 18 周岁到 70 周岁之间；仅限中国内地的企业或个人，或香港地区的企业申请注册。

使用同一营业执照注册的企业卖家账户数量不得超过 10 个；使用同一身份信息注册的个人卖家账户数量仅限 1 个。

企业关联账户不得超过 10 个，个人无关联账户。关联卖家禁止对同一产品重复上架。

卖家每个关联账户使用独立的资金账户，当任意一个资金账户余额为负时，敦煌网有权从其关联账户的资金账户中扣除相应款项，卖家账户如发生违规行为，敦煌网有权视情节严重程度，对其关联账户进行连带处罚。

2. 发布规则

（1）禁止销售（限售）产品规则

敦煌网卖家禁止销售卖家所在国家的法律法规禁止销售的产品和买家所在国家的法律规定禁止销售的产品，根据敦煌网平台要求禁止销售的商品，或被卡组织、政府监管机构等第三方机构投诉发布的相关禁限售产品。

若卖家违反禁限售产品规则，发布禁限售产品，平台会对于此类产品收取罚金，该罚金需由卖家自行承担。

（2）知识产权规则

违规情形：包括但不仅限于以下举例。

卖家账户频繁上传侵权产品；采取刻意规避平台规则或监管措施的方式销售侵权产品，如以错放类目、使用变形词、遮盖或涂抹商标等手段规避；以各种形式暗示产品为品牌产品；卡组织、政府监管机构、法院、其他国际权益组织等第三方机构提起诉讼或法律要求；因应司法、执法或行政机关要求敦煌网对卖家账户进行处理或采取其他相关措施。

每条违规记录自处罚之日起有效期为 1 年；针对多次发生侵权违规行为或违规情节严重的卖家，平台有权直接进行关闭账户的处罚，知识产权禁限售处罚如表 5-3 所示。

表 5-3 知识产权禁限售处罚

处罚原因	第 1 次违规	第 2 次违规	第 3 次违规	第 4 次违规
违反禁限售产品规则（卡组织投诉）	关闭账户			

续表

处罚原因	第 1 次违规	第 2 次违规	第 3 次违规	第 4 次违规
发布侵权产品（卡组织投诉）	无固定期限冻结	关闭账户		
发布侵权产品（品牌商投诉）	警告	严重警告	限制类目经营 7 天	关闭账户

每条投诉记录自投诉之日起有效期为 1 年；卖家账户在 3 个自然日内被同一知识产权人投诉多次或多个产品均计为 1 次有效投诉；平台会根据司法或行政机关的要求对卖家账户做出处理，包括无固定期限冻结、关闭账户、终止账户，知识产权禁限售（第三方投诉）处罚如表 5-4 所示。

表 5-4 知识产权禁限售（第三方投诉）处罚

黄牌数量	处罚类型	说明	账户处罚	罚金
0 张	警告	不累计，不限制账户权限	首次违规	
3 张	循环放款	押款30%，周期30天，最高金额$5000	知识产权：3 张/次 禁限售：6 张/次	禁限售 $50/ 产品
6 张	循环放款	押款30%，周期30天，最高金额$10000		
12 张	期限冻结 7 天	店铺冻结 7 天		
18 张	全店降权	整体店铺降权 30 天		
24 张	店铺屏蔽	关闭店铺销售权限，强制整改 180 天		
30 张	关闭账户	永久冻结账户、停止访问，资金冻结 180 天	严重违规	

因卖家售卖侵权品、禁销品等行为导致的品牌商、卡组织或其他国际权益组织的罚款，需由卖家自行承担。

卖家账户产生的罚金或罚款，敦煌网有权从卖家资金账户中扣除。该款项优先从卖家美元资金账户中扣除，如美元资金账户余额不足，剩余款项会通过人民币资金账户扣除（汇率以处罚当日的中国银行第一笔的现汇买入价为准），若卖家所有资金账户余额不足以支付相应款项，敦煌网有权处理卖家账户及关联账户，并且保留追究相关损失或法律责任的权利。

3. 交易规则

（1）禁止销售未经授权的产品和相应的仿制品

敦煌网是一个外贸交易平台，买家全部为海外用户，不允许销售未经授权的产品和相应的仿制品。系统随时对网站上的所有产品进行过滤筛选，挑选违规产品并下架；与品牌拥有者联合执法，凡被品牌拥有者指正的产品将立即下架；建立一整套举报机制，产品经理甚至卖家有权对违规产品进行举报。

其对于违规卖家将采取警告、冻结账户以及关闭账户的惩罚。同时违规行为将会被记录到卖家档案，从而影响卖家的信用评分以及产品展示。

（2）禁止拷贝他人产品图片以及产品描述内容

卖家如果发现自己拥有的产品图片以及描述内容被其他卖家所抄袭，可以向敦煌网进行举报，经核实后敦煌网协助卖家联系抄袭者并勒令其删除产品图片或对图片进行修改。

（3）禁止在网站上留有联系方式

敦煌网为广大卖家提供了一个免费的交易平台，建立了站内沟通工具（站内信），并且提供了国际支付的解决方案，过滤了绝大多数的欺诈行为，为买卖双方交易进行担保。所有的这些都能够帮助买卖双方在未曾谋面的基础上建立信任，形成在线交易，因此线下联系和交易是不允许发生的，联系方式包括买卖双方的电子邮件、电话、网址、MSN 以及其他通信方式，在网站的任何地方留有联系方式都是不允许的。网站系统和专门的巡逻人员将对网上内容进行检查，发现违规现象就对卖家做出警告、冻结账户以及关闭账户的惩罚。

（4）禁止采用不正当手段扰乱市场秩序

产品描述和实际产品严重不符的情况：如买家收到的实际产品不具备产品描述功能；实际产品材质和描述不符；以次充好等，此类情况的发生会影响其他诚信卖家的正常经营，使平台的买家流失，并且增加了交易纠纷，无形中延长了付款周期，严重扰乱了市场秩序。

设置低廉的产品价格吸引买家注意，同时有意提高运输价格，造成运输价格和实际严重不符。导致买家对卖家和网站不信任，买家不但不会继续付款而且容易造成买家流失。

敦煌网对扰乱平台经营秩序的一般违规行为，给予 1 张黄牌/次；对严重扰乱平台经营秩序的，给予 6 张黄牌/次；对扰乱平台经营秩序情节严重的将关闭账户。

4. 放款规则

目前敦煌网支持 EMS、DHL、FedEx、UPS、TNT、USPS、HK Post、China Post、燕文、Equick 等可在线跟踪的货运方式。针对有货运跟踪号的放款方式，订单放款规则如下。

（1）买家主动确认签收

买家确认签收订单后（除被风控调查订单），敦煌网会对订单的货运信息进行核实，如果订单查询妥投，会根据妥投信息做出如表 5-5 所示的买家主动确认签收放款规则的处理。

表 5-5　　　　　　　　　　　　　　买家主动确认签收放款规则

类别	货运情况	订单完成时限
第一类	妥投且时间、邮编和签收人都一致	此订单款项可放款至卖家资金账户，订单完成
第二类	妥投且时间、邮编和签收人任意一项不一致	账户放款将可能延迟或暂停
第三类	部分未妥投、全部未妥投或无查询信息	

（2）买家未主动确认签收，卖家请款

对于买家未主动确认签收的订单，卖家请款后，敦煌网会先根据卖家上传的运单号核实妥投情况并做出如表 5-6 所示的买家未主动确认签收，卖家请款的处理。

表 5-6　　　　　　　　　　　　　　买家未主动确认签收，卖家请款

类别	货运情况	订单完成时限
第一类	妥投且时间、邮编和签收人都一致	发送催点信给买家，买家在 5 天内未发起任何投诉、协议或者纠纷，也没有邮件回复，将该订单款项放款至卖家资金账户，订单完成
第二类	妥投且时间、邮编和签收任意一项不一致	账户放款将可能被延迟或暂停
第三类	部分未妥投、全部未妥投或无查询信息	

（3）买家未主动确认签收，卖家在订单确认收款后的 90 天内也未请款

卖家完全发货后，若买家一直未确认签收，并且卖家在订单确认收款后 90 天内也未请款，平台将在完全发货 120 天后将该订单款项放款至卖家资金账户，订单完成。

（4）卖家账户及交易符合以下条件时，账户放款将可能被延迟或暂停

第一，订单当前有黄条。当前有黄条的订单，放款将被延迟；黄条去除后，放款流程继续。

第二，当卖家当前账户纠纷率过高时，卖家账户放款将被延迟。

卖家账户情况 25%≤纠纷率<40%，最早可放款时间为 20 天；40%≤纠纷率≤50%，最早可放款时间为 45 天；纠纷率>50%，最早可放款时间为 120 天。

第三，当卖家账户及交易表现异常时，敦煌网可能人工介入对卖家账户或交易进行必要调查，根据其异常程度，卖家账户或订单放款将可能被延迟或无固定期限暂停。卖家账户放款被无固定期限暂停时，卖家账户及其关联账户将被无固定期限冻结，并不允许再在敦煌网注册新账户。

（5）无固定期限暂停放款判定规则

当卖家账户或交易违反以下一条或几条规则时，放款将可能被无固定期限暂停。

交易为虚假交易；卖家实际销售产品为侵权品或禁销品；卖家关联账户处于因平台调查关闭账户状态；卖家关联账户处于无固定期限限制提款状态；卖家账户被司法机关调查中；卖家账户及其交易涉及其他违法行为。

（6）当卖家账户触犯多个放款限制规则时，最终放款延迟时间以时限较长者执行。

5. 评价规则

买家对商品的评价当以客观事实为依据，以理性分析为基础。买家评价分为服务评价和行业综合评价两种。其中，服务评价包括商品描述、沟通、物流、运费评价共四项，是买家对卖家的单向评分；综合评价包括综合性的打分（在1～5分）和文字评论两部分。

卖家评价分数将展现在商品最终页及店铺商品最终页，因此分数越高，买家下单的概率越大。

买家的评价留言对其他买家有很好的指导和建议作用，评价分值会影响买家搜索时的商品排序，商品评价越多，五星好评越多，产品的转化率越高。

6. 售后规则

（1）提供第三方质保服务

2014年10月，敦煌网和全球最大的第三方质保服务提供商SquareTrade达成战略合作，SquareTrade将为敦煌网平台上的3C产品提供第三方质保服务。对于敦煌网来说，该服务一方面能为国外买家购买的3C产品提供持续有效的售后保障，另一方面也为平台的卖家减轻售后服务的负担和压力，有利于提升买家的购买体验，提高敦煌网3C类产品的销售量和好评率。

（2）卖家售后服务承诺

2015年7月，敦煌网"卖家售后服务承诺"正式上线，卖家可以根据不同的产品自己设置相关的服务承诺，有售后服务承诺的产品，在订单展示页都会有标记，买家能很清楚地知道服务范围具体是什么以及对其有什么保障，这让买家觉得选择购买该产品将更有保障，不仅如此，还能有效避免纠纷，真正做到"我的服务我做主"！

5.4 兰亭集势

5.4.1 兰亭集势简介

兰亭集势（Lightinthebox）成立于2007年6月，公司成立之初即获得美国硅谷和中国著名风险投资公司的注资，成立高新技术企业，总部设在北京。

兰亭集势是中国整合了供应链服务的在线B2C（内部叫做L2C，LightInTheBox2 Customer），将中国的产品直接卖给国外终端消费者，该公司拥有一系列的供应商，并拥有自己的数据仓库和长期的物流合作伙伴，旨在为全世界中小零售商提供一个基于互联网的全球整合供应链。兰亭集势网站销售的产品包括服装（其中以婚纱产品最为著名）、电子通信及其零件配件、园艺产品、家居、装饰美容、遥控模型等。目前兰亭集势共提供 23 种语言服务，覆盖全球 90% 的互联网用户。

2010 年 6 月，兰亭集势完成对 3C 电子商务欧酷网的收购。

2013 年 6 月，兰亭集势在美国纽交所挂牌上市，成为中国跨境电子商务第一股。但是，上市五年来，兰亭集势一直处于亏损状态。

2014 年 1 月 6 日，兰亭集势实现对美国社交电商网站 Ador 公司的收购。

2018 年 12 月 10 日，兰亭集势发布公告称，完成对新加坡电商 Ezbuy 的收购。Ezbuy 创建于 2010 年，总部位于新加坡，是东南亚地区领先的跨境电子商务平台之一。

5.4.2　兰亭集势平台操作

步骤一：登录兰亭集势中国官网，兰亭集势首页如图 5-13 所示。

图 5-13　兰亭集势首页

步骤二：进入注册页面，进行注册，兰亭集势注册页面如图 5-14 所示。

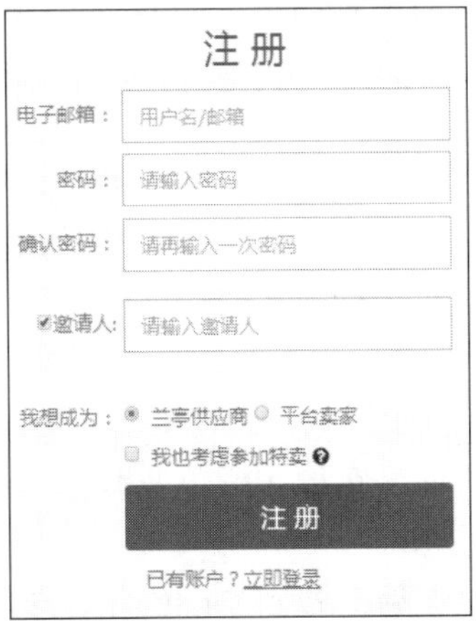

图 5-14　兰亭集势注册页面

5.4.3 兰亭集势平台规则

1. 注册规则

兰亭集势要求平台卖家提供企业三证：营业执照、税务登记证、组织机构代码证。电子产品要提供品类安全认证，品牌产品要提交品牌资质、商标注册证或者品牌授权。卖家在线创建兰亭集势全球卖家平台账户，在注册过程中还需要有开户银行许可证。兰亭集势不向平台卖家收取平台入驻费或服务费，但会抽 15%的佣金和 3%的交易手续费。在获取卖家的联系方式之后，兰亭集势招商经理会与卖家取得联系，沟通合作模式，确认合作关系。资质审核工作完成之后，卖家即可进行新品上传。

自营供应商需要缴纳 300 元人民币注册费，试用期 3 个月，成为正式供应商后需要缴纳平台服务费 500 美元/年，提供有竞争力的价格给兰亭集势，由兰亭集势来定价销售。

2. 发布规则

（1）图片要求

图片要求无水印，不可有侵权图案；除服装可以是街拍图，其他产品的主图必须为白底；图片格式为 JPG；不小于 35K，不超过 3M；主图必须大于 500 像素×500 像素，图片必须为正方形。

（2）禁止货不对版

造成货不对版的原因主要是版次编错款号，或是供应商写错款号和新旧产品的更替，也可能是客户特别要求修改款式，反馈给供应商后，工厂方面没有修改。平台要提供给国外顾客与他们想购买的产品一致的产品。

（3）不得侵犯他人知识产权

兰亭集势对知识产权的侵犯是零容忍的。兰亭集势作为连接买者和卖者之间的桥梁，作为把关人，有责任和义务对入驻卖家和产品进行审查核实，主要包括商标权、产品专利权和版权等知识产权内容。

3. 交易规则

在服装市场上，市场侵权行为特别严重。纺织品外观设计主要包括纺织物的图案、花型及服装款式设计，是一种特殊的无形资产，设计者或所有者对它具有独立占有的权利。兰亭集势强调只有重视知识产权的保护以及产品的质量才能确保中国跨境电子商务走到全世界各个地方都是受欢迎的。

4. 放款规则

对于兰亭集势供应商，平台可以做到月结和半月结，供应商可以选择用海外美元账户或者国内的人民币账户来接收平台的付款，平台会按时结算并打到供应商指定的账户。

对于平台卖家，卖家可以在卖家系统中实时查看结算明细，兰亭集势会在每月 10 号前完成上一个月的结算付款。

5. 评价规则

兰亭集势在邮件营销策略方面注重顾客晒单及购物愉悦评论，不过在 2014 年后，邮件内容回归平凡。具体原因值得深思。

供应商申诉权。供应商可以在后台看到自己的扣款单明细，也可以直接提交申诉，平台也会在第一时间进行具体受理。

6. 售后规则

兰亭集势的订单处理模式是，顾客下单后，订单会通过信息系统传送给仓库。基于公司独特的供应链网络，公司保持较低的库存水平。在订单数量较少的情况下，订单会被直接提交到供应商。订单以日计提交给供应商，大多数情况下，供应商会在 48 小时内将大多产品送到仓库，在 10～14 天内将定制服装产品送到仓库。通常情况下，非定制产品在顾客下单 14 天内会送到顾客手里。婚纱、礼服等定制产品会在下单 21 天内送达。在货物发出前，质检人员会先进行质量检验（不同的国家会有不同的检验标准），在检验合格后，再通过第三方物流快递给顾客。

顾客可以在网上通过跟踪系统，查看自己购买产品的情况，基于货重和距离计算运输费用。另外平台对一些产品，采取免运费的优惠策略，让国外顾客足不出户，便拥有极好的体验。

5.5　设备时代

5.5.1　设备时代简介

1. 设备时代概况

设备时代（大连）电子商务有限公司由传统外贸龙头企业投资成立，是其母公司辽宁迈克集团股份有限公司转型电子商务服务的重大战略布局（见图 5-15）。辽宁迈克集团股份有限公司成立于 1994 年 3 月 4 日，其前身为辽宁省机械设备进出口公司（成立于 1979 年）；集团更早可追溯到辽宁省机械公司（成立于 1960 年），是集国际工程承包、国际贸易、国内贸易、房地产开发、仓储运输、物业管理为一体的综合性企业。现年均经营额为 16 亿元人民币，年均进出口额为 1.5 亿美元，是中国机电产品进出口商会常务理事单位。

图 5-15　设备时代中文首页

设备时代是辽宁迈克集团股份有限公司独立研发出的国际贸易全价值链的一站式服务平台，并于 2013 年 9 月全资注册了"设备时代（大连）电子商务有限公司"，该公司即成为设备时代的运营商。

设备时代将被建设成为具有国际影响力的第三方服务平台，帮助中小企业从烦琐的进出口业务流程中解脱出来，使企业专心生产和研发；同时通过平台盘活金融服务，打造具有活力的电子商务产业，围绕核心用户的个性化、碎片化需求，帮助中小企业高效率、低成本地实现国际贸易便利化。

2．设备时代功能

设备时代结合企业的需求开拓了国际市场服务，包括报关、报检、租船、订舱等常规外贸服务，还有银行退税、融资金融服务，以及到现场安装调试的售后服务，并将这些服务有效融为一体。此跨境电子商务平台的创新点在于将国际贸易涉及的所有步骤完全融合，真正为客户实现国际贸易一站式服务。其最典型的盈利服务模式包括以下三个。

（1）提供电商代运营服务，收取订单成交佣金

由设备时代工作人员代理运营企业店铺，全权负责产品发布、店铺日常管理运营，并后续实时帮助关注产品询盘、审核采购信息，并在询盘转化为订单的整个过程中提供全程专业服务。不成交不收费，成交后提取佣金。此项服务适用于试图将产品打入国际市场，但苦于找不到方法、没有稳定专业外贸业务员的供应商企业。

（2）提供网络店铺服务，收取自营店铺年费

店铺全权自营，自主发布产品，直接与采购商联络，按年收取固定会员费，并可按需求定制增值服务（按具体服务另行收取费用）。此项服务适用于自有外贸业务团队或专业外贸业务员或对电子商务较熟悉的供应商企业。

（3）提供综合商务配套服务，收取服务费

设备时代提供围绕电子商务的增值线下服务，即从业务洽谈磋商到货物外运以及融资、展会、培训等一站式自助式外贸专业服务，按具体项目收取增值服务费，以及为海外采购商提供工厂评估、产品检验、国际认证、赊销担保、行程安排等专业线下服务，按具体项目收取增值服务费。

5.5.2 设备时代平台操作

1．创建账户

（1）注册

在任意设备时代页面的左上角单击"Join Free"，即"免费注册"，设备时代免费注册页面如图 5-16 所示。

图 5-16 设备时代免费注册页面

（2）邮箱验证

输入电子邮箱地址和验证码，单击"下一步"后，会收到一封验证邮件。单击邮件中的链接进入注册页面。设备时代创建账号页面如图 5-17 所示。

图 5-17　设备时代创建账号页面

（3）填写信息

设备时代完善信息页面如图 5-18 所示。此处需要注意的是，为了增加信任级别，需要确保所提供的产品信息和公司信息详细而完整，同时还需要确保所填写的联系信息准确和详细。

图 5-18　设备时代完善信息页面

信息填写完毕后，即可单击"创建账户"。至此，卖家便正式注册成为设备时代的会员。

2．联系供应商

可以通过以下三种方式联系供应商。

（1）直接对供应商发送询盘

进入详情页面，给供应商发送询盘页面（见图 5-19）。这种方式的好处是可以直接与供应商联系，能够在较短的预期时间内得到回应。按照页面上的提示信息依次填入 Title（即商品标题）、Message（即信息）和 Your E-mail Address（即电子邮件地址）。

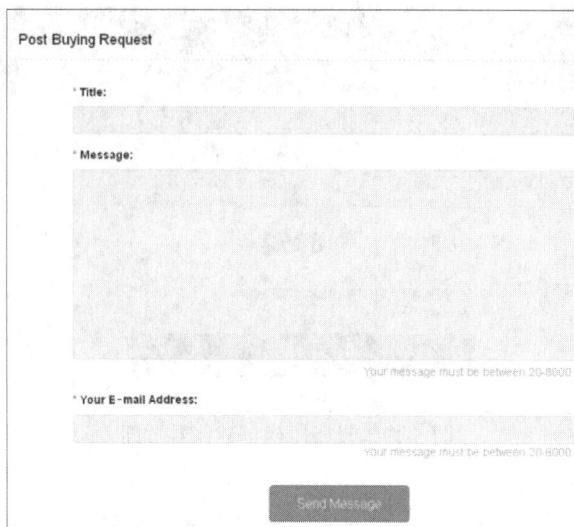

图 5-19　给供应商发送询盘页面

（2）联系供应商

在产品详情页面中单击"Contact Supplier"，即"联系供应商"，联系供应商页面如图 5-20 所示。这种方式也可以联系到供应商，但在一定程度上会影响联系的效率和时间。

图 5-20　联系供应商页面

（3）发布采购信息

在任意设备时代页面中单击"发布采购信息"，发布采购信息页面如图 5-21 所示。这样也可以联系设备时代的相关客户服务人员，从而间接地联系到供应商，客户服务人员会把用户的问题及反馈发送给相应的供应商。

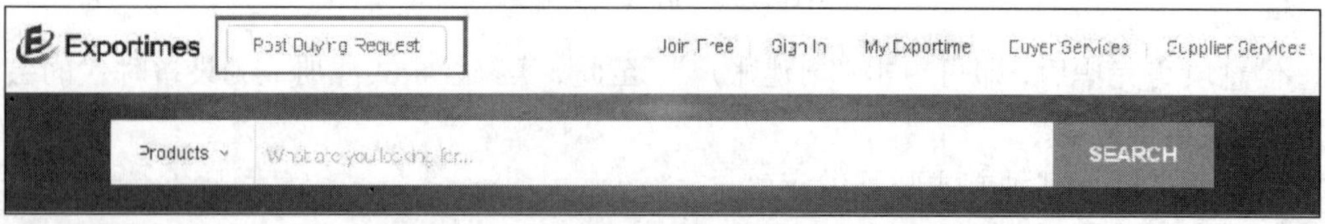

图 5-21　发布采购信息页面

这种方式因为是间接沟通，所以和前两种方式相比，联系时间比较长，响应速度比较慢。

此外，卖家还可以通过搜索列表找到供应商：先要在任意设备时代页面中找到搜索框，选择"供应商",然后在搜索框中输入一个与待查找供应商相对应的关键词,输入完成后,单击"search",这样便会得到相应的搜索结果。

3. 查找合适产品

登录平台的用户需要查找合适的产品时,可以先在搜索框中搜索,也就是先在任意设备时代页面中找到搜索框,之后选择"产品",接着在搜索框中输入一个与所找产品对应的关键词,单击"search",就会得到相应的结果,产品搜索页面如图 5-22 所示。

图 5-22　产品搜索页面

如果已经确定所查找产品的类别,也可以通过查找类别来找到产品。这需要先在设备时代首页单击"全部类目"或者具体某一类目来寻找想要搜索的产品。这样可以大大节省搜索的时间,同时可以有效提高搜索的准确度。

5.5.3　设备时代平台规则

1. 融资通业务企业审核条件

(1)企业合法注册、持续经营,且注册成立时间 5 年以上(需提供企业营业执照等相关公司资料及股东个人资产信息)。

(2)供应商资信记录良好,银行资信良好,无不良信誉记录;公司会委托中诚信对企业资信进行调查,调查时间为 4～7 个工作日。

(3)供应商公司年营业额达 50 万元人民币以上。

2. 订单审核

(1)订单赊销的账期小于 90 天。

(2)提交已合作买家订单原件;提供复印件或扫描件的,应协助提供买卖双方邮件往来记录,或提供与该买家的历史订单资料;或提供买家联系邮箱,由公司与买家联系,核实订单真实性。

(3)委托公司出口报关和物流;已融资客户订单项下出口报关等必须委托公司,不得私自出口;已融资买家对应出口业务必须全部委托公司出口,原则上禁止单一买家部分业务委托。

3. 融资审核

(1)公司直接收汇。

(2)客户与海外买家结算方式为 O/A、D/A 或者远期信用证的,不提供融资支持,可使用赊销买断、信用证买断等服务;对于以 D/P 方式结算的,公司应控制货权提单,并建议购买中信保险。

(3)对于已融资后买家取消订单的,客户应立即归还公司该笔订单项下融资款。

(4)已融资订单项下相应回款必须归还公司融资,不得挪用。

(5)客户新增海外买家的,须按公司规定对新买家进行准入核准,同样遵循新买家首单不融资的相关规定。

5.6 eBay

5.6.1 eBay简介

eBay（中文名为电子湾、亿贝、易贝）是全球化的电商平台之一，是可以让全球民众在网上购买物品的线上拍卖及购物网站。eBay 于 1995 年 9 月 4 日由 Pierre Omidyar（皮埃尔·奥米迪亚）以 Auctionweb 的名称创立于美国加利福尼亚州圣荷西。Auctionweb 是 eBay 的前身。eBay 的创立最初是为了帮助创始人奥米迪亚的未婚妻交换皮礼士糖果盒。

eBay 操作比较简单，投入不大，适合有一定外贸资源的人入驻。

5.6.2 eBay平台操作

步骤一： 登录 eBay 中国官网，eBay 登录页面如图 5-23 所示。

图 5-23　eBay 登录页面

步骤二： 单击"注册"按钮。进入 eBay 注册页面后，设置账号及密码。eBay 注册页面如图 5-24 所示。

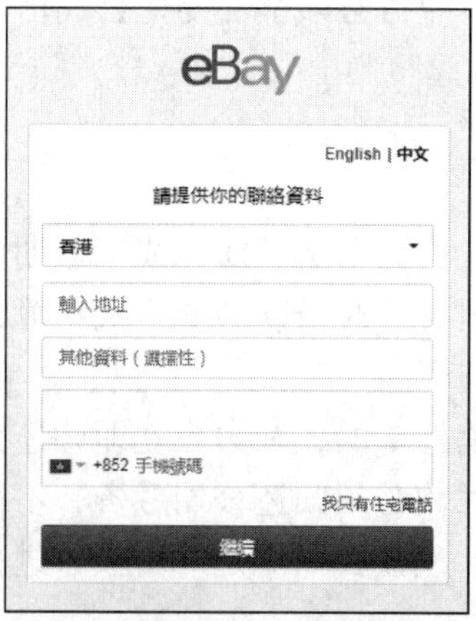

图 5-24　eBay 注册页面

步骤三： 输入联络资料，eBay 提供资料页面如图 5-25 所示。

图 5-25　eBay 提供资料页面

步骤四： 确认电话号码如图 5-26 所示。

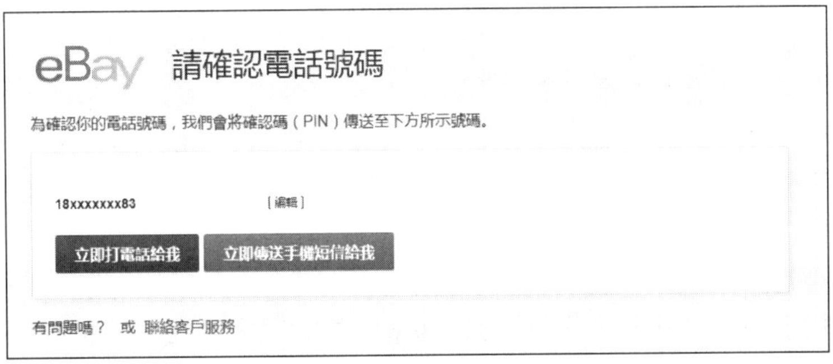

图 5-26　eBay 确认电话

步骤五： 输入 PIN 如图 5-27 所示。

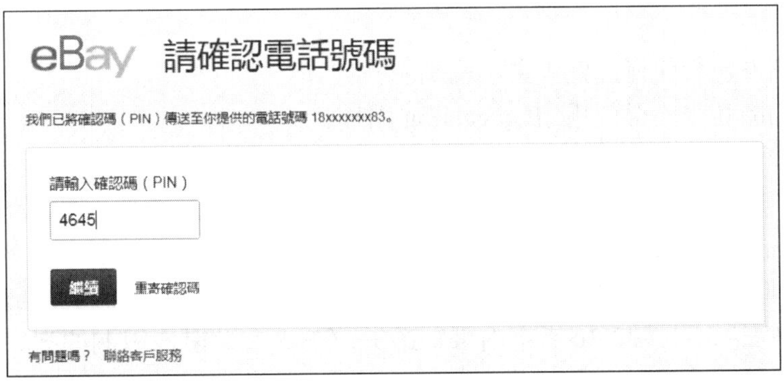

图 5-27　输入 PIN

步骤六： 登录 eBay 平台，完成注册。

5.6.3　eBay平台规则

1. 注册规则

企业注册 eBay 需要满足以下条件：

第一，是合法登记的企业用户，并且能提供 eBay 要求的所有相关文件；

第二，须注册为商业账户；

第三，每一个卖家只能申请一个企业入驻通道账户；

第四，申请账号需通过 eBay 卖家账号认证且连结已认证的 PayPal 账号。

而个人卖家只需注册并认证一个 eBay 账号，即可在全球开启销售之旅。

2. 发布规则

（1）刊登规则

正确描述欲刊登的物品信息不仅可以提高成交率，还可避免卖家交易过后因物品描述不符而产生的不必要的交易纠纷，不正确的刊登描述会扰乱 eBay 市场交易秩序。刊登描述不当导致违规商品被删除、账户受限，严重者账户会被冻结，在刊登物品时，卖家应特别注意以下规则。

第一，选择正确的物品分类：物品必须刊登在正确的类别中，如出售物品存在多级子分类，需将物品刊登在相对应的分类中。

第二，正确设置物品所在地：卖家必须在物品所在地栏如实填写物品寄出地点，一般情况下物品所在地需与账户信息相符，如果物品所在地在外地或其他国家，务必在刊登时选择真实的所在地（不能仅在物品描述中做声明），避免日后不必要的交易纠纷；需特别注意运费的设置要与物品所在地相匹配；若账户信息为中国，物品所在地为美国，物品被一个美国卖家拍下，运费价格需与美国当地运费相匹配，而不能设置为中国到美国的运费。

第三，使用符合 eBay 标准的链接：在 eBay 刊登物品时，可以在物品描述中使用一些链接来帮助促销物品。但是，有些类型的链接是不允许的，如不能链接到个人或商业网站。本链接政策适用于一切可以将用户引导到 eBay 之外的文字或图片（如照片、商标或图标），任何链接均不能指向 eBay 以外含物品销售信息的页面。

第四，物品图片标准如下。

① 所有物品刊登必须至少包含一张图片，图片的最长边不得低于 500 像素（建议高于 800 像素）；

② 图片不得包含任何边框、文字或插图；

③ 二手物品刊登不得使用 eBay catalog 图片；

④ 尊重知识产权，不得盗用他人的图片及描述。

（2）预售刊登规则

预售刊登是指卖方刊登那些他们在刊登时未拥有的物品。如此刊登的物品，通常在对大众的交货日期前就已预先出售。卖方需保证自物品购买之日（即刊登结束之日或 eBay 店面购买刊登物品之日）起 30 天之内可以送货，eBay 允许其有限制的刊登预售物品。

（3）编码规则

eBay 禁止会员在刊登物品中使用以下几种特定类型的 HTML 和 JavaScripy 编码文字功能。违反此刊登规则会导致在线商品被删除，多次违规会导致账户受限，严重者账户将被冻结。建议用户在刊登商品前先咨询刊登物品平台客服，以避免不必要的违规。

以下类型均为违规的 HTML 和 JavaScript：

用来在任何 eBay 页面上放置或读取 Cookie 的 HTML 或 JavaScript；将使用者从 eBay 重新导向至其他页面的 HTML 或 JavaScript；能自动呼叫远端程式码和页面的 HTML 或

JavaScript；能变更登录项目或写入其他使用者之计算机硬盘的 HTML 或 JavaScript；用来建立自动"弹出视窗"的 HTML 或 JavaScript（例外：使用者按一下时会在新视窗中开启的链接）；能在 eBay 中自动张贴程式码的 HTML 或 JavaScript；能在其他使用者的计算机上自动载入任何二进位程式的 HTML 或 JavaScript（例外：Flash 内容）；能在刊登物品上自动覆写物品说明区以外的任何区域的 HTML 或 JavaScript。

3. 交易规则

（1）知识产权违规（商标权、著作权、专利权）规则

该规则包括复制品、赝品和未经授权的复制品政策，刊登物品时描述物品的规则和举报用户违反知识产权保护条款。例如，未经授权卖了别的品牌的产品或者仿品，刊登物品时使用了别人店铺的描述或者图片，都会被认定为知识产权违规。

（2）交易行为违规规则

① 严禁卖家成交不卖。当卖家刊登在 eBay 上的物品有买家成功竞标，买卖双方相当于签定了交易合同，双方必须在诚信的基础上完成交易。根据这一合约，卖家不可以当网上成功竞标后拒绝实际成交。

② 收到货款不发货。如果卖家因为物品本身的原因无法完成交易（如损坏），卖家需及时与买方沟通，解释说明并提供解决方案，以获得买家的理解与谅解。虽然在这种情况下，eBay 鼓励买家与卖家进行沟通，获取新的解决方案，但买家不是一定要接受卖家的新建议，同时这可能会被记录为一次卖家的不良交易（transaction defect rate）。所以，卖家在刊登商品时务必熟知商品库存，在收到款项后及时发货，避免违反此政策。

③ 禁止卖家自我抬价。"自我抬价"是指人为抬高物品价格，以提高物品价格或增大需求为目的的出价行为，或者是能够获得一般大众无法获得的卖家物品信息的个人的出价。也就是卖家在竞拍的过程中，通过注册或操纵其他用户名虚假出价，或者由卖家本人或与卖家有关联的人进行，从而达到将价格抬高的目的。

自我抬价以不公平的手段来提高物品价格，会造成买家不信任出价系统，为 eBay 全球网络交易带来负面的影响。此外，这种行为在全球很多地方都是被法律所禁止的，为确保 eBay 全球交易的公平公正，eBay 禁止抬价。

卖家的家人、朋友和同事可以从卖家那里得到其他用户无法得到的物品信息，所以即使他们有意购买物品，为保证公平竞价，亦不应参与出价竞投。不过，家人、朋友和同事可在不违反本政策的条件下，以"一口价"的方式直接购买物品。如果卖家认为有会员利用假出价动作，提高价格或热门程度，可以向 eBay 发送电子邮件进行 eBay 检举，并提供"会员账号"和物品编号。

（3）用户沟通违规规则

此项包括了使用不雅言辞、未经允许的滥发电邮（垃圾邮件）和滥用 eBay 联系功能。如果卖家在和买家的沟通中言语不当，频发邮件等，会被认为沟通违规。当然如果买家在写评价的时候言语不当，则其评价会被 eBay 隐藏。

4. 放款规则

eBay 新卖家所收到的款项都被 PayPal 暂时冻结，冻结至买家评价后或者 21 天后。21 天是最长时间，有利于买卖双方交易完整。例如，交易出现问题确保账户里面有足够的余额进行退款或者补偿。如果交易没有问题，系统会在 21 天之内解除资金冻结状态。因此，

卖家要在第一时间将快递单号添加到自己的后台物流系统里，然后标记"已发货"，PayPal会根据你提供的快递单号和日期来预计送达日期并据情况进行解冻处理；刚注册的账户，如果还没有进行 PayPal 认证，建议立即进行认证，这将有助于账户安全；同时卖家在发货后应第一时间与买家及时沟通，避免买家提出争议、投诉，并保存发货快递单据。

如果出现下列任一情况，PayPal 可能会提前放款。

（1）卖家在交易中标记已发货并上传追踪号后（国内交易 7 天后释放，跨国交易 14 天后释放）；

（2）买家表示收货后，款项会自动释放（这里包括买家给卖家留下评价，或者买家给 PayPal 发邮件告知已收到货）。

5．评价规则

若买家购买后不做评价，平台会给卖家自动默认好评，并且 eBay 在每个周三会针对有利于卖家的纠纷或者退款保障，买家违规以及 eBay 通过包裹追踪号能判定的、不属于卖家责任的情况，移除差评。

6．售后规则

（1）新退货政策

自 2018 年 8 月 1 日起，如果 eBay 发现退货产品已交付给卖家，并且已过去两个工作日，eBay 会将退款退给买家。买家的退款一旦被返还，eBay 将会自动关闭退款请求，以保护卖家不被进一步索要退款，并保护他们的指标免受不必要的影响。

（2）换货服务

卖家可以给买家提供"换货"选择，而不是全额退款。卖家需在退货政策中标明该服务，或在买家要求退款时提及此项服务。卖家可以在 My eBay 和卖家中心定制退货参数，自动同意换货请求，加快换货流程（退货和退款要求除外）。

提供换货服务，可以帮助卖家改善售后体验，减少不必要的纠纷，迅速解决问题，进而提高客户的忠诚度。

5.7 Wish

5.7.1 Wish简介

Wish 是随着移动互联网发展诞生的，Wish 和其他电商平台最大的区别在于 Wish 基于的是移动端 App 的运用，买家都是通过移动端浏览和购物的。Wish 于 2011 年 12 月创立于美国旧金山硅谷，起初是一个类似于蘑菇街的导购平台，公司的创始人是来自于谷歌和雅虎的顶尖工程师，出生在欧洲的 PeterSzulczewski 和来自广州的 Danny Zhang（张晟）。2013 年 5 月，Wish 在线交易平台正式上线，移动端 App 同年 6 月推出，当年年经营收益超过 1 亿美元。

与其他电商平台相比，Wish 的卖家上传产品是免费的，只有在交易成功后需要向平台支付一定比例的佣金，整个过程非常简单。Wish 没有比较功能，因此价格在 Wish 平台上不是最敏感的，其规则与其他平台有很大不同，后期流量主要取决于产品的优化和客服质量。

5.7.2　Wish平台操作

在注册之前，首先准备好注册全球速卖通所需的材料：一张银行储蓄卡、一个国际通用邮箱以及身份证的扫描件。

步骤一：登录 Wish 官网，单击"立即开店"。Wish 平台页面如图 5-28 所示。

图 5-28　Wish 平台页面

步骤二：在跳转页面中，根据提示设置用户名。设置用户名如图 5-29 所示。

图 5-29　设置用户名

步骤三： 查收、验证邮件。发送验证邮件如图 5-30 所示。

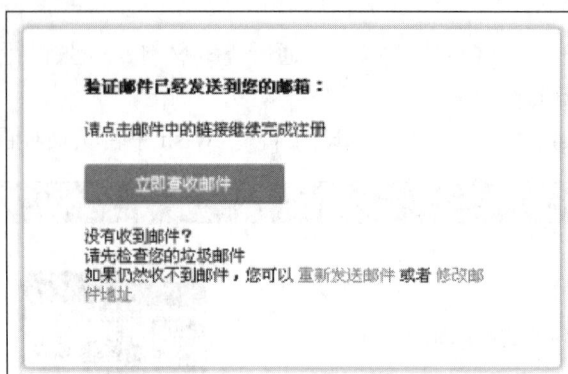

图 5-30　发送验证邮件

登录邮箱，单击邮件中的链接，进行邮箱验证。邮箱验证如图 5-31 所示。

图 5-31　邮箱验证

步骤四： 设置店铺名称，填写账号信息如图 5-32 所示。

图 5-32　填写账号信息

步骤五： 选择实名认证。建议用公司资料申请注册，直接联系 Wish 招商经理指导开店。个人和公司注册的区别在于：以公司资料注册开店，有 Wish 招商经理对接，可以获得流量推送、最新政策，账号出了问题有沟通的渠道等。选择实名认证如图 5-33 所示。

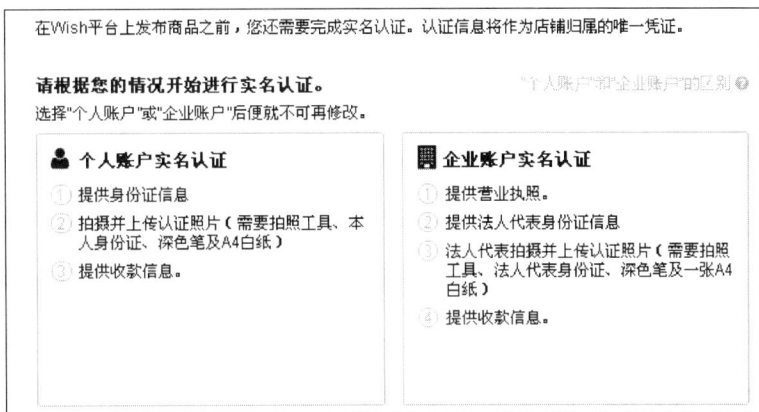

图 5-33　选择实名认证

（1）个人账户实名认证

① 选择个人账户实名认证，输入个人信息，如图 5-34 所示。

图 5-34　个人账户实名认证

② 选择支付平台，完成注册。选择支付平台如图 5-35 所示。

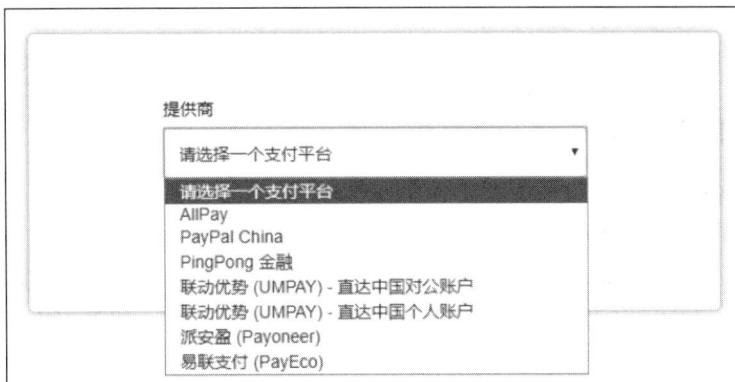

图 5-35　选择支付平台

（2）企业账户实名认证

进行企业账户认证前，需要准备好企业营业执照、法人代表身份证信息。

① 选择企业账户实名认证，输入企业的公司名称（注意：个体工商户不可注册企业账户；要有统一社会信用代码），上传清晰的营业执照彩色照片。填写公司信息如图 5-36 所示。

② 输入法人代表姓名和法人代表身份证号。法人代表信息如图 5-37 所示。

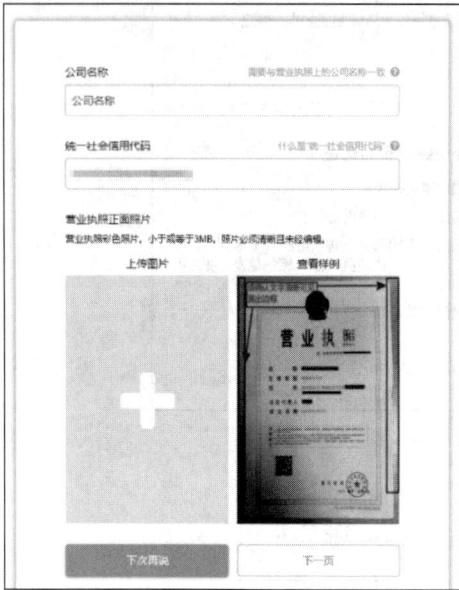

图 5-36　填写公司信息

图 5-37　法人代表信息

③ 添加收款信息，如图 5-38 所示。

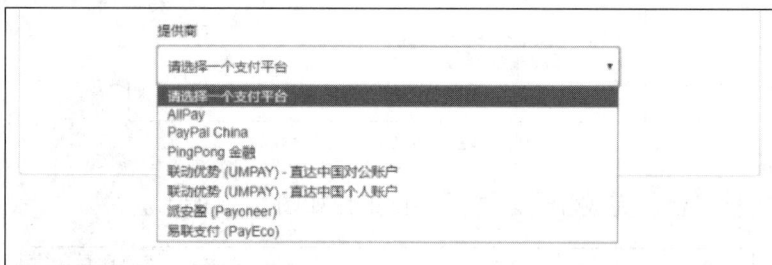

图 5-38　添加收款信息

5.7.3　Wish平台规则

1. 注册规则

（1）商家资质要求：Wish 的商家可以是生产者、品牌所有者、零售商、手工艺者、发明者或者艺术家等。商家必须自己创造、生产或拥有批发或零售的权力才能进行商品销售。每位商家都必须遵守法律法规，所出售的商品、店铺内容以及一些限运商品等必须符合法律标准。

（2）账户要求：注册期间提供的账户信息必须真实准确，如果注册期间提供的账户信息不准确，账户可能会被暂停。每个实体只能有一个账户，如果公司或个人有多个账户，则多个账户都有可能被暂停。

（3）自 2018 年 10 月 1 日开始，Wish 新注册的店铺须缴纳 2000 美元的店铺预缴注册费。这项新政策旨在确保新注册的商户账户能为用户提供最优质的产品或服务。新政策适用于 2018 年 10 月 1 日以后完成注册流程的所有商户账户。同时，自 2018 年 10 月 1 日起，非活跃商户账户也将被要求缴纳 2000 美元的店铺预缴注册费。商户需要在注册流程最后一步缴纳店铺预缴注册费，完成缴纳后才能开启店铺。

2．发布规则

（1）提供的信息必须准确

如果对所列产品提供的信息不准确，该产品可能会被移除，且相应的账户可能面临罚款或被暂停。

（2）严禁销售伪造产品

如果商户推出伪造产品进行出售，这些产品将被清除，并且其账户将面临罚款，可能还会被暂停。

（3）产品不能侵犯其他方的知识产权

产品图像和文本不得侵犯其他方的知识产权，这包括但不限于版权、商标权和专利权。如果商户列出的产品侵犯了其他方知识产权，这些产品将被清除，并且其账户将面临罚款，可能还会被暂停。

（4）严禁列出重复的产品

Wish 严禁商户列出多个相同的产品。相同尺寸的产品必须列为一款产品。不得上传重复的产品，如果商户上传重复的产品，产品将被移出，且其账户将被暂停。

3．交易规则

（1）严禁出售伪造产品

这一点相较于国内的大部分贸易平台要更加严苛，会有严格的审核过程。Wish 对于模仿或影射其他方知识产权的产品是直接严禁销售的。如果商户推出伪造产品进行出售，这些产品将被清除，并且其账户将面临罚款，可能还会被暂停。

（2）严禁销售侵犯另一个实体的知识产权的产品

Wish 审核销售品不只是杜绝赝品，还禁止商户销售的产品图像、文本侵犯其他方的知识产权。这包括但不限于版权、商标权和专利权。如果商户列出侵犯其他方知识产权的产品，这些产品将被清除，并且其账户将面临罚款，可能还会被暂停。

（3）误导性产品新规

自 2018 年 5 月 2 日起，若产品被检测出存在误导性，对于其在过去 30 个自然日内的相关订单，商户将被处以 100%订单金额的罚款，外加单个订单 100 美元的罚款，总罚款金额最低为 100 美元。

（4）虚假广告政策通知

若广告产品与实际描述不符，商户将被处以 100%订单金额的罚款，罚款最低为 100 美元，该政策适用于一个月内的订单。

（5）质量退款罚款政策

自 2018 年 4 月 23 日起，若因产品不适合、产品与描述不符、仿冒品等原因产生与质量相关的退款，商家将被处以 30%订单金额的罚款，最高可达 5 万美元。

（6）禁售品罚款政策

从 2018 年 4 月 30 日开始，如果卖家产品被发现不符合 Wish 禁售品政策，则卖家将被处以 10 美元罚款，并且该产品也将被系统下架，"禁售品"的示例包括但不限于：侵犯他人知识产权的产品、违禁品。

4. 放款规则

放款时间：固定在每月的 1 日、15 日。

满足放款的条件：订单已确认收货，即物流信息上面显示妥投或者买家主动确认收货；90 天后无人确认收货，也无人退款，则自动放款；若为只针对美国、澳大利亚的 Wish 邮平邮，30 天后无人确认收货，也无人退款，平台也会自动放款。因此，卖家选择平邮时切记，这是平台所认可的物流渠道，也必须要有国内段的物流信息。

确认收货发生的时间点（针对过去的每一个单）：1 日放款之后至 15 日放款之前，对于达到放款条件的订单，平台会在 15 日统一放款；每月 15 日放款之后至下个月 1 日放款之前，对于达到放款条件的订单，平台会在 1 日放款。

被罚款订单放款时间：若销售仿牌被抓（不是所有卖家都是这种情况），则 1 年之后返还一半，2 年之后返还全部。

Payoneer 成立于 2005 年，总部设在美国纽约，是万事达卡组织授权的具有发卡资格的机构，为支付人群分布广而多的联盟提供简单、安全、快捷的转款服务。2017 年 9 月，Payoneer 与 Wish 联手推出提前放款服务，可以提前 30 天发放 Wish 店铺对应的待发放款项，提高资金流转速度。卖家将 Wish 店铺绑定到 Payoneer，就会自动进入能否使用提前放款的筛选系统。提前放款的参与条件由店铺销量、店铺评分、收款稳定性等若干因素决定。只要卖家店铺符合参与提前放款的条件，Payoneer 就会立即通知卖家。每月卖家最多有两次提前放款机会，每笔放款的数额由 Wish 系统和算法决定。如果卖家不需要某一笔提前放款，忽略该邮件即可。

5. 评价规则

平台每个月都会将产品进行用户服务品质排名，要被界定为高品质的产品，应该始终拥有良好的评论、低退货率、高效的配送效率和较少的客户问题。如果被认定是高品质产品，则能获得被审核时间段内所有未产生退款的订单金额的 1%作为返利，审核时间在被审核时间段的两个月之后。

拥有低评价的产品卖家需及时优化或者下架该产品，否则 Wish 将移除该评价极低的产品，而且卖家要承担该产品相关的所有退款责任。

6. 售后规则

（1）延迟发货的规定

对于所有在 2018 年 4 月 12 日以及此日后生成的订单，如果自订单生成起至物流服务商确认发货的时长超过 168 小时（7 个自然日），那么该订单将被判定为延时发货。

对于延时发货的订单，商户将被处以罚款：20%订单金额或 1 美元，取金额较高者。此罚款政策仅对"产品售价+产品运费"小于 100 美元的订单生效。如果在最长配送时间内由物流服务商确认妥投，罚款将在 72 小时内被撤销。

（2）买家售后管理

因为要尽量减轻商户负担，以及海内外客户习惯的差异，Wish 会和买家对接，直接受理相关的投诉和售后需求。

　　受信任的商户也有权直接处理买家的要求。商户的历史销售情况，包括发货时效、产品可信度、纠纷率等都将成为考核指标。

　　Wish 的优势在于智能数据分享，向买家推送感兴趣的产品，再加上主要处于移动端，因此相较于其他平台而言，弱化了商户与买家沟通的机能。Wish 的出发点是希望尽量减轻商户的负担，让商户只需负责上架产品和发货的工作，至于沟通方面则留给平台负责。

本章小结

　　本章共分 7 节来阐述跨境电子商务平台操作。从 5.1 节到 5.7 节分别介绍了阿里巴巴国际站、亚马逊、敦煌网、兰亭集势、设备时代、eBay、Wish 的平台功能、平台操作方法以及平台规则。

实训项目

　　在阿里巴巴国际站操作后台发布一款产品，要求类目放置正确，产品名称、关键词与文本相匹配，产品信息完整度达 100%，详情页内容详尽，版面美观，具有一定的逻辑性和层次感。

课后习题

　　1. 组成小组，登录阿里巴巴国际站、亚马逊、敦煌网、兰亭集势、eBay 以及 Wish 平台注册账号，了解每个跨境电子商务平台相关规则。

　　2. 你想选择一个跨境电子商务平台开立一个跨境电子商务店铺，请回答以下问题。

　　（1）请简要介绍你了解的跨境电子商务平台有哪些，说出它们的不同点。

　　（2）你会选择哪个平台开立你的店铺，请简要说明理由。

　　（3）你会选择什么主营产品，请说明你是如何选定这个产品的或你为什么要选这个产品。

第6章
跨境电子商务定价技巧

近几年跨境电子商务发展快速，无论是传统的进出口外贸企业，还是原先做内贸或电子商务的企业，或是一些自主创业的小微企业或个人，都会尝试利用跨境电子商务来提高自身的竞争力或寻找创业的机会。但是目前，很多跨境电子商务企业，尤其是很多开展跨境电子商务业务的小微企业和个人，对产品定价的方法和技巧还不是很熟悉，而产品的定价问题又是跨境电子商务业务能否成功的关键。

引导案例

一件经典款卫衣热卖之后，其他卖家会跟进仿制，最直接的市场竞争手法就是低价。那么，为获得价格优势，则需要在产品面料、工艺等方面进行调整。但在相似度很高的图片和产品描述面前，买家无法看出二者的区别，于是更倾向选择平均价格的产品。于是，品质更好但价格更高的产品就很可能在进入市场后，面临买家习惯性出低价的困境，这导致了牺牲品质高的产品而产生价格战的恶性循环。

如何能让新的产品既不陷入价格战，又能够卖出合理的价格呢？简单地说，一个新产品的价格具备双重的属性。

其一，是成本表达，即买家需要付出的人民币，也就是直接的价格数字；

其二，是品质信号，也就是所说的"一分钱一分货"。高品质产品通过价格，已经在向买家传递，"我具备更好的品质。"

除了价格之外，销售高品质产品的卖家需要向买家发布更明确的品质信号，如在产品详情页中放上产品的每一个加工流程图等，从各个细节上向买家传递明确的信息。

从战略上看，品质信号的传达是高品质卖家赢得市场的关键。高品质卖家必须发布明确的品质信号，信号的基础是产品品质上区别，同时更高的价格差异使得低品质卖家无法效仿。

卖家发布充分的品质信号，就能从价格战中突围。

阅读以上案例，思考：

1. 跨境电子商务定价的重要性是什么？
2. 跨境电子商务定价方法有哪些？

6.1　跨境电子商务产品定价的基本概念

在很多跨境电子商务平台里，对商品的搜索排序有重要影响的两大因素分别是销量以及关键词，而影响销量最为关键的因素则往往是价格。

跨境电子商务产品定价的基本概念和成本核算

6.1.1　成本构成

成本构成一般指产品成本中所包含的各个成本项目，更具体而言，还包括这些成本项目不同的数额和占比，即产品（劳务或作业）成本的构成情况。不同生产部门的产品，成本结构通常是不相同的。

跨境电子商务销售产品的成本构成主要包括产品的成本，包含产品的生产/采购成本、国内物流费、国际物流运费、开店费用（含佣金）、推广成本、服务成本等。

由于每个产品的种类繁多，产品质量、属性各不相同导致的物流成本差异较大，再加上每个跨境电子商务平台收取的平台佣金额度不同，不同订单的推广和服务成本又因具体情况而异，故针对跨境电子商务产品的成本构成通常只分析其包含的成本项目，而无须细算各产品的各项成本占比。

6.1.2　开店费用

各个跨境电子商务平台包含的开店费用项目和收费标准都不尽相同，下面介绍各主流跨境电子商务平台当前的开店费用及标准。

1. 亚马逊开店费用

亚马逊卖家分专业卖家（Professional）与个人卖家（Individual）两类。由于亚马逊是多站点平台，根据站点的不同，各类开店费用也有异，如表 6-1 所示。

表 6-1　　　　　　　　　　亚马逊北美站点的开店费用及相关说明

账号类型	个人销售计划 Individual	专业销售计划 Professional
注册主体	个人/公司	个人/公司
月租金	免费	39.99 美元/月
按件收费	0.99 美元/件	免费
销售佣金	根据不同品类亚马逊收取不同比例的佣金，一般为 8%～15%	
功能区别	单一上传，无数据报告	单一上传/批量上传，可下载数据报告

2. 速卖通开店费用

（1）店铺年费（以 2019 年新入驻公告为主）

速卖通对店铺年费实行按类目收费，不同类目收费金额不同，如电子烟、手机类目为 3 万元人民币，真人发类目为 5 万元人民币，其他类目为 1 万元人民币。

速卖通的店铺年费可以根据不同的店铺类型和销售额进行全额返还或者50%返还。

（2）类目佣金

类目佣金是指平台按订单销售额的一定百分比扣除的佣金。速卖通各类目交易佣金比例不同，一般为5%～8%。

（3）商标（R标或TM标）

速卖通规定，如若卖家手上早已有品牌商授权的商标，或所申请的类目不需要商标授权就可售卖则不必再支付商标注册费用，直接用即可；如若所需类目需要商标，而卖家自己没有或没得到商标持有人的授权，则需花商标注册费用，不同国家的商标注册费用不同。

（4）提现手续费（若没提现则可忽略）

卖家在进行提现时，银行会收取15美元/笔的手续费，手续费在提现时扣除。如果是使用支付宝来进行结汇，那么是无手续费的。

3. Wish开店费用

（1）预缴注册费

2018年10月1日以后新注册的所有商户账户，需缴纳2000美元的店铺预缴注册费。同时，也是自这个时间起，Wish平台上的非活跃商户账户也将被要求缴纳2000美元的费用。

（2）平台佣金

产品售出后，Wish将从每笔交易中按一定百分比或按一定金额收取佣金。即卖出物品之后收取这件物品收入的15%作为佣金，即：

Wish平台佣金=商品售价+邮费×15%

（3）其他费用

Wish平台的其他费用包括提现手续费、物流运费、平台罚款等。

6.1.3 利润与利润率

利润和利润率是卖家在进行产品定价时经常会涉及的两个概念，它们既相互联系，又相互区别。利润率的目标和出发点也是利润，是通过求得更高的利润率来求得更大的利润。

（1）利润

从经济学的角度而言，利润是企业家的经营成果，是企业经营效果的综合反映，也是其最终成果的具体体现。利润的本质是企业盈利的表现形式，是全体职工的劳动成绩，企业为市场生产优质商品而得到利润，与剩余价值相比利润不仅在质上是相同的，而且在量上也是相等的，利润与剩余价值的不同是：剩余价值是对可变资本而言的，利润是对全部成本而言的。因此，收益一旦转化为利润，利润的起源以及它所反映的物质生产就被赚了。

结合上述经济学中对利润的界定，跨境电子商务产品的利润可以简单地被理解为在各种成本开销以外，跨境产品的销售所带来的盈利。

（2）利润率

一个企业的利润率形式可以有很多种，一个跨境电子商务企业主要依靠产品销售获取收益，则其利润率可按成本利润率和销售利润率两种形式来计算。

成本利润率：一定时期的销售利润总额与销售成本总额的比率，它表明单位销售成本获得的利润，反映成本与利润的关系。

成本利润率=销售利润总额÷销售成本总额×100%

销售利润率：一定时期的销售利润总额与销售收入总额的比率，它是以销售收入为基础分析企业获利能力，反映销售收入收益水平的指标。

销售利润率=销售利润总额÷销售收入总额×100%

大多数跨境电子商务企业的利润率往往更多的是统计除去各种成本开销以外的利润与总成本之间的比率，即这里所说的成本利润率。

6.2 跨境电商产品成本核算

跨境电子商务企业的核心目的是赢利，所以首先要非常清楚真正的产品成本，这也是后期产品定价策略的基础。跨境电子商务产品的实际成本一般会由下面几部分组成：

跨境电子商务产品的实际成本=进货成本+跨境平台的管理费用+运营推广成本+物流成本+ 售后维护成本+其他综合成本

在这众多的成本构成里，进货成本涉及产品价格、国内运费和破损率；跨境平台的管理费用则主要指平台年费和其他被平台收取的服务费和管理费等；其他综合成本主要指人工成本、企业的日常开销等，这些是相对比较容易理解的概念。物流成本在本书第七章有详细介绍，下面就对运营推广成本和售后维护成本两个方面的内容进行讲解。

6.2.1 运营推广成本核算

运营推广成本包括各种营销活动的费用支出，需要加到产品价格里面。例如，阿里巴巴速卖通平台的 P4P（外贸直通车）项目推广，就是突出强调运营推广成本可以带来收益的一种运营推广形式。

资金实力不是特别雄厚的中小卖家，对于商品的运营推广成本应该谨慎并且有非常详细的预算，一般建议运营推广成本比例=（工厂进价+国际物流成本）×（10%～35%）。一般不建议超过 40%的投入，如果投入超过了 40%，运营压力就非常大，店铺本质上会长期处于亏损阶段。

6.2.2 售后维护成本的计算

这部分的成本包括退货、换货、破损成本等，它是很多跨境创业新人最容易忽视的一个成本。例如，很多中小跨境卖家通过中国境内发货，线长、点多、周期长，经常会出现一些产品破损、丢件甚至客户退货退款的纠纷事件。因为跨境电子商务的特性这样的成本投入往往比较高，企业在核算成本的时候应该把这个成本明确的核算进去。

比较合理的跨境电子商务产品售后维护成本比例=（进货成本+国际物流成本+推广成本）×（3%～18%），如果超过这个比例，建议放弃这类产品。因此，选择跨境品类的时候，应该选择一些适合国际物流，标准化程度高，并且不容易发生消费纠纷的品类。

6.3 价格的调整与换算

下面以速卖通平台为例进行讲解。在速卖通上，对商品的搜索排序影响最大的两个因素是商品的销量以及关键词，而影响销量的最关键因素则是价格。

（1）研究同行业卖家、同质产品销售价格，确定行业最低价，以最低价减最低价的（5%～15%）为产品销售价格。用销售价格倒推上架价格，不计得失确定成交价。

那么上架价格又可以两种思路来确定。

上架价格=销售价格/（1-15%）

上架价格=销售价格/（1-30%）

第一种思路费钱，可以用重金打造爆款，简单、粗暴、有效。但不宜持续太久，因为风险较大。

第二种思路略微保守一些，可以通过后期调整折扣来让销售价格回到正常水平。

这两种定价思路基本都可以在15%折扣下平出或者略亏，作为引流爆款。

（2）通过计算产品的成本价，根据成本价加利润来确定产品的销售价格，这样做是比较稳妥的。

产品的销售价格确定后，根据店铺营销的安排，确定上架价格。

例如，产品成本是3 USD，按照速卖通目前的平均毛利润率15%，还有固定成交速卖通佣金费率5%，及部分订单产生的联盟费用3%～5%。我们可以推导：

销售价格=3 USD/（1-0.05-0.05）/（1-0.15）=3.92 USD

再保守点，销售价格=3 USD/（1-0.05-0.05-0.15）=4 USD

其中，5%的联盟佣金并不是所有订单都会产生的，但考虑到部分满立减、店铺优惠券、直通车等营销投入，以5%作为营销费用，可以降低定价方面的差错率。

当然，这其中还可以加入丢包及纠纷损失的投入，按照邮政小包 1%的丢包率来算，又可以得到：

销售价格=3 USD/（1-0.05-0.05-0.01）/（1-0.15）=3.96 USD

再保守点，销售价格=3 USD/（1-0.05-0.05-0.15-0.01）=4.05 USD

得到销售价格后，我们需要考虑该商品是作为活动款还是一般款来销售。

假如作为活动款，那么，按照平台通常活动折扣要求 30%来计算：上架价格=销售价格/（1-0.3），活动折扣可以达到50%甚至更高。

作为一般款销售：上架价格=销售价格/（1-D），D 表示平时打的普通折扣，一般比较低，若不打折则 D 为零。

速卖通建议折扣参数不低于15%，因为其平台大促所要求的折扣往往如此，同时，大促折扣通常规定不高于50%，因为折扣过大容易产生虚假折扣的嫌疑。而根据速卖通官方的统计，折扣在30%左右是买家最钟情的折扣，属于合理预期范围。

对于50%折扣的活动要求，基于以上定价的模式，基本上相当于平出，不会亏本或者略亏，假如客户购买两个及两个以上商品，卖家就能赚到钱。

由于不同商品的重量不同，选择的物流方式有异，为了便于日常上传商品时能快速准确地填写商品价格，企业需要平台运营专员利用软件来进行计算。

6.4 定价方法

产品定价是整个产品销售链中非常重要的一环，一方面定价直接关系着产品的销量和利润；另一方面定价直接影响产品的定位、形象和竞争力。跨境电子商务产品定价难倒了不知道多少从事跨境电子商务行业的卖家，有合理的产品定价策略，卖家才能在竞争激烈的环境下留存下来。

跨境电子商务卖家在进行产品定价时，要考虑产品的类型（引流款、爆款、利润款），产品的特质（同质性、异质性、可替代程度），同行竞品价格水平，店铺本身的市场竞争策略以及产品的自身价值等。常用的跨境电子商务产品定价方法如下。

6.4.1 成本导向定价法

基于成本的定价方法即成本导向定价法，是在产品单位成本的基础上，加上预期利润作为产品的销售价格，这种方法也被叫作成本加成定价法。采用成本导向定价法的关键是，一要准确核算成本；二要确定适当的利润加成率，也就是百分比。根据成本价加费用加利润来定产品的销售价格，确定完产品的销售价格后，决定上架价格时，要依据营销计划的安排来确定。

简单而言，要想计算基于成本的定价，只需知道产品的成本，并提高标价以创造利润。

例如，从 1688 平台采购某产品，成本是 7 元每件，共 100 件，包装质量为 370 克（每件的包装重量为 25 克），国内快递费或运输成本为 8 元，银行美元买入价按 1 美元=6.4 元人民币计算，假设平台目前的毛利率为 15%，固定的成交平台的技术服务费率或佣金费率为 5%，部分订单产生的联盟费用为 3%～5%。我们可以按以下步骤计算推导：

首先计算跨境物流费用，查询中国邮政小包价格表，按照第 10 区运费即最贵的运费报价包邮（价格：176 元/千克，挂号费：8 元，折扣 8.5 折），则跨境物流费用为：运费×折扣×计费重量+挂号费=176×0.85×25/1000+8=11.74 元人民币。

下一步计算销售价格，销售价格=（采购价+采购运费+跨境物流单位运费）/（1-平台佣金费率-联盟费用）/（1-利润率）/银行外汇买入价=（7+8/100+11.74）/（1-0.05-0.05）/（1-0.15）/6.4=3.844 美元/件。5%的联盟佣金或营销费用不是所有订单都会产生的，但以5%作为营销费用，较为合理。

其中还可以加入可预知风险，如可能的丢包及纠纷损失，如果按照邮政小包丢包率 1%来算，可以推算出：销售价格=（采购价+采购运费+跨境物流单位运费）/（1-平台佣金费率-联盟费用-丢包率）/（1-利润率）/银行外汇买入价=（7+8/100+11.74）/（1-0.05-0.05-0.01）/（1-0.15）/6.4=3.888 美元/件。

6.4.2 竞争导向定价法

基于竞争对手的定价方法也称竞争导向定价法，它的基本依据是市场上同行相互竞争的同类产品的价格，特点是随着同行竞争情况的变化随时来确定和调整其价格水平。例如，想要了解某产品同行的平均售价，具体做法是：在想要进驻的跨境电子商务买家平台搜索产品关键词，按照拟销售产品相关质量属性和销售条件，依照销售量进行大小排序，可以获得销量前 10 的卖家价格；如果想获得销量前 10 的卖家的平均价格，可以按照销量前 10 的卖家价格做加权平均，再根据平均售价倒推上架价格。

例如，在全球速卖通买家网页，搜索产品关键词——打底裤 leggings，按照销售量高低进行降序排序，搜索同行竞争卖家的价格，如果搜索到的销量前 10 的卖家的价格差别很大，有益的参考价值有限，就需要依据销量前 10 的卖家的店铺、销量、价格等计算其价格加权平均数，得到平均售价做参考。这种通过计算权量的定价方法，理论上行得通，实际上应用得不多。

采用竞争导向定价法，更多地要依据产品的差异性和市场变化因素。如果企业产品进入一个新的电商平台，可以参照销售产品十分近似企业的售价试水，并不是比竞争对手低的价格才是最好的定价。在与同行的同类产品竞争中，最重要的是不断培育自己产品的新卖点，培育新的顾客群，卖家通过错位竞争和差别性的定价方法，才会找到产品最合理的价格定位。按照销量前 10 的卖家价格做加权平均。

6.4.3 价值导向定价法

如果跨境卖家专注于可以给客户带去的价值，其想法是：在一段特定时期内，客户会为一个特定产品支付多少价格？然后根据这种感知来设定价格，这就是基于产品价值的价值导向定价法。

基于产品价值的电商定价法，相对前面介绍的两种定价方法而言更为复杂，原因有以下几个。

（1）运用这种方法需要进行市场研究和顾客分析，跨境电子商务卖家需要了解最佳受众群体的关键特征，考虑他们购买的原因，了解哪些产品功能对他们来说是最重要的，并且知道价格因素在他们的购买过程中占了多大的比重。

（2）如果跨境卖家使用的是基于价值的定价方法，这意味着其产品定价的过程可能会是一个相对较长的过程。随着对市场和产品了解的加深，其需要不断地对价格进行重复、细微的改动。

不过，由于运用该定价方法需要进行一定的市场和顾客调查，它也可以为你带来更多的利润，不管是从平均产品利润还是从盈利整体上来说。

想象一位在繁华大街上卖雨伞的供应商，当阳光灿烂时，路过的行人没有立即买雨伞的需要。因此，在天气好的情况下，雨伞的感知价值相对会较低。但尽管如此，卖家仍可以依靠促销价来达到薄利多销的目的。

在下雨天时，雨伞的价格可能会上涨很多。一位着急赶去面试的行人在下雨天时可能愿意为一把雨伞支付更高的价格，因为他们不愿意浑身湿透了再去面试。因此，卖家可以从每把销售的雨伞中获得更多利润。

换句话说，有些产品的价值更多是依靠顾客的感知的，此时卖家就可以采用价值导向定价法。

6.5 定价技巧及误区

跨境消费者有订货时间、地点分散，产品种类、时效性不同，订货批量不大等特征，经常使用的定价策略有：免费策略、差别定价策略、动态订货时间不同定价策略以及联盟定价策略等，在具体运用中，跨境电子商务进行产品价格定位时需要把握以下技巧，并注意回避几个常见的误区。

6.5.1　定价技巧

1. 依据不同电商平台销售相同产品的定价技巧

许多网上产品的价格已经相当透明，为广大卖家所熟知，因而卖家对自己想经营的产品的价格及价格变化，要保持较高的敏感度，要通过对比不同跨境电子商务平台销售相同产品的价格来定价，这种方法或技巧很简单易用，但是也容易引起问题，如同样的玩具产品，外形式样相同但材质不同，价格差别有的很大。所以，卖家一定要了解某类不同档次产品的市场价格，具体做法可以通过搜索选项将该产品价格从高到低排序，并分析产品质量对应价格的情况。

如现在想了解 leggings 打底裤的国际价格，可以在亚马逊、eBay、速卖通上分别搜索，你会发现亚马逊平台上的价位会高一些，而且在冬季，质地厚、保暖性强的打底裤更畅销，价位也当然要高于春秋季节；如果在跨境电子商务平台上没有完全找到与自己销售的同质的产品，可以找同类产品中类似的材质或款式样式产品的价格作为参考；如果所在的电商平台没有同类同质的产品，可以把利润控制在 20% 左右，以此作为定价依据。

2. 依市场买家不同特点的定价技巧

不同的跨境电子商务平台所对应的消费群体各有特点，卖家要仔细研究市场买家特点，从而确定不同的产品价格。例如，跨境电子商务平台买家是经营网店或实体店的中小批发商，其特点是库存量小，产品订购频繁，产品的专业性不强，一般是同时经营几条产品线，比较注重的是转售利润空间，注重卖家产品的专业性及售后服务质量的高低。根据这类买家的特点，卖家可将小巧轻便的产品打包销售，设置免运费；跨境电子商务平台卖家的批发价一般要比国外直售单价至少低 30%，这给买家转售留下了利润空间。如果跨境买家是个人消费者，定价要稍高；如果是个人定制的产品，价格要更高一些。

卖家要重视消费者行为对产品定价的影响，如跨境消费者的上网频率、购买方式、习惯传统及对产品的喜好程度等。

3. 依据卖家不同的经营目标的定价技巧

卖家的经营目标不同，制定的价格策略也会不同。例如，在进入跨境电子商务市场的初创时期，经营用户规模比较小，可以采用低价甚至是免费定价策略来快速获得用户，提高流量，采用多种营销手段使访问者转化成潜在的购买者和实际购买者。

如果实行个性化、差别化经营策略，专业化运作专门出售某类产品的平台或网站，则定位明确，有利于吸引大批忠实的消费者，在产品定价方面，可以推出高、中、低三个价位档次：低档价位引流吸引客户，中档价位作为赚取利润的主要来源，高档价位提升总体的品牌质量。

4. 依据物流费用的优惠程度的定价技巧

对于合理设置运费或跨境物流运费，卖家特别是新手卖家应该给予足够的重视。针对单位价值较低的产品，可以设置免运费，如此比较容易吸引客户，也便于隐藏高额运费。

卖家在上架产品前，应对每个产品进行称重并计算相应的运费，合理设置包装方式，尽量将运费成本降到最低，并让利于买家，这会在价格上获得更多的竞争优势，利于产品的销售。

卖家一定要提高物流反应速度，提高消费者满意度，选择高质量的第三方物流或在有足够实力的情况下发展自己的物流体系，注重以产品需求与退货为随机条件的逆向物流定价策略，更有利于企业制定更具实效性且符合产品市场实际情况的价格策略，使成本消耗更低和收益更高。

5. 合理运用定价区间的定价技巧

进行跨境电子商务产品定价时，可以合理运用定价小技巧，如下面举例说明的同价销售术或分类型同价销售、价格分割法、非整数法和弧形数字法等。

（1）同价销售术或分类型同价销售，如设置 1 元钱商品区，10 元、50 元、100 元商品区等；

（2）价格分割法，可以采用较小的单位报价或用较小单位商品的价格进行比较两种形式；

（3）非整数法，能激发消费者的购买欲望，即把商品零售价格定成带有零头结尾的非整数的方法，如将以每件 1 元的价格销售的商品的价格变成 9 角 8 分；

（4）弧形数字法，用带有弧形线条的数字进行定价，如 5、8、0、3、6 等。

6.5.2 定价误区

1. 粗心大意误操作

因为粗心大意而填错产品价格的卖家比比皆是，这类问题最典型的代表就是把 LOT 和 PIECE 搞混。有的卖家在产品包装信息的销售方式一栏选择的是"打包出售"，填写产品价格的时候，误把 LOT 当成 PIECE，填的却是 1 件产品的单价。结果，买家看到的实际产品单价也就严重缩水了。

另外，还有一些卖家在定价时不注意货币单位，把美元看成人民币，数字是对了，单位却错了。本来是 100 元人民币一件的商品，最后显示出来的实际产品价格却成了 100 美元一件了。这样的产品价格当然只会把买家吓跑。

所以，卖家在填写产品价格信息的时候一定要谨慎细心，不要因小失大。

2. 随意定价

有的卖家可能由于之前没有外贸经验，或者不熟悉 wholesale 这种明码标价的模式，或者还没有投入相应的精力和时间，对于跨境电子商务平台上的产品如何定价，不是太清楚和确定。所以有些卖家填写产品价格的时候，都是随便乱填的。

例如，一个卖家因为没有时间确认产品价格，就把所有的产品都设为 1.14 美元，还免运费，原以为买家肯定会怀疑，不会购买。没想到，真的有买家下单了。最后其可能是赔的一塌糊涂。

随意定价的方式只会极大地降低买家的购买体验，对卖家的信誉和口碑更是会产生严重的影响。所以，卖家最好在考虑周全后，再确定产品价格。

3. 销售方式不恰当

有的卖家销售的产品规格非常小，货值也比较低，如零配件、小日用品。一个产品可能就只值几美分。可是在选择销售方式的时候，卖家却选择按 PIECE 出售。试想，如果海外买家只买这么低价的一个产品，卖家是选择成交不卖还是硬着头皮亏本发货呢？不管选择哪种方式，卖家都会有损失。

对于这类产品规格非常小、货值也比较低的产品，建议卖家选择打包出售的方式，以几十件或者几百件为一个单位打包销售。

本章小结

　　本章共分 5 节来阐述与探讨跨境电子商务产品定价。6.1 节是跨境电子商务产品定价的基本概念，包括成本构成、开店费用、利润和利润率等；6.2 节是跨境电子商务产品成本核算；6.3 节是价格的调整与换算；6.4 节是定价方法；6.5 节是定价技巧及误区。

实训项目

　　计算：

　　卖家采购一批成本价为 30 元/件的女士连衣裙，现打算使用 e 邮宝物流渠道把产品从中国直发至美国，同时卖家想把每件连衣裙的利润控制在 30%，请核算单件产品应以多少美元定价较为合理？（预计产品包装后重量为 0.3kg，包装费用为 1.2 元，平台抽取的服饰类目佣金费率为 17%，e 邮宝物流报价为 76 元/千克+10 元处理费/票，现实时汇率为 1 美元=6.4 元人民币，运算结果精确到小数点后 1 位。）

课后习题

1. 简述跨境电子商务产品的实际成本包含哪些？
2. 跨境电子商务产品的价格定位技巧有哪些？
3. 跨境电子商务卖家常用的产品定价方法有哪些？

第7章
跨境电子商务物流

经济全球化的发展使得各国之间的商贸往来更加频繁，世界各国向海外出口优势产品并进口所需产品，成为促进本国经济社会发展的重要举措。随着我国经济发展进入新常态时代，跨境电子商务物流作为国民经济增长的新亮点，引起了国家和企业界的重视。新常态下跨境电子商务物流模式直接影响跨境电子商务的发展，优质的电商物流，能够促使跨境电子商务交易更加便利。

引导案例

随着互联网逐渐普及，支付体系的逐步完善，以及物流行业的便捷化，跨境电子商务在国内如火如荼地展开，跨境电子商务以其小额交易、低成本、低风险、敏捷灵活的特点迎合了海外买家的需求。随着 5G 的推出，以后更是一个互联网的时代。电子商务的迅猛发展，已逐渐改变了我们的生活方式，同时也带给我们带来很多创业机遇，实现中国跨境电子商务卖家足不出户就能轻松拓展全球业务。

2019 年 10 月 10 日—12 日，第 14 届中国（深圳）国际物流与供应链博览会在深圳会展中心举办。中国（深圳）国际物流与供应链博览会是中国企业走出去参与国际物流分工与竞争的重要窗口和吸引国际物流公司进入中国的门户，对促进中国的物流与交通运输行业发展，提高行业的国际知名度和影响力发挥着积极作用，它推动了国际合作的深度融合，作为企业与行业展示的平台，博览会是中国物流与交通运输业在国际体系中地位日益提升的重要载体和标志，这次的主题是改革优化供应链，开放提升价值链。

在跨境电子商务飞速发展的今天，跨境物流作为实现买卖双方沟通的因素，起着举足轻重的作用。实现海外布局升级，打造核心竞争力从而助力跨境卖家顺利出海是当下跨境物流服务商最重要的事情。物流是买家线上购物的终端体验，现在买家看物流不在只简单停留在价格和时效上，而是越来越注重服务。因此选择一家效率高、成本低、服务好的物流平台对卖家进军蓝海市场是很重要的一个环节。

阅读以上案例，思考：

1. 什么是跨境电子商务物流？
2. 跨境电子商务物流对跨境电子商务发展有什么重要影响？

7.1 邮政物流介绍

7.1.1 EMS介绍

邮政物流，是指各国邮政部门所属的物流系统。邮政物流包括了各国邮政局的邮政航空小包、大包以及中国邮政速递物流分公司的 EMS、e 邮宝、e 特快等。

EMS（Express Mail Service）即特快专递邮件业务，是一项由中国邮政速递物流与各国/地区邮政合作开办的中国境内与境外之间寄递特快专递邮件的服务。

1. EMS说明

EMS 国际快递的投递时间通常为 3~8 个工作日（不包括清关的时间）。由于各个国家/地区的邮政、海关清关时间长短不一，有些国家和地区的包裹投递所需时间可能较长。卖家可登录 EMS 的官方网站，在"服务指南"板块查看包裹投递信息以及资费标准、体积和重量限制、禁寄商品等，EMS 图标如图 7-1 所示。

图 7-1 EMS 图标

2. EMS优劣势

（1）优势

第一，投递网络强大，覆盖范围广，价格较为便宜，以实际重量计算，不算抛重。

第二，享有优先通关权，且清关时可不用提供商业发票，通关不过的货物可以免费运回国内，而其他快递一般要收费。

第三，比较适合小件的物品以及时效性要求较低的货物。

（2）劣势

第一，相对于商业快递来说，速度较慢。

第二，查询网站信息更新不及时，出现问题后只能做书面查询，耗费的时间较长。

第三，不能一票多件，运送大件货物价格较高。

7.1.2 ePacket

ePacket 俗称 e 邮宝，又称 EUB，是中国邮政速递物流股份有限公司为适应跨境电子商务轻小件物品寄递需要推出的经济型国际速递业务。

1. e邮宝说明

e 邮宝利用邮政渠道清关，进入合作邮政轻小件网络投递。国际 e 邮宝业务已经开通美国、澳大利亚、英国、加拿大、法国、俄罗斯、以色列、沙特阿拉伯、乌克兰路向，也称为美国专线、欧洲专线、澳大利亚专线、俄罗斯专线、中东专线、南美专线，e 邮宝图标如图 7-2 所示。

其寄送要求如下。

最大尺寸：非圆筒货物：长+宽+高≤90cm，单边长度≤60cm；

圆筒形货物：直径的两倍+长度≤104cm，单边长度≤90cm。

最小尺寸：非圆筒货物：单件邮件长度≥14cm，宽度≥11cm；

圆筒形货物：直径的两倍+长度≥17cm，长度≥11cm。

图 7-2　e 邮宝图标

2. ePacket优劣势

（1）优势

第一，经济实惠，免收挂号费和退件费。

第二，时效快，7～10 天即可妥投，价格低，安全可靠。

第三，服务专业，为中国电子商务卖家量身定制。

第四，提供包裹跟踪号，可一站式操作。

（2）劣势

第一，只能邮寄不超过 2 千克的物品。

第二，寄送范围有限。

第三，不提供查单服务，也不承担邮件丢失、货物延误赔偿责任。

[例 7-1] 计算国际 e 邮宝的运费，美国路向国际 e 邮宝报价和分区如表 7-1 和表 7-2 所示。

一个美国客人从"Eternal Glasses"（杭州）的速卖通店铺购买了一副太阳镜，包装重量为 0.15 千克，若选择国际 e 邮宝运输，请计算运费。

解答：运费=处理费+包裹运费+上门揽收费+挂号费+退还费（杭州为国内一区）

处理费为 7 元/件

包裹运费=150×0.08 元/克=12（元）

上门揽收费=5 元/次

挂号费、退还费均免

所以，本次运费=7+12+5=24（元）

表 7-1　　　　　　　　　　　　　e 邮宝业务资费

路向	处理费+包裹运费	上门揽收费	挂号费 退还费	时效	备注
美国	7元/件+0.08 元/克(国内一区) 9元/件+0.09 元/克(国内二区) 10元/件+0.1 元/克(国内三区)	少于 5 件 5 元/次； 5 件及以上 免收	免	7～10 个工作日	起重 60 克，不足 60 克按 60 克收取
俄罗斯	10 元/件+0.1 元/克			7～10 个工作日	
加拿大	25 元/件+0.07 元/克			7～10 个工作日	
英国	25 元/件+0.07 元/克			7～9 个工作日	
法国	26 元/件+0.07 元/克			7～10 个工作日	
澳大利亚	25 元/件（≤500 元/克）+0.07 元/克 30 元/件（>500 元/克）+0.08 元/克			7～15 个工作日	

续表

路向	处理费+包裹运费	上门揽收费	挂号费退还费	时效	备注
以色列	22 元/件+0.07 元/克	少于 5 件5 元/次；5 件及以上免收	免	7～10 个工作日	
沙特阿拉伯	26 元/件+0.05 元/克			7～10 个工作日	
乌克兰	8 元/件+0.1 元/克			7～10 个工作日	

表 7-2　　　　　　　　　　　　　　e 邮宝美国路向国内分区

一区	北京、天津、重庆、上海、山东、江苏、浙江、福建、湖南、四川、湖北、辽宁、河北、河南、安徽、陕西、广东、江西
二区	黑龙江、吉林、内蒙古自治区、山西、宁夏、甘肃、青海、贵州、广西、海南
三区	新疆、西藏

7.1.3　中国邮政大包、小包介绍

1. 中国邮政大包

中国邮政国际航空大包，又称航空大包或中国邮政大包，是区别于中国邮政小包的服务，是中国邮政国际普通邮包裹三种服务方式中的航空运输方式服务，可寄达全球 200 多个国家和地区，对时效性要求不高而重量稍重的货物，可选择使用此方式发货，中国邮政大包的图标如图 7-3 所示。

重量在两千克以上，通过邮政空邮服务寄往国外的大邮包，可以称为国际大包。国际大包分为普通空邮（Normal Air Mail，非挂号）和挂号（Registered Air Mail）两种。前者费率较低，邮政不提供跟踪查询服务；后者费率稍高，邮政可提供网上跟踪查询服务。

图 7-3　中国邮政大包的图标

（1）中国邮政大包说明

① 体积限制及运送时效

根据运输物品的重量和所达到国家的不同，中国邮政大包的资费标准以及包裹体积、重量限制标准有所不同，具体可登录官网进行查询。

根据目的地不同，中国邮政大包的运送时效也有所不同，通常到亚洲临近国为 4～10 天，到欧美主要国家为 7～20 天，到其他国家和地区为 7～30 天。

② 计费方式

中国邮政大包对包裹重量有限制，要求不能超过 30 千克（部分国家不能超过 20 千克），计费时不计算体积重量，没有偏远附加费和燃油附加费。计算公式为：

首重 1 千克的价格+续重 1 千克的价格×续重的数量=总额

此外，中国邮政大包需要收取 8 元/件的报关手续费用。

（2）中国邮政大包优劣势

① 优势

第一，成本低，且不计算体积重量，没有偏远附加费和燃油费。

第二，覆盖范围广，清关能力强。

第三，运单操作简单、方便。

② 劣势

第一，部分国家限重 10 千克，最重不能超过 30 千克。

第二，速度较慢。

第三，查询信息更新不及时。

2. 中国邮政小包

中国邮政国际航空小包（China Post Air Mail）又称中国邮政小包、邮政小包、航空小包，是指包裹重量在 2 千克以内，外包装长宽高之和小于 90 厘米，且最长边小于 60 厘米，通过邮政空邮服务寄往国外的小邮包。它可以分为平邮小包和挂号小包两种，可寄往全球各个邮政网点，中国邮政小包图标如图 7-4 所示。

（1）中国邮政小包说明

① 规格限制

包裹重量≤2 千克，寄往阿富汗的限重 1 千克；

最大尺寸：非圆筒形货物为，长+宽+高≤90 厘米，单边长度≤60 厘米；

圆筒形货物为，直径的两倍+长度≤104 厘米，单边长度≤90 厘米。

图 7-4 中国邮政小包图标

最小尺寸为：非圆筒形货物为，单件邮件长度≥14 厘米，宽度≥9 厘米；

圆筒形货物为，直径的两倍+长度≥17 厘米，长度≥10 厘米。

② 运费计算

平邮运费：标准运费×实际重量×折扣=总额

挂号运费：标准运费×实际重量×折扣+挂号费（8 元）=总额

③ 中国邮政小包通关的注意事项

第一，由于中国邮政小包只是一种民用包裹，并不属于商业快递，且海关对个人邮递物品的验放原则是"自用合理数量"，因此它并不适于寄递数量太多的商品。

第二，限值规定：海关规定，对寄自或寄往境外的个人物品，每次允许进出境的限值分别为人民币 800 元和 1000 元；对超出限值部分，属于单一不可分割且确属个人正常需要的，可从宽验放。

（2）中国邮政小包优劣势

① 优势

第一，运费比较便宜。它运达大部分国家的时间并不长，因此属于性价比较高的物流方式。

第二，邮政的包裹在海关操作方面比快递简单很多，享用"绿色通道"，因此中国邮政小包的清关能力很强，覆盖面广。

第三，中国邮政小包本质上属于民用包裹，并不属于商业快递，因此该方式能邮寄的物品比较多。

② 劣势

第一，限重要求严格，包裹如果超限，需要分成多个包裹邮寄。

第二，运送时间较长，如运送至俄罗斯、巴西这些国家的包裹超过 40 天才显示买家签收都是正常现象。

第三，跟踪查询不方便，许多国家不支持前程跟踪，官网只能跟踪国内部分，国外部分无法跟踪；卖家需要借助其他工具进行跟踪。

[例 7-2] 计算邮政小包物流运费

俄罗斯客人从 "Miss Lady Show" 的速卖通店铺购买了 2 个人造水晶项链，重量为 15 克/个（纸箱重量 10 克），若选择中国邮政小包运输，请计算运费，俄罗斯路向中国邮政小包报价如表 7-3 所示。

表 7-3　　　　　　　　　俄罗斯路向中国邮政小包报价

代码	国名	计费区	资费标准（元/千克）	挂号费
RU	俄罗斯	11	96.3	8

解答：

情形一：

若直接选择到邮局去邮寄，则运费为：

100/1000×96.3+8=17.63（元）

如果直接去邮局邮寄，则邮寄计费的重量首重为 100 克，不到 100 克的按照 100 克计算，并且没有折扣。

情形二：

若选择与货运代理合作，则运费为：

40/1000×96.3×0.95+8=11.66（元）

如果选择与国际货运代理合作，则按照货物的实际重量计算运费，不计算货物的首重，并且能够享受一定折扣（如 9.5 折），但国际货运代理会要求每天提供一定的订单量，发货的订单数量决定了折扣的高低。挂号费不能打折。

（3）其他邮政小包

跨境电子商务卖家除了选择中国邮政小包之外，还可以根据产品的特点（是否能带电池等）选择其他国家和地区的邮政小包，如中国香港邮政小包、新加坡邮政小包、瑞士邮政小包等。

中国香港邮政小包：综合质量较高，各个指标稳定；平邮性价比极高。

新加坡邮政小包：可以寄递装有电池的货物。

瑞士邮政小包：支持带电产品配送。

7.2　国际商业快递介绍

国际商业快递也称国际快递，是指在两个或两个以上国家（或地区）之间所进行的快递、物流业务。国家与国家（或地区）传递信函、商业文件及物品的递送业务，即是通过国家之间的边境口岸和海关对快件进行检验放行的运送方式。国际快件到达目的国之后，需要在目的国进行再次转运，才能送达最终目的地。

国际商业快递

在国际电商中，使用国际商业快递是非常频繁的。目前市场上较为主流的国际商业快递主要有 TNT、UPS、FedEx、DHL。商业快递的特点是自己建的网络可覆盖全世界，并且拥有强大的 IT 系统和遍及全球的本地化服务，给消费者带来了很好的物流体验。但商业快递价格昂贵，商家使用时需要考虑商品的体积、重量，偏远地区需付额外费用。

7.2.1　TNT介绍

荷兰天地公司（Thomas National Transport，TNT）成立于 1946 年，是荷兰邮政集团的子公司。由澳大利亚人 Thomas（托马斯）在澳大利亚悉尼成立。1997 年 TNT 被荷兰邮政兼并，总部移至荷兰的阿姆斯特丹。

荷兰天地公司国际网络覆盖世界 200 多个国家和地区，提供一系列独一无二的全球整合性物流解决方案。TNT 拥有欧洲最大的空运联运快递网络，能实现门到门的递送服务，并且通过在全球范围内扩大运营分布来最大幅度地优化网络效能。TNT 是欧洲最大的快递公司，在欧洲市场的占有率为 65%。1988 年，TNT 进入中国市场。拥有 26 家国际快递分公司及 3 个国际快递口岸，拥有境内最大的私营陆运递送网络，服务范围覆盖中国 500 多个城市，TNT 图标如图 7-5 所示。

图 7-5　TNT 图标

1. TNT说明

单件包裹的三条边的长度分别不能超过 240 厘米、150 厘米、120 厘米，单件包裹重量不得超过 70 千克。体积重量超过实际重量的部分按照重量计费，体积重量的计算公式是：体积（立方厘米）÷5000。

2. TNT优劣势

（1）优势

第一，服务区域。覆盖 200 多个国家和地区，网络覆盖广，查询网站信息更新快，遇到问题响应及时。

第二，服务。提供全球货到付款服务及报关代理服务，通关能力强，客户可及时、准确追踪查询货物。

第三，价格。无偏远派送附加费。

第四，时效。正常情况下 2～4 个工作日通达全球，特别是派送到西欧，仅需 3 个工作日。

（2）劣势

第一，价格相对较高，要计算产品体积重量。

第二，对货品限制较多。

7.2.2　UPS介绍

美国联合包裹服务公司（United Parcel Service，UPS）起源于 1907 年在美国西雅图成立的一家信差公司，创始人是 Jim Casey（吉姆·凯西）和 Claude Ryan（克劳德·里安）。

通过明确地致力于支持全球商业的目标，UPS 如今已发展到拥有 497 亿美元资产的大公司，目前是世界上最大的快递承运商与包裹递送公司，也是专业的运输、物流、资本与电子商务服务的领导性的提供者。UPS 亚太地区创建于 1988 年，总部在新加坡。在中国，UPS 的影响力要次于 FedEx。

UPS 主要包含 4 种业务服务，分别是 UPS Worldwide Express Plus（全球特快加急服务）、UPS Worldwide Express（全球特快服务）、UPS Worldwide Express Saver（全球速快服务）、UPS Worldwide Expedited（全球快捷服务），UPS 图标如图 7-6 所示。

1. UPS说明

UPS 要求每个包裹的重量不得超过 70 千克。每个包裹的长度不得超过 270 厘米。每个包裹的长和周长之和不得超过 330 厘米。UPS 国际小型包裹一般不接受超重或超过尺寸标准的包裹，否则要对每个超重超长包裹收取相应的附加费。货物体积重量的计算公式是：体积（立方厘米）÷5000。

图 7-6　UPS 图标

2. UPS优劣势

（1）优势

第一，服务区域。覆盖 200 多个国家和地区。

第二，服务。提供全球货到付款服务，免费、及时、准确的上网查询服务，加急限时派送服务，有超强的清关能力。强势地区为美洲地区，性价比最高，可定点定时跟踪，查询记录详细，通关便捷。

第三，价格。可以有 3.5～6.5 的折扣，UPS 主力打造美国专线。

第四，时效。正常情况下 2～4 个工作日通达全球，可 48 小时到达美国，查询网站信息更新快，解决问题及时、快捷。

（2）劣势

第一，运费较高，要计算产品包装后的体积重量。

第二，适合发 6～21 千克的货物，对托运物品限制比较严格。

[例 7-3] 计算 UPS 运费

西班牙客人在某知名服装定制品牌网站定制了一件衬衫，包装重量为 450 克，包装尺寸为 20 厘米×10 厘米×8 厘米，拟选用 UPS 邮寄，请计算运费。（经查 UPS 的报价表，中国到西班牙的报价为 230 元/0.5 千克，货物重量每增加 0.5 千克，运费增加 62 元。）

解答：

先计算货物的体积重量。

（20×10×8）/5000=0.32（千克）=320（克）

由于货物的毛重为 450 克，毛重大于体积重量，因此按照毛重计算运费。

运费=450/500×230=207（元）

由于 UPS 要求货物首重为 500 克，不足 500 克的按照 500 克计算运费，因此，该票货物的运费为 230 元。

7.2.3　FedEx介绍

美国联邦快递集团（Federal Express，FedEx）在 1971 年由美国耶鲁大学毕业生、前美国海军陆战队队员 Frederick W.Smith（费雷德里克·史密斯）在阿肯色州小石城创立，1973 年迁往田纳西州孟菲斯，改名"联邦快递公司"。

联邦快递公司是全球最具规模的快递运输公司，为遍及全球的顾客和企业提供涵盖运输、电子商务和商业运作等一系列的服务。FedEx 是一家国际性速递集团，提供隔夜快递、地面快递、重型货物运送、文件复印及物流服务，其年营业额高达 390 亿美元。联邦快递公司的亚太地区总部设在香港，同时在上海、东京等城市均设有区域性总部。

1995 年 9 月，联邦快递公司在菲律宾苏比克湾建立了第一家亚太运转中心，根据联邦快递公司在美国成功运作的"中心辐射"创新运转理念，亚太运转中心现已连接了亚洲地区 18 个主要经济与金融中心。联邦快递公司 1984 年进入中国，与天津大田集团成立合资企业大田—联邦快递有限公司。FedEx 的服务分为联邦快递优先服务（FedEx IP）和联邦快递经济服务（FedEx IE）。FedEx 图标如图 7-7 所示。

图 7-7　FedEx 图标

1. FedEx说明

FedEx 体积限制为：单件包裹最长边≤274 厘米，（最长边＋其他两边）×2≤330 厘米。重量限制为：单票的总重量≤300 千克，超过 300 千克需要提前预约；若一票多件，其中每件的重量≤68 千克，单件或者一票多件中的单件包裹超过 68 千克，也需要提前预约。货物体积重量的计算公式是：体积（立方厘米）÷5000。

2. FedEx优劣势

（1）优势

第一，时效。包裹一般在 2～4 个工作日可以送达，网络覆盖广，跟踪反馈信息快。

第二，服务区域。通达全球 220 多个国家和地区，派送网络遍布世界各地。

第三，服务。提供国际快递预付款服务，免费、及时、准确的上网查询服务，代理报关服务及上门取件服务。极快的响应速度让用户享受高效率的服务，清关能力极强。

第四，价格。到中南美洲和欧洲的价格较有竞争力。

（2）劣势

第一，价格较贵，需要计算产品的体积重量。

第二，对托运货物有较严格的限制。

第三，会收取偏远附加费、单件超重费、地址更改派送费。

7.2.4　DHL介绍

德国敦豪国际公司（DHL）是最早进入中国的跨国快递巨头，1969 年创立于美国旧金山，现隶属德国邮政全球网络。DHL 由三名朝气蓬勃的创业者（Adrian Dalsey、Larry Hillblom 和 Robert Lynn）共同创建，DHL 的三个字母来自于三个创始人的名字。DHL 是全球快递、洲际运输和航空货运的领导者，也是全球第一的海运和合同物流提供商。

DHL 在欧洲仅次于 TNT。在中国，DHL 与中国对外贸易运输（集团）总公司合资成立了中外运敦豪，是进入中国市场时间最早、经验最为丰富的国际快递公司。DHL 图标如图 7-8 所示。

图 7-8　DHL 图标

1. DHL说明

DHL 体积重量计算公式为：体积（立方厘米）÷5000，计费时取货物的实际重量和体积重量二者中较大者。通过 DHL 运送的货物，一般从客户交货之后第二天开始的 1～2 个工作日就会有物流信息，参考妥投时效为 3～7 个工作日（不包括清关时间）。

2．DHL优劣势

（1）优势

第一，专线。建立了欧洲专线及周边国家专线服务，服务速度快、安全、可靠、查询方便。

第二，价格。20 千克以下小货和 21 千克以上大货的运价较便宜。并且 21 千克以上物品更有单独的大货价格，部分地区的大货价格比国际 EMS 的还要低。

第三，服务区域。派送网络遍布世界各地，查询网站货物状态信息更新及时、准确，提供包装检验与设计服务、报关代理服务，在美国、欧洲各国有较强的清关能力。

第四，时效。正常情况下 2～4 个工作日通达全球。特别是到达欧洲和东南亚地区速度较快，到达欧洲需 3 个工作日，到达东南亚地区仅需 2 个工作日。

（2）劣势

第一，DHL 小件商品运费没有优势。

第二，对托运货品的限制比较严格，拒收许多特殊商品。

[例 7-4] 计算 DHL 运费

浙江金远电子商务有限公司在全球速卖通平台上向美国客人销售了一款婚纱，包装重量为 2.6 千克，长×宽×高为 30 厘米×20 厘米×10 厘米，拟使用 DHL 快递，请计算跨境物流运费。（经查 DHL 的报价表，美国在计费 6 区，运关 3.0 千克物品的运费是 706 元，每票最低征收燃油附加费 160 元。）

解答：

该婚纱体积重量=（30×20×10）/5000=1.2 千克＜2.6 千克，货物毛重大于体积重量，因此按照货物毛重计算运费。

美国在计费 6 区，运费为（706+160）=866 元，但 DHL 会有折扣。

7.3 专线物流介绍

专线物流一般通过海运、航空包舱等方式将货物运输到国外，再通过合作公司进行目的地的派送。专线物流能够集中大批量到某一特定国家或地区的货物，通过规模效应降低成本，是比较受欢迎的一种物流方式。

目前，业内使用最普遍的物流专线包括美国专线、欧洲专线、澳大利亚专线、俄罗斯专线等，也有不少物流公司推出了中东专线、南美专线。其根据运输方式又可分为航空专线、港口专线、铁路专线、大陆桥专线、多式联运专线等。

专线物流具有时效快、成本低、安全、可追踪、易清关的特点；当然，专线物流也有其劣势，如通达地区有限、运费成本略高、可托运产品有限，有些专线目前仍然不能寄送带电池的电子产品和纯电池；不能托运指甲油、香水、香薰和打火机等热销产品。

7.3.1 Special Line-YW介绍

Special Line-YW 即燕文航空挂号小包，简称燕文专线，是北京燕文物流有限公司通过整合全球速递服务资源，利用直飞航班配载，由国外合作伙伴快速清关并进行投递的服务。线上发货燕文航空挂号小包（Special Line-YW）的物流商北京燕文物流有限公司是国内最大的物流服务商之一，燕文图标如图 7-9 所示。

燕文专线目前已开通拉美专线、俄罗斯专线和印度尼西亚专线，拉美专线直飞欧洲并在此中转，避免旺季爆仓，使得投妥时间大大缩短；俄罗斯专线实行一单到底，全程无缝可视化跟踪，境内快速预分拣，快速通关，快速分拨派送。一般情况下，俄罗斯人口 50 万人以上的城市最长 17 天可完成派送，其他城市最长 25 天可完成派送。印度尼西亚专线采用中国香港邮政挂号小包服务，并经中国香港地区中转，到达印度尼西亚的平均时效优于其他小包。

图 7-9　燕文图标

1. Special Line-YW说明

（1）Special Line-YW 按克收费，经济小包最低收费标准为 10 克。

（2）规格限制：每个单件包裹限重在 2 千克以内。

最大尺寸：非圆筒形货物为，长+宽+高≤90 厘米，单边长度≤60 厘米；
　　　　　圆筒形货物为，2 倍直径及长度之和≤104 厘米，单边长度≤90 厘米。

最小尺寸：非圆筒形货物为，单件表面尺码≥9 厘米×14 厘米；
　　　　　圆筒形货物为，直径的两倍+长度≥17 厘米，长度≥10 厘米。

2. Special Line-YW优劣势

（1）优势

第一，时效快。燕文航空挂号小包根据不同目的国选择服务最优质和派送时效最好的合作伙伴。在北京、上海和深圳三个口岸直飞各目的国，避免了国内转运时间的延误，并且和口岸仓航空公司签订协议保证稳定的仓位。全程追踪，派送时效在 10～20 个工作日。

第二，交寄便利。提供免费上门揽收服务，揽收区域之外的可以自行发货到指定揽收仓库。

第三，赔付保障。若邮件丢失或损毁则提供赔偿，用户可在线发起投诉，投诉成立后最快 5 个工作日完成赔付。

（2）劣势

第一，不支持发全球，普通货物目前只可送达 40 个国家和地区。

第二，不能寄送如手机、平板电脑等带电池的物品，或纯电池（含纽扣电池）任何可重复使用的充电电池，如锂电池、内置电池、笔记本电脑长电池、蓄电池、高容量电池等，无法通过机场货运安检。

7.3.2　Ruston

Ruston 是由黑龙江俄速通国际物流有限公司提供的中俄航空小包专线服务。它是通过国内快速集货、航空干线直飞，在俄罗斯通过俄罗斯邮政或当地落地配送公司进行快速配送的物流专线的合称，是针对跨境电子商务客户物流需求的小包航空专线服务，渠道时效稳定快速，全程物流可跟踪，Ruston 图标如图 7-10 所示。

图 7-10　Ruston 图标

1．Ruston说明

（1）Ruston 运费根据包裹重量按克计算，1 克起算。

（2）规格限制：每个单件包裹限重在 2 千克以内。

最大尺寸：非圆筒形货物为，长+宽+高≤90 厘米，单边长度≤60 厘米；

圆筒形货物为，2 倍直径及长度之和≤104 厘米，单边长度≤90 厘米。

最小尺寸：非圆筒形货物为，单件表面尺码≥9 厘米×14 厘米；

圆筒形货物为，直径的两倍+长度≥17 厘米，长度≥10 厘米。

2．Ruston的优劣势

（1）优势

第一，经济实惠。

第二，运送时效快。包机直达俄罗斯，80%以上的包裹 25 天内可到达。

第三，全程可追踪。货物信息 48 小时内上网，实现货物全程可视化追踪。

第四，赔付保障。若邮件丢失或损毁则提供赔偿，用户可在线发起投诉，投诉成立后最快 5 个工作日完成赔付。

（2）劣势

第一，不能寄送如手机、平板电脑等带电池的物品，或纯电池（含纽扣电池）。所有手表（包括但不限于电子表、机械表、石英表等）、键盘、鼠标、带电或者可以装电池的玩具、游戏手柄、会发光的手机壳，均需走带电渠道。

第二，备货要求严格。卖家在线创建物流订单后，需要为每个小包裹打印并粘贴地址标签；合并小包时需要在大包上标明仓库，如 Ruston—燕文—上海仓。大包内需要附上小包裹清单，标注内含小包裹数量。

7.3.3　Aramex

中东地区，居民生活富裕，但物资缺乏，加上互联网的普及率高，人们的跨境网购热情日益增高，往往选择单价比较高的货物。中东地区的跨境电子商务发展迅速，也得益于物流和支付顺畅。

Aramex 即中外运安迈世，创建于 1982 年，在国内也称中东专线，中东专线可通达中东、北非、南亚等 20 多个国家和地区，在当地具有很大优势。Aramex 的总部位于迪拜，是中东地区的国际快递巨头，在中东地区清关速度快、时效快、覆盖面广、经济实惠，Aramex 图标如图 7-11 所示。

图 7-11　Aramex 图标

1．Aramex说明

Aramex 的标准运费由基本运费和燃油附加费两部分构成，对包裹的体积和重量的限制分别是：单件包裹的重量不得超过 30 千克，单边尺寸不超过 120 厘米，围长不超过 330 厘米。

2．Aramex的优劣势

（1）优势

第一，运费价格。寄往中东、北非、南亚等国家，价格具有显著的优势，是 DHL 的 60%左右。

第二，时效。时效有保障，包裹寄出后大部分在 3～5 天可以投递，大大缩短了世界各国间的商业距离。

第三，无偏远费用。

第四，包裹信息实时更新，寄件人每时每刻都能跟踪到包裹的最新动态信息。

（2）劣势

第一，Aramex 的主要优势在中东地区突显，在别的国家和地区则不存在这些优势，区域性很强。

第二，对货物的限制也较多。涉及知识产权的货物一律无法寄送；电池以及带有电池的货物无法寄送；各寄达国家/地区禁止寄递进口的物品；任何全部或部分含有液体、粉末、颗粒状、化工品、易燃、易爆违禁品，以及带有磁性的产品（上海仓库可安排磁性检验后出运）均不予接收。

7.3.4 中俄快递–SPSR

线上发货"中俄快递-SPSR"服务商 SPSR Express 是俄罗斯最优秀的商业物流公司，也是俄罗斯跨境电子商务行业的领军企业。"中俄快递-SPSR"面向速卖通卖家提供经北京、上海等地出境的多条快递线路，SPSR 图标如图 7-12 所示。

图 7-12　SPSR 图标

1. 中俄快递–SPSR说明

中俄快递-SPSR 可寄送重量 100 克～31 千克，长宽高之和小于 180 厘米、单边不超过 120 厘米的包裹，运送范围为俄罗斯全境。

2. 中俄快递–SPSR优劣势

（1）优势

第一，时效快。俄罗斯境内 75 个主要城市（包含莫斯科、圣彼得堡等）11～14 日内到达，其他偏远地区 31 日内可到达。

第二，物流信息可查询。"中俄快递—SPSR"提供境内段及目的地妥投等跟踪信息。

第三，交寄便利。提供上门揽收服务，非揽收区域卖家可自行寄送至揽收仓库。

第四，派送便利。默认送货到门服务，如果买家愿意可以选择自提（其在俄罗斯境内 260 多个城市有 900 多个方便的自提点）。

第五，赔付标准高。若邮件丢失或损毁则提供赔偿，商家可在线发起投诉，投诉成立后最快 5 个工作日完成赔付，赔付上限为 1200 元人民币。

（2）劣势

第一，包裹重量和金额受限。消费者每人每月可以累计接收价值在 1000 欧元以内，并且重量在 31 千克以内的境外包裹，若包裹超过此重量或金额限制将会产生关税，此税费由买家承担。

第二，不能寄送 5 个及以上同一 SKU 的商品，同一包裹中有 5 个及以上同一 SKU 的商品，俄罗斯海关将视为非自用物品拒绝清关并退运。同款，但不同颜色、尺寸等的商品被视为不同 SKU 的商品。

7.4 其他物流方式介绍

1. 邮政物流——新加坡小包

新加坡小包是由新加坡邮政在中国唯一合法代理——递四方速递公司针对 2 千克以下小件物品推出的空邮产品，可发带电池产品，发往全球 200 多个国家和地区，有邮局的地方都可以到达（极少数国家和地区除外）。新加坡小包图标如图 7-13 所示。

（1）新加坡小包说明

① 规格限制：新加坡小包运费根据包裹重量按克计费，10 克起计，每个单件包裹限重在 2 千克以内。

最大尺寸：非圆筒形货物，长+宽+高≤90 厘米，单边长度≤60 厘米；

圆筒形货物，直径的两倍+长度≤104 厘米，单边长度≤90 厘米。

图 7-13　新加坡小包图标

最小尺寸：非圆筒形货物，单件表面尺码≥9 厘米×14 厘米；

圆筒形货物，直径的两倍+长度≥17 厘米，长度≥10 厘米。

② 计费方式：

平邮的运费计算方法为：105 元/千克+0.5 元/件处理费。

挂号的运费计算方法为：71.5 元/千克，挂号费用为 12 元人民币。

（2）新加坡小包优劣势

① 优势

第一，新加坡小包可发带电池产品。

第二，相对于商业快递来说，价格较低。

第三，速度快，到达多数国家的正常运输时间需 7～15 个工作日。

第四，新加坡邮政提供的国际小包服务是世界认可的优质产品，掉包率低，安全性高。

② 劣势

第一，必须在百运网系统建立订单（录入包裹信息），且在系统中打印地址标签和把报关单粘贴在包裹上。

第二，退件过程较烦琐。退件会先退回新加坡回邮地址，再由新加坡退回中国香港地区，最后由香港退回深圳。退件处理组将按客户 ID 分拣退件，优先处理的是可识别客户的退件；当无法识别客户 ID 时，退件组将逐一登记邮包信息，发给客服部，由客服人员电话联系收件人认领邮包。

2. 商业快递—TOLL 快递

TOLL 即拓领环球速递，是澳大利亚物流巨头拓领集团旗下的专业国际速递公司。拓领集团最初是在 1888 年由阿尔伯特·托尔在英国纽卡斯特建立的。目前，拓领集团是澳大利亚最大的运输和物流供应商，服务范围涉及公路、铁路、海运、航空和快件，以及仓储、配送和搬运，是澳大利亚唯一的一体化完全物流供应商。随着新技术和电子商务的兴起，市场快速地向提供完整的物流解决方案的方向转移，TOLL 偏重于电子商务的应用，是亚洲地区领先的综合物流服务供应商，TOLL 图标如图 7-14 所示。

（1）TOLL 说明

① TOLL 运费包括基本运费和燃油附加费两部分；运费不包含货物到达目的地海关可能产生的关税、海关罚款、仓储费、清关费等费用。

图 7-14　TOLL 图标

② 若因货物导致包裹被滞留在中国香港地区，不能继续转运，其退回费用或相关责任由发件人自负。

③ 如货物因地址不详等在当地派送不成功，需更改地址派送，TOLL 快递会收取每票 50 元人民币的操作费。

④ 如因货物信息申报不实、谎报等导致无法清关，或者海关罚款等，一切费用由发件人承担，TOLL 会另外收取每票 75 元人民币的清关操作费。

⑤ TOLL 在当地会有两次派送服务，如两次派送均不成功，要求第三次派送会收取 75 元人民币的派送费。

⑥ 单件包裹的重量不超过 15 千克；单件包裹最长边超过 1.2 米，需另外加收每票 200 元人民币的操作费；首重、续重均为 0.5 千克。

（2）TOLL 优劣势

① 优势

第一，TOLL 到澳大利亚、泰国、越南等国家的价格相当有优势。

第二，一单到底，全程转运网上追踪，专业客服实时跟进。

② 劣势

第一，TOLL 快递由中国运至澳大利亚、缅甸、马来西亚、尼泊尔可能有偏远地区附加费。

第二，包装要求严格。货物不能用金属或者木箱包装，不能用严重不规范的包装，否则 TOLL 会收取 200 元的操作费。

3. 专线快递—速优宝—芬兰邮政

速优宝—芬兰邮政是由速卖通和芬兰邮政（Post Finland）针对 2 千克以下小件物品推出的香港口岸出口的特快物流服务，分为挂号小包和经济小包，速优宝—芬兰邮政图标如图 7-15 所示。

图 7-15　速优宝—芬兰邮政图标

（1）速优宝—芬兰邮政说明

买家下单时：仅"商品折后价×数量+运费≤23 美元"的商品能选择"速优宝—芬兰邮政挂号小包"（折后价>23 美元的商品前台不展示"速优宝—芬兰邮政挂号小包"物流方式）；

卖家发货时：订单支付金额≤23 美元或买家下单时选择了"速优宝—芬兰邮挂号小包"才能创建"速优宝—芬兰邮挂号小包"物流订单。

（2）速优宝—芬兰邮政的优劣势

① 优势

第一，运费价格优势。寄往俄罗斯和白俄罗斯的价格较其他专线具有显著的优势。

第二，时效优势。时效有保障，包裹寄出后大部分在 35 天可以投递，挂号包裹因物流商在承诺时间内未妥投而引起的速卖通平台限时达纠纷赔款，由物流商承担。

② 劣势

第一，地区限制。目前只支持发往俄罗斯、白俄罗斯、爱沙尼亚、拉脱维亚、立陶宛、波兰、德国。

第二，征税。白俄罗斯海关对邮包的征税基数为 22 欧元，一个自然月内的白俄罗斯收件人邮包累计价值不超过 22 欧元，且该月累计邮包重量不超过 10 千克，将可以免税，（请注意这个货值或者重量门槛是针对该月的总计，而不是针对单个包裹）。超过 22 欧元部分的征税率为 30%，超出的重量将征收不少于 4 欧元/千克的费用。如果订单价值超过 22 欧元或重量超过 10 千克，白俄罗斯海关将联系买家支付税费。如果买家补缴税费，白俄罗斯邮政将继续派送该包裹，如果买家拒绝支付税费，白俄罗斯邮政将在 30 天之后把包裹按照"无法投递的包裹"进行退件处理。

7.5　海外仓集货物流

7.5.1　海外仓产品运费模板设置

海外仓集货物流指为卖家在销售目的地进行仓储、分拣、包装及派送的一站式控制及管理服务。确切地说，海外仓集货物流包括了预定船期、头程国内运输、头程海运或头程空运、当地清关及报税、当地联系二程拖车、当地使用二程拖车运送目的地仓库并扫描上架和本地配送这几个部分。

通过海外仓的管理方式，能够大大改善买家的购物体验，所以速卖通平台鼓励第三方物流公司以海外仓的形式给众多卖家提供服务。作为平台的管理理念，平台不直接参与海外仓的建设，但对于使用海外仓的卖家会予以特别的标识。对于当地的买家来说，他们更多地会选择使用海外仓服务的卖家来缩短送货时间，以改善购买体验。

第一步：新增或编辑运费模板

进入卖家后台—"产品管理"—"模板管理"—"运费模板"，单击"新增运费模板"按钮或选择现有运费模板进行编辑，运费模板如图 7-16 所示。

图 7-16　运费模板

第二步：选择发货地

单击"添加发货地"，勾选需要设置的发货国家，单击"确认"按钮，同一运费模板可以同时设置多个发货国家，添加发货地如图 7-17 所示。

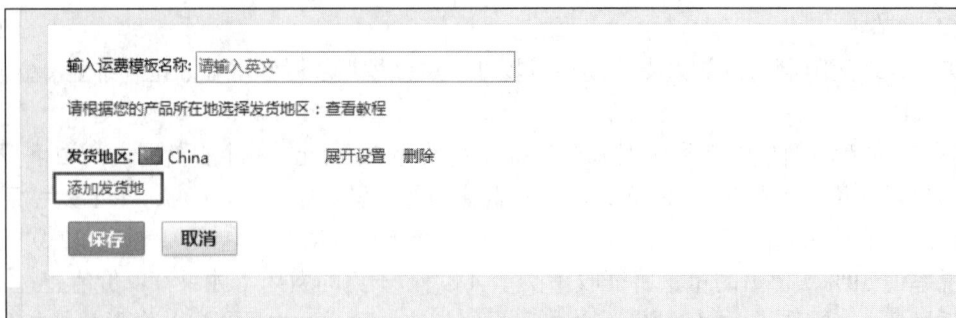

图 7-17　添加发货地

目前运费模板中可选择的发货地设置仅包含中国在内的 10 个国家，如果产品发货地不在其中，请选择发货地为中国。后续平台会根据卖家发货地分布新增支持的发货国家。

第三步：设置运费及限时达时间

单击发货地区后的"展开设置"，可针对不同的发货地区以及不同的物流方式分别设置运费及承诺运达时间，如图 7-18 所示。

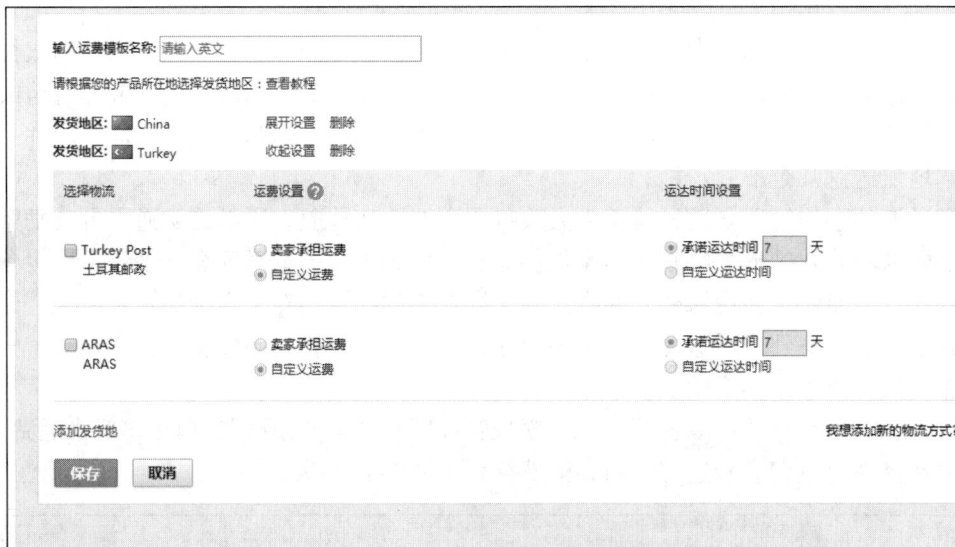

图 7-18　设置运费及限时达时间

可以单击自定义运费，选择物流方式所支持的国家及运费；也可以单击自定义运达时间，对不同国家设置不同的承诺运达时间。

例如，发货地在美国，可以设置支持发往美国、加拿大、墨西哥、智利、巴西 5 国，并分别设置运费及承诺运达时间。发货国与目的国一致（除俄罗斯），承诺运达时间最长不能超过 15 天，俄罗斯可按照分区设置承诺运达时间。

产品发货地必须和运费模板设置完全一致，您需要根据您的海外仓所在地新增或编辑运费模板。

7.5.2　海外仓产品运费模板选用

单击"发布"或"编辑"按钮，进入产品发布页面，正常填写产品信息。卖家需要特别注意"发货地"和"运费模板"信息的填写。

1．填写发货地

（1）在"发货地"一栏勾选产品发货地，可以同时勾选多个发货地，勾选发货地如图 7-19 所示。

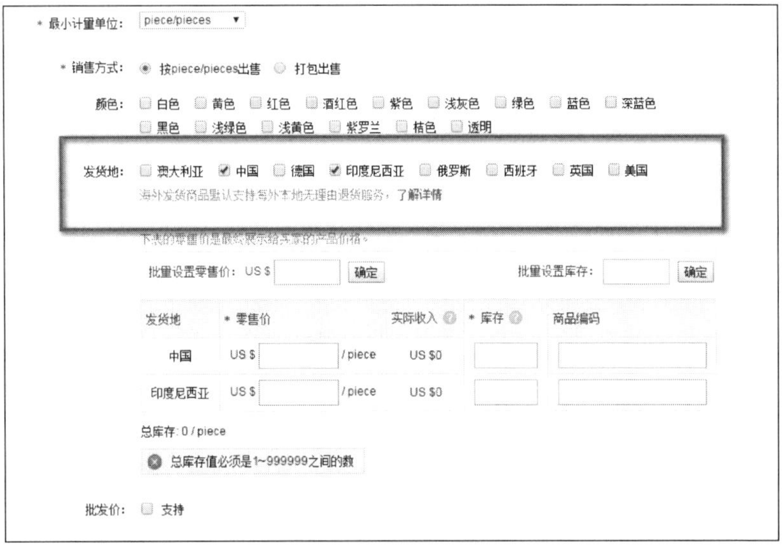

图 7-19　勾选发货地

（2）每个卖家对海外仓产品可以根据每个产品进行库存、价格等设置，设置海外仓如图 7-20 所示。

图 7-20　设置海外仓

（3）其他操作与目前产品发布一致。

2．选择产品运费模板

（1）产品发布页面只会展示能够选择的运费模板（运费模板中的发货地与选择的产品发货地完全一致），发货地不匹配的运费模板将不展示，运费模板如图 7-21 所示。

（2）产品运费模板选择完成后，其他操作按正常的产品发布流程进行。

（3）产品发布成功后，卖家可以在"管理产品"页面通过运费模板筛选海外发货的产品。速卖通买家也可以通过筛选 ship from 来选择自己想要的海外仓发货，选择海外仓如图 7-22 所示。

3.物流设置

* 产品运费模板：productnameforme (发货地区: China

发货运费参考：以 1 piece 为例，

从 China 发往国家/地区 Portugal

China

Indonesia

物流公司	设置	价格	运达时间
e-EMS	不支持向该国家发货	-	-
DHL Global Mail	不支持向该国家发货	-	-
ePacket(e邮宝)	不支持向该国家发货	-	-
Singapore Post	自定义	$12.63	39天
EMS(中国邮政特快专递)	标准运费（减免0.0%）	$59.41	27天
UPS Expedited	标准运费（减免0.0%）	$85.51	23天
Fedex IP	标准运费（减免0.0%）	$89.47	23天
DHL	标准运费（减免0.0%）	$91.96	23天
TNT	标准运费（减免0.0%）	$92.39	23天
UPS Express Saver	标准运费（减免0.0%）	$101.31	23天

查看该运费模板详细设置

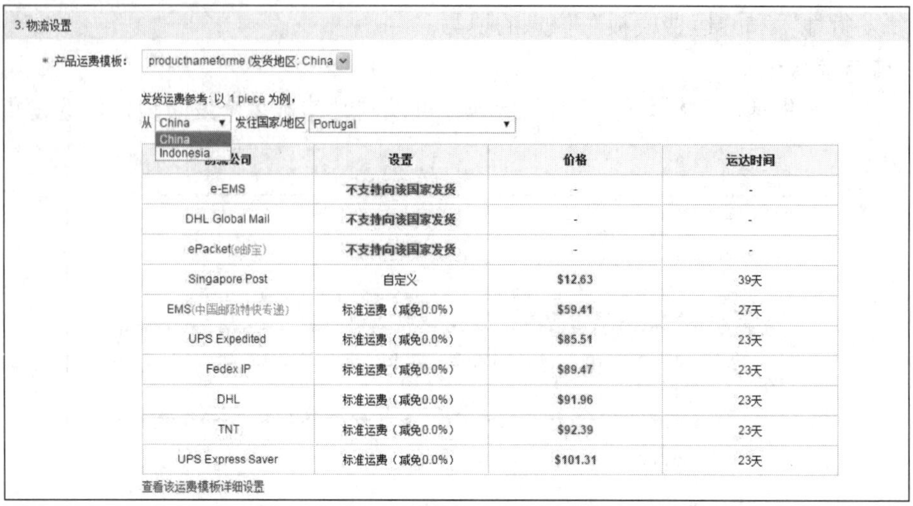

图 7-21　运费模板

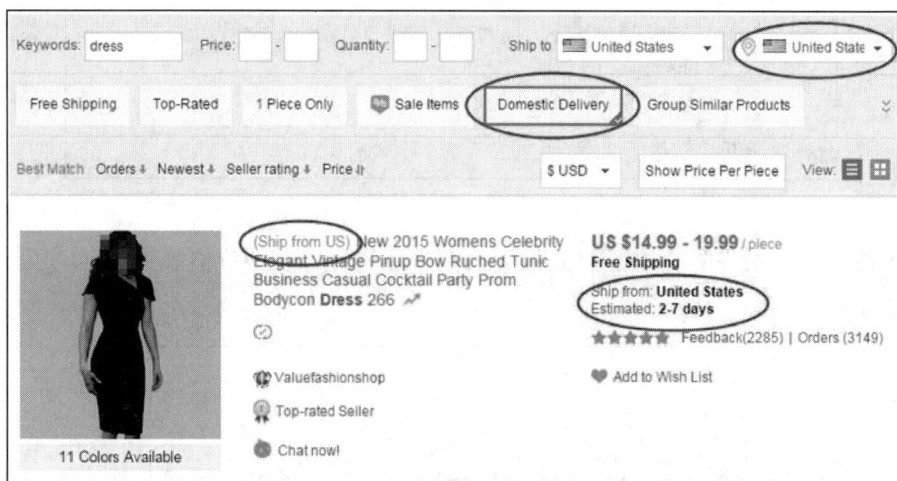

图 7-22　选择海外仓

7.6　跨境电商物流中的通关与报关

7.6.1　通关与报关的基本流程

通关是出口跨境电子商务物流中必不可少的一个环节，产品通过海关查验并放行后才能顺利进入目的国，再通过物流送至买家手中。

跨境电子商务企业可以通过通关服务平台实现通关一次申报，同时海关、税务、检验检疫、外汇、市场监管等部门也可通过通关服务平台获得跨境电子商务商品信息，并对产品交易实现全流程监管。

跨境电子商务零售进口商品申报前，电子商务企业或电子商务交易平台企业、支付企业、物流企业应当分别通过跨境电子商务通关服务平台如实向海关传输交易、支付、物流等电子信息。

一般来说，跨境电子商务出口报关需要经过 6 个步骤。

（1）跨境电子商务企业在跨境电子商务服务平台上备案。

（2）货物售出后，电商、物流、支付企业向"跨境电子商务服务平台"提交"订单、支付、物流"三单信息。

（3）"跨境电子商务服务平台"完成三单比对，自动生成货物清单，并向中国电子口岸发送清单数据。

（4）货物运往跨境电子商务监管仓库。

（5）海关通过"跨境电子商务服务平台"审核，确定单货相符后，将货物放行出口。

（6）跨境电子商务企业凭报关单向税务机关申请退税。

电子商务企业或其代理人应提交《中华人民共和国海关跨境电子商务零售进出口商品申报清单》（以下简称《申报清单》），出口时采取"清单核放、汇总申报"方式办理报关手续。

所谓"清单核放、汇总申报"是指跨境电子商务零售产品出口后，电子商务企业或其代理人应当于每月 10 日前（当月 10 日是法定节假日或者法定休息日的，顺延至其后的第一个工作日，第 12 月的清单汇总应当于当月最后一个工作日前完成），将上月（12 月为当月）结关的《申报清单》依据清单表头同一收发货人、同一运输方式、同一运抵国、同一出境口岸，以及清单表体同一 10 位海关商品编码、同一申报计量单位、同一币制规则进行归并，汇总形成《中华人民共和国海关出口货物报关单》向海关申报。

《申报清单》《中华人民共和国海关进（出）口货物报关单》应当采取通关无纸化作业方式进行申报。《申报清单》的修改或者撤销，参照海关《中华人民共和国海关进（出）口货物报关单》修改或者撤销有关规定办理。

7.6.2　一达通外贸综合服务平台的通关服务

1. 企业历史

深圳市一达通企业服务有限公司（以下简称"一达通"）成立于 2001 年，是国内第一家面向中小企业的进出口流程外包服务平台，通过互联网一直为中小企业和个人提供通关、物流、外汇、退税和金融等所有进出口环节服务。

2010 年 11 月，一达通加入阿里巴巴，是阿里巴巴旗下外贸综合服务平台。阿里巴巴一达通是中国专业服务于中小微企业的外贸综合服务行业的开拓者和领军者，致力于推动传统外贸模式的革新。通过线上化操作及建立有效的信用数据系统、整合各项外贸服务资源和银行资源，为中小企业提供专业、低成本的通关、外汇、退税及配套物流和金融服务的外贸综合平台。

2. 开通一达通的方法

用户可以登录一达通官网，报名后申请开通一达通。

如果用户有阿里巴巴国际站账号，则可以在申请一达通服务时直接输入国际站账号和密码登录，根据页面提示留下自己的联系方式等信息，之后会有客户经理联系用户处理相关事宜。如果没有阿里巴巴国际站账号，可以先免费注册阿里巴巴国际站账号，然后再登录一达通网站申请一达通服务，后续流程同上。

如果提交后长时间没有反馈，用户可通过在线人工客服提交公司信息加急处理。

3. 一达通提供的服务

一达通提供的服务主要有：通关（报关及报检）、外汇、退税等政务服务，以及金融、物流等商务服务。一达通将政务服务称为基础服务，将商务服务称为增值服务。

（1）通关服务

以一达通名义完成全国各口岸海关、商检的申报。海关顶级资质，享受绿色通关通道。

（2）外汇服务

中国银行首创在一达通内设置外汇结算网点，提供更方便快捷的外汇结算服务。亦可为客户提供外汇保值服务，提前锁定未来结汇或者购汇的汇率成本，防范汇率波动风险。

（3）退税服务

为企业与个人正规快速办理退税，加快资金周转。

（4）金融服务

阿里巴巴一达通为客户提供的金融服务有：流水贷服务、结余增值服务、锁汇保服务等。

一达通流水贷是由阿里巴巴联合银行共同推出的，向使用阿里巴巴一达通出口基础服务的客户提供无抵押、免担保、纯信用贷款服务。该服务通过银行风控审核，由银行直接对企业法人授信，真正实现"信用=财富"，助力中国外贸中小企业的发展。

锁汇保即远期外汇保值，一达通免费代客户向银行购买远期外汇合约，锁定未来某一时间段到账外汇（固定金额、币种）的结汇汇率。

（5）物流服务

阿里巴巴国际物流包括海运、空运（普货空运和国际快递）、陆运三大板块。通过整合船公司和货代资源，一达通为客户提供安全及价格 100%透明的整柜拼箱服务；物流专家按需为客户定制最佳物流方案，持续降低物流成本。

本章小结

本章共分 6 节来阐述与探讨跨境电子商务物流。7.1 节至 7.5 节介绍了主要的跨境电子商务物流模式：邮政物流、国际商业快递、专线物流，其他物流方式以及海外仓集货物流的相关知识。7.6 节主要讲述了跨境电子商务物流中的通关与报关的基本流程和一达通外贸综合服务平台的通关服务。

实训项目

1. 浙江金远电子商务有限公司在全球速卖通平台上向美国客人销售了一件饰品，包装重量为 0.03 千克，请计算有代理平邮和挂号跨境物流运费和无代理平邮和挂号跨境物流运费。

美国计费区为 5 区，资费标准为 90.5 元/千克，挂号费为 8 元。

2．某跨境电子商务公司计划邮寄重量为 20 千克的包裹至法国，该公司选择了某快递公司。快递公司报价：首重 200 元（0.5 千克），续重 60 元/0.5 千克，燃油附加费 10%（占计重运费的比例），折扣为 8 折。试计算该货物物流总运费是多少？

课后习题

1．简述何为跨境物流。

2．跨境电子商务物流有哪些类别？

3．简述常用的几种商业快递。

4．在阿里巴巴平台采用一达通服务进行物流运输有什么优缺点？为什么许多大卖家不愿意采用一达通的服务。

5．简述海外仓储的主要功能。

第 8 章

跨境电子商务支付

跨境电子商务与跨境支付相互依存、彼此影响，跨境支付是跨境电子商务的重要环节，除了受汇率、税费、政策、基础设施等制约外，还涉及不同货币之间能否通用、能否实现通汇通兑、不同货币间的汇率波动等问题。跨境电子商务在交易的过程中离不开跨境支付，了解跨境支付方式及其支付流程是跨境电子商务最基本的生存之道。

引导案例

2019 年 5 月，网易支付宣布跨境收款平台"收结汇"业务正式上线。网易支付商务负责人表示，在业务定位上，收款业务不仅为网易自有的电商出海业务提供支持，也会为网易生态外的平台型企业及商家提供服务，帮助境内卖家完成资金收结汇。

网易跨境收款平台属于网易支付。收款业务上线后，网易跨境支付业务分为两部分：收结汇和购付汇，能够满足跨境电子商务出口+进口的资金全链路服务需求。网易跨境支付官网显示，网易跨境收款平台将针对在境外电商平台开展货物贸易的出口跨境电子商务卖家，为他们提供资金账户开设、收款结汇等服务。

网易公司旗下拥有持牌支付机构网易宝有限公司。该公司于 2012 年 6 月 27 日获得了中国人民银行颁发的《支付业务许可证》，业务范围为全国性的互联网支付，目前已经成功续展，有效期至 2022 年 6 月 26 日。

同时，网易支付还是少数拥有第三方支付、跨境外汇、跨境人民币全牌照的第三方支付机构，受中国人民银行和国家外汇管理局监管。

近年来，通过支付切入跨境领域，链接卖家与电商、服务商平台，成为各方交易链条上的链接者不在少数。且有不少机构预测，跨境交易会有很大的增长空间。

阅读以上案例，思考：

1. 国际货款结算方式有哪些？
2. 分析跨境电子商务支付对中国各大银行的影响。

8.1　国际货款结算方式

8.1.1　普通银行电汇

1. 电汇（Telegraphic Transfer，T/T）

电汇是汇出行应汇款人的申请，用加押电报（Tested Cable）、电传或者环球同业银行金融电信协会（Society for Worldwide Interbank Financial Telecommunications，SWIFT）的形式指示汇入行付款给收款人的一种汇款方式。电汇的特点是速度快，但是手续费用较高，因此只有在金额较大时或者比较紧急的情况下，才使用电汇。

国际货款结算方式

目前，全球大多数国家的银行都使用 SWIFT 系统，它是国际银行同业间的国际合作组织，成立于 1973 年，总部设在比利时的布鲁塞尔，同时在荷兰阿姆斯特丹和美国纽约分别设立交换中心（Swifting Center），并为各参加国开设集线中心（National Concentration），为国际金融业务提供快捷、准确、优良的服务。SWIFT 运营着世界级的金融电文网络，银行和其他金融机构通过它与同业交换电文（Message）来完成金融交易。此外，SWIFT 还向金融机构销售软件和服务，其中大部分的用户都在使用 SWIFT 网络。SWIFT 系统的使用为银行的结算提供了安全、可靠、快捷、标准化、自动化的通信服务，从而大大提高了银行的结算速度。

在实际的跨境电子商务进出口中，T/T 分为预付、即期和远期。现在用得比较多的是 30%预付和 70%即期。T/T 付款有以下三种方式。前款，T/T：先收款，后发货，在发货前预付货款，对买方来说风险较大；后 T/T：先发货，后收款，对卖方来说风险较大；先订金，再余款。在外贸业务中，出口商对一般熟悉的客户会采用 T/T 付款，经常是发货前预付部分货款，余款在到货后付清，在通常情况下，电汇常用的是预付 30%货款作为订金，另外 70%的余款见提单付款。订金的比例越大，出口商的风险越小。

2. 电汇业务

（1）电汇有四个当事人：汇款人、收款人、汇出行和汇入行。

① 汇款人（Remitter）：债务人，也称汇款人，通常是跨境电子商务中的进口方。

② 收款人（Payee）：债权人，通常为跨境电子商务中的出口方。

③ 汇出行（Remitting Bank）：是受汇款人委托汇出汇款的银行，在跨境电子商务中通常为进口方所在地银行。

④ 汇入行（Recieving Bank）：解付行，是受汇出行委托，解付汇款的银行。汇入行通常为出口方所在地银行。

（2）电汇业务的基本程序，如图 8-1 所示。

① 汇款人填写汇款申请书，交款给汇出行，申请书上说明使用电汇方式；

② 汇出行接受申请，向汇款人开立电汇回执；

③ 汇出行根据电汇申请书向汇入行发出电报、电传或 SWIFT，委托汇入行解付汇款给收款人；

④ 汇入行收到后，核对密押，缮制电汇通知书通知收款人收款；

⑤ 收款人收到通知后在收据联上盖章，交给汇入行；

⑥ 汇入行借记汇出行账户取出头寸，解付汇款给收款人；

⑦ 汇入行将借记通知书寄汇出行，通知它汇款解付完毕，资金从债务人流向债权人，完成一笔电汇汇款。

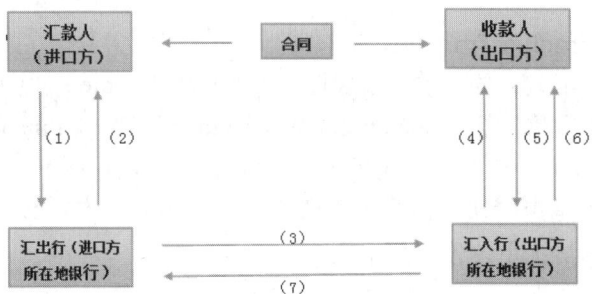

图 8-1　电汇业务基本程序

（3）电汇的特点

电汇业务的特点，如表 8-1 所示。

表 8-1　　　　　　　　　　　　　　　　电汇业务的特点

项目	内容
费用	各自承担所在地的银行费用。买家公司的银行会收取一定手续费，由买家承担。卖家公司的银行有的也会收取一定手续费，由卖家承担。手续费根据银行的实际费率来计算
优点	1. 收款迅速，几分钟即可到账；2. 先付款后发货，保证商家利益
缺点	1. 先付款后发货，国外买家容易产生不信任感；2. 客户群体小，限制商家交易量；数额大的，手续费高
适用范围	适合大额的交易付款

8.1.2　专业国际汇款公司

1. 西联汇款（Western Union）

西联汇款是西联国际汇款公司的简称，是世界领先的特快汇款公司，迄今已有 150 年的历史，它拥有全球最大最先进的电子汇兑金融网络，代理网点遍布全球近 200 个国家和地区，西联汇款图标如图 8-2 所示。

图 8-2　西联汇款图标

（1）西联汇款的付款流程

西联汇款的业务分为现金即时汇款和直接到账汇款两类。现金即时汇款有三种方式：西联网点、网上银行（目前支持光大银行和农业银行）和银联在线。西联汇款的付款流程如下。

① 在网点填妥"西联汇款申请书"和"境外汇款申请书";

② 递交填妥的表格、汇款本金、汇款手续费及个人有效身份证件,可以持外币汇款,也可以以人民币购汇汇款;

③ 汇款完成后,汇款人会收到一张印有汇款监控号码(MTCN)的收据,汇款人须准确通知收款人有关汇款人姓名、汇款金额、汇款监控号码及发出汇款国家等信息,为确保汇款安全,勿将监控号码泄露给除收款人之外的其他人;

④ 数分钟后,收款人可在收款国家的代理西联汇款业务网店提取汇款;

⑤ 每笔汇出汇款都要填写"境外汇款申请书"进行国际收支申报。

(2)西联汇款的收款流程

作为出口商,当客户汇款过来后,其要了解在银行取款的流程,具体的流程如下。

① 确保汇款由境外已获授权的代理西联网点发出,并与汇款人核实汇款人姓名、汇款金额、汇款监控号码及发出汇款国家;

② 收到汇款人通知后,到就近代理西联汇款业务的银行网点兑付汇款;

③ 提交填妥的"收汇申请书",出示有效身份证件;

④ 提取汇款及取回收据;

⑤ 境外个人的每笔汇款及境内个人等值 2000 美元以上(不含)的汇款,还需填写"涉外收入申报单"进行国际收支申报。

(3)签名并接收收据

在确认收据上的所有信息均无误之后,收款人需要签收一张收据。收据所打印的内容之一是汇款监控号码(MTCN),以及可使用 MTCN 联机(在网上)跟踪汇款的状态。确认汇款已经到位后,收款人随时可以取款。在前往西联合作网点之前,收款人应确保汇款已经可以提取,可以直接联系汇款人确认,也可在网上跟踪汇款状态,还可以拨打中国地区热线进行咨询。如果是第一次使用直接汇款至中国的银行卡账户的服务,收款人应在中国时间 8 点至 20 点之间拨打中国服务热线,核实如下信息:收款人的中文名字;汇款监控号码(MTCN);收款人的有效身份证号码;收汇银行的名称和银行卡账号。同一收款人此后通过同一银行卡账户使用直接到账汇款服务,就不需要再拨打中国服务热线核实必要信息。但如果收款人的必要信息有所改变,则其需要拨打中国服务热线,核实其必要信息。

西联汇款的特点,如表 8-2 所示。

表 8-2　　　　　　　　　　　　　　西联汇款的特点

项目	内容
费用	手续费由买家承担;需要买卖双方到当地银行实地操作;在卖家未领取钱款时,买家可以将支付的资金撤销回去
优点	1. 手续费由买家承担; 2. 对于卖家来说最划算,可先提钱再发货,安全性好; 3. 到账速度快
缺点	1. 由于对买家来说风险极高,买家不易接受; 2. 买家和卖家需要去西联线下柜台操作; 3. 手续费较高
适用范围	1 万美元以下的小额支付

2. MoneyGram

速汇金汇款是 MoneyGram 公司推出的一种快捷、简单、可靠及方便的国际汇款方式，目前该公司在全球 150 个国家和地区拥有总数超过 5000 个的代理网点。收款人凭汇款人提供的编号即可收款，MoneyGram 图标如图 8-3 所示。

图 8-3　MoneyGram 图标

MoneyGram 的特点，如表 8-3 所示。

表 8-3　　　　　　　　　　　　　　　　MoneyGram 的特点

项目	内容
费用	单笔速汇金最高汇款金额不得超过 10000 美元（不含），每天每个汇款人的速汇金累计汇出最高限额为 20000 美元（不含）
优点	1. 利用速汇金汇款款项在汇出后十几分钟即可到达收款人手中； 2. 在一定的汇款金额内，汇款的费用相对较低，无中间行费，无电报费； 3. 手续简单，汇款人无须选择复杂的汇款路径，收款人无须预先开立银行账户，可实现资金划转
缺点	1. 汇款人及收款人均必须为个人； 2. 必须为境外汇款； 3. 进行境外汇款必须符合国家外汇管理局对于个人外汇汇款的相关规定； 4. 客户如持现钞账户汇款，还需要交纳一定的钞变汇的手续费，国内目前只有中国工商银行、交通银行、中信银行 3 家代理了速汇金收付款服务

3. Cashpay

Cashpay 是一种安全、快速，费率合理的跨境支付方式，遵循 PCI DSS 规范，是一种多渠道集成的支付网关，Cashpay 图标如图 8-4 所示。

图 8-4　Cashpay 图标

Cashpay 的特点，如表 8-4 所示。

表 8-4　　　　　　　　　　　　　　　　Cashpay 的特点

项目	内容
费用	费率为 2.5%，无开户费及使用费；无提现手续费及附加费
优点	1. 加快偿付速度（2～3 天），结算快； 2. 支持商城购物车通道集成；

续表

项目	内容
优点	3. 提供更多支付网关的选择，支持你喜欢的币种提现； 4. 有专门的风险控制防欺诈系统 Cashshield，并且一旦出现欺诈 100%赔付； 5. 降低退款率，专注客户盈利，资料数据更安全
缺点	刚进入中国市场，接受的客户还不多
安全性	不只降低退款率而更专注客户盈利，RTA（风险动态分析）和 RPA（风险预测评估）及实时升级的 IT 程序使您的交易、资料数据更安全

4. Moneybookers

Moneybookers 是一家极具竞争力的网络电子银行，它诞生于 2002 年 4 月，是英国伦敦 Gatcombe Park 风险投资公司的子公司之一。Moneybookers 电子银行里的外汇是可以转到国内银行账户里的，Moneybookers 图标如图 8-5 所示。

图 8-5 Moneybookers 图标

Moneybookers 的特点，如表 8-5 所示。

表 8-5   Moneybookers 的特点

项目	内容
费用	从银行上传资金免费；从信用卡上传资金：3%；发钱：1%（直到 0.5%）；取钱到银行：固定费用 1.8 美元；通过支票取钱：固定费用 3.5 美元
优点	1. 安全，因为是以 E-mail 为支付标识，付款人不再需要暴露信用卡等个人信息； 2. 客户必须激活认证才可以进行交易； 3. 用户只需要收款人的电子邮箱地址就可以发钱给他； 4. 可以通过网络实时进行收付费
缺点	1. 不允许客户有多个账户，一个客户只能注册一个账户； 2. 目前不支持未成年人注册账户，需年满 18 周岁才可以注册账户
安全性	登录时以变形的数字作为登录手续，以防止自动化登录程序对账户的攻击。只支持 128 位高度加密的行业标准

8.2 收款账户设置

8.2.1 收款账户的类型

国际支付宝目前支持买家用美元、英镑、欧元、墨西哥比索、卢布支付（后续还会不断增加新的币种），卖家收款则有美元和人民币两种方式。根据付款方式的不同，卖家收到的币种会有差别，目前总体来说人民币收款比例更少。

对卖家收到的人民币部分，国际支付宝是按照买家支付当天的汇率（汇率是由收单银行确定；汇率是清算日的汇率，非支付日，一般在支付后 2 个工作日）将美元转换成人民币支付到卖家境内支付宝或银行账户中的（特别提醒：速卖通普通会员的货款将直接支付到国内支付宝账户）。对收到的美元部分，国际支付宝将美元直接打入卖家的美元收款账户（特别提醒：只有设置了美元收款账户才能直接收取美元）。提现的美元，需要到银行结汇成人民币。

8.2.2 跨境支付账户设置——以速卖通为例

1．设置国际支付宝账号

（1）打开全球速卖通官网，在首页单击"立即入驻"，全球速卖通官网首页如图 8-6 所示。

图 8-6 全球速卖通官网首页

（2）注册成功后，入驻速卖通平台，拥有自己的店铺。这时候，用户可以在"我的速卖通"栏目下"我的订单"项内打开支付宝国际站，完善账户信息。

第一，确认手机号码，如图 8-7 所示。

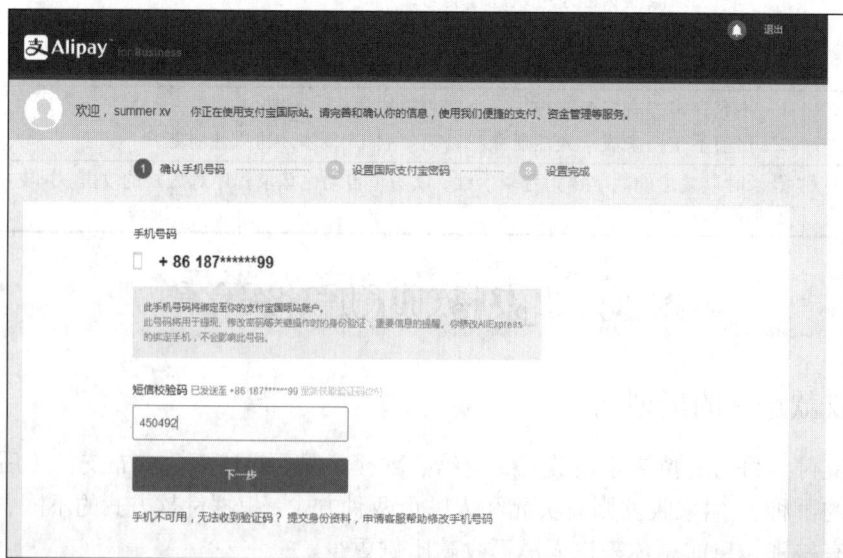

图 8-7 确认手机号码

第二，设置国际支付宝密码，如图 8-8 所示。

图 8-8　设置国际支付宝密码

第三，设置完成后的页面如图 8-9 所示。

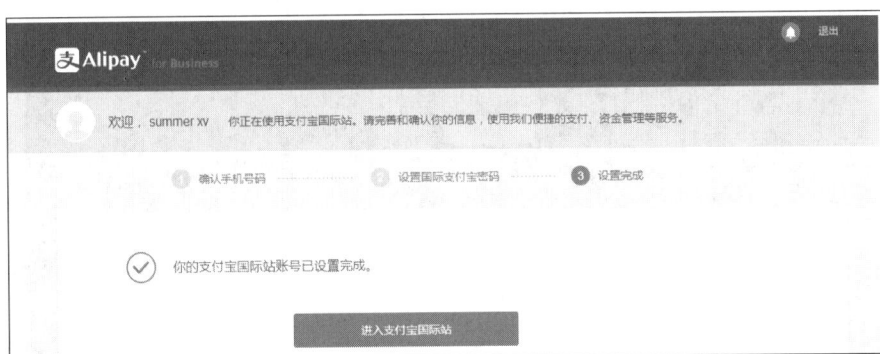

图 8-9　设置完成后的页面

2. 国际支付宝跨境账户设置

国际支付宝目前仅支持买家用美元支付，卖家可以使用美元和人民币两种收款方式，
（1）美元账户使用提示如图 8-10～图 8-13 所示。

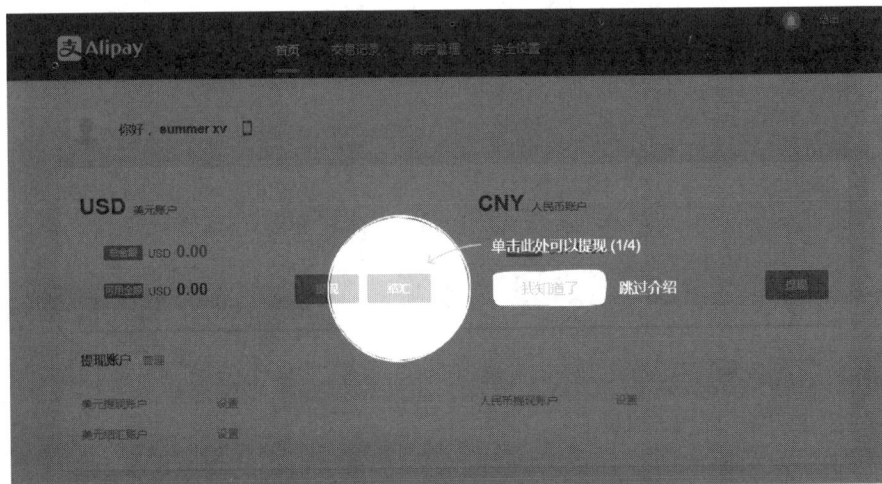

图 8-10　美元账户使用提示 1

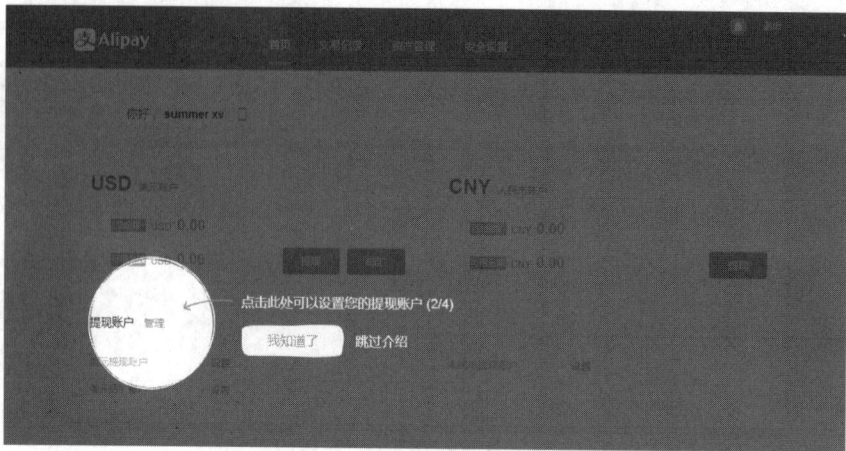

图 8-11　美元账户使用提示 2

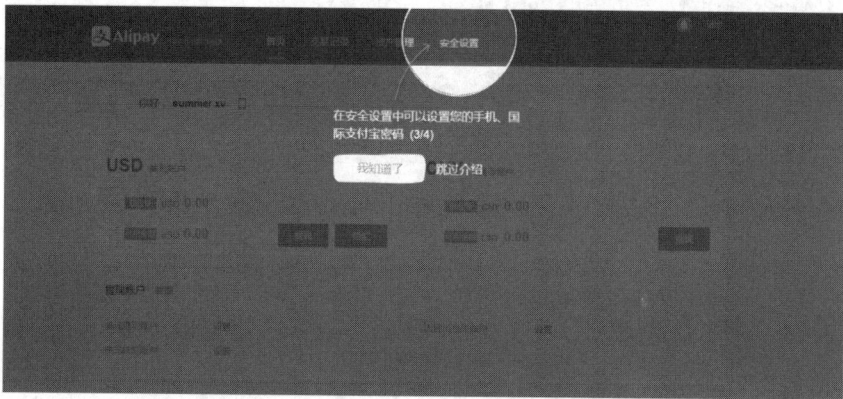

图 8-12　美元账户使用提示 3

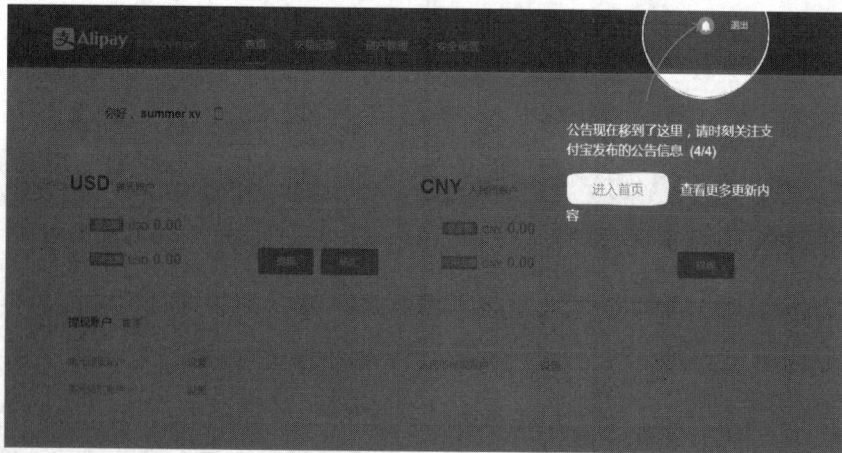

图 8-13　美元账户使用提示 4

　　添加美元提现账户，单击"设置"按钮，然后根据提示完成账户设置即可，如图 8-14 所示。

　　（2）设置人民币账户，单击设置，如图 8-15 所示，添加国内支付宝账户。

　　添加完成后，人民币提现账户会显示用户的支付宝账号，如图 8-16 所示。

图 8-14　添加美元提现账户

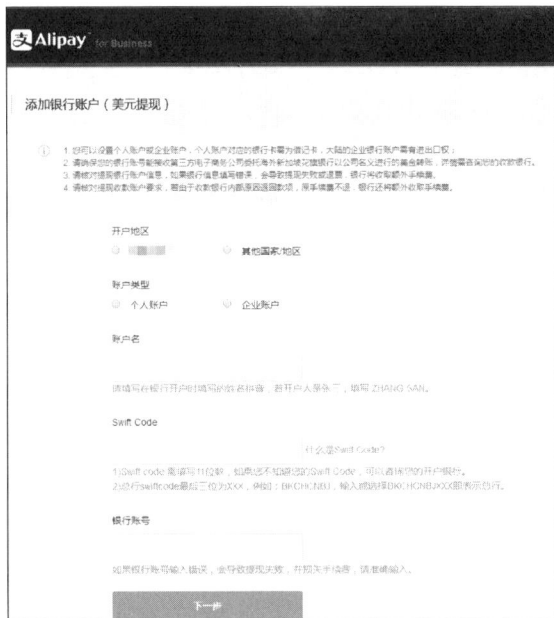

图 8-15　单击设置

图 8-16　添加人民币提现账户

8.2.3　查询银行的SWIFT Code

SWIFT Code 其实就是 ISO 9362，也叫 SWIFT-BIC、BIC Code、SWIFT ID，由计算机可以识别的 8 位或 11 位英文字母和阿拉伯数字组成，用于在 SWIFT 电文中区分金融交易中的不同金融机构。

SWIFT Code 的 11 位数字或字母可以拆分为银行代码、国家代码、地区代码和分行代码四部分。以中国银行上海分行为例，其 SWIFT Code 为 BKCHCNBJ300，含义为：BKCH（银行代码），CN（国家代码），BJ（地区代码），300（分行代码）。

银行代码：由四个英文字母组成，每家银行只有一个银行代码，由其自己决定，通常是该行的名字或缩写，适用于其所有的分支机构。

国家代码：由两位英文字母组成，用以区分用户所在的国家和地理区域。

地区代码：由 0、1 以外的两位数字或两位字母组成，用以区分位于所在国家的地理位置，如时区、省、州、城市等。

分行代码：由三位字母或数字组成，用来区分一个国家中某一分行组织或部门。如果银行的 SWIFT Code 只有 8 位而无分行代码，其初始值为"***"。

大家可以拨打银行的服务电话咨询该行的 SWIFT Code；也可以登录 SWIFT 国际网站查询页面来查询我国某个城市某家银行的 SWIFT Code。

8.3 PayPal和国际支付宝

8.3.1 PayPal的支付与结算

1．PayPal简介

PayPal（也称为贝宝），1998 年 12 月由 Peter Thiel（彼得·蒂尔）和 Max Levchin（麦克斯·拉夫琴）建立，eBay 在 2002 年 10 月以 15 亿美元收购 PayPal，2015 年 6 月 27 日，PayPal 和 eBay 拆分成两家独立上市的公司，从 eBay 体系剥离后，PayPal 实现高速增长，成为支付巨头，PayPal 图标如图 8-17 所示。

图 8-17　PayPal 图标

2．PayPal的类型

PayPal 账户分三种类型：个人账户、高级账户和企业账户。用户可根据实际情况进行注册，个人账户可以升级为高级账户进而升级为企业账户，反之企业账户也可以降为高级账户或者个人账户。

（1）个人账户

个人账适用于在线购物的买家用户，主要用于付款，也可以收款，但比起高级账户或企业账户少了一些商家必备的功能和特点，如查看历史交易记录的多种筛选功能，商家费率、网站集成、快速结账等集成工具，因此不建议卖家选择。

（2）高级账户

高级账户适用于在线购物或在线销售的个人商户，可以付款、收款，并可享受商家费率、网站付款标准、快速结账等集成工具以及集中付款功能，帮助商家拓展海外销售渠道，提高销售额，推荐进行跨国交易的个人卖家使用。

（3）企业账户

企业账户适用于以企业或团体名义经营的商家用户，特别是使用企业银行账户提现的商家。用户企业账户拥有高级账户的所有商家功能，可以设立多个子账户，适合大型商家使用，每个部门设立子账户进行收款。另外，企业账户需要添加以企业名开办的电汇银行账户进行转账，添加个人名字开办的电汇银行账户可能导致转账失败。

3．PayPal的优势

（1）全球用户广。PayPal 在全球 190 个国家和地区有超过 2.2 亿用户，已实现在 24 种外币间进行交易。

（2）品牌效益强。PayPal 在欧美普及率极高，是全球在线支付的代名词，强大的品牌优势，能使网站轻松吸引众多海外客户。

（3）资金周转快。PayPal 独有的即时支付、即时到账的特点，能够实时收到海外客户发送的款项。最短仅需 3 天，它即可将账户内款项转账至国内的银行账户，及时高效地开拓海外市场。

（4）安全保障程度高。完善的安全保障体系，丰富的防欺诈经验，业界最低的风险损失率（仅 0.27%，是传统交易方式的 1/6），这些均可确保交易顺利进行。

（5）使用成本低。无注册费用、无年费，手续费仅为传统收款方式的 1/2。

（6）数据加密技术。注册或登录 PayPal 的站点时，PayPal 会验证登录者的网络浏览器是否正在运行安全套接字层 3.0（SSL）或更高版本。在传送过程中，信息受到加密密钥长度达 168 位（市场上的最高级别）的 SSL 保护。

（7）循环结账。定期为客户开具账单、支付会员费或提供租用服务和分期付款计划。

4. PayPal的支付流程

通过 PayPal，付款人支付一笔款项给商家或收款人的支付流程，可分为以下几个步骤。

（1）只要有一个电子邮箱地址，付款人就可以注册 PayPal 账户，通过验证成为其用户，并提供信用卡或者相关银行资料，增加账户金额，将一定数额的款项从其开户时登记的账户转移至 PayPal 账户下。

（2）付款人启动向第三人付款流程时，必须先进入 PayPal 账户，指定特定的汇出金额，并提供收款人的电子邮箱账号给 PayPal。

（3）接着 PayPal 向商家或者收款人发出电子邮件，通知其有等待领取或转账的款项。

（4）如商家或者收款人也是 PayPal 用户，其决定接受后，付款人所指定之款项即移转给收款人。若商家或者收款人没有 PayPal 账户，商家或收款人依 PayPal 电子邮件内容指示联网进入网页注册，取得一个 PayPal 账户。

如果商家或收款人已经是 PayPal 的用户，那么该笔款项就汇入他拥有的 PayPal 账户。若商家或收款人没有PayPal账户，网站就会发出一封电子邮件，引导商家或收款人至PayPal网站注册一个新的账户。

所以，也有人称 PayPal 的这种销售模式是一种"邮件病毒式"的商业拓展模式，它使PayPal 越来越多地占有市场。

8.3.2　国际支付宝

1. 国际支付宝简介

在速卖通平台做生意，离不开国际支付宝（Escrow）的保驾护航。国际支付宝（Escrow）的服务模式与境内支付宝类似：在交易过程中先由买家将货款打到第三方担保平台的国际支付宝（Escrow）账户中，然后第三方担保平台通知卖家发货，买家收到商品后确认，货款放于卖家，至此一笔网络交易完成。

阿里巴巴国际支付宝（Escrow）由阿里巴巴与支付宝联合开发，是旨在保护国际在线交易中买卖双方的交易安全所设的一种第三方支付担保服务，全称为 Escrow Service。

2. 国际支付宝账号申请

如果卖家已经拥有了国内支付宝账号，无须再另外申请国际支付宝账户。卖家只要是全球速卖通的用户，就可以直接登录"My Alibaba"后台（中国供应商会员）或"我的速卖通"后台（普通会员）管理收款账户，绑定境内的支付宝账户即可。如果卖家还没有境内支付宝账号，可以先登录支付宝网站申请境内的支付宝账号，再绑定即可。

绑定境内支付宝账户后，卖家就可以通过支付宝账户收取人民币。国际支付宝会按照买家支付当天的汇率将美元转换成人民币，支付到卖家的境内支付宝或银行账户中。卖家还可以通过设置美元收款账户的方式来直接收取美元。

3. 国际支付宝账户的使用

国际支付宝账户 Alipay Account 是支付宝为从事跨境交易的境内卖家建立的资金账户管理平台，包括对交易的收款、退款、提现等主要功能。国际支付宝账户是多币种账户，包含美元账户和人民币账户。目前，只有 Aliexpress（速卖通）与阿里巴巴国际站会员才能使用。

支付宝系统上线后，提现功能较之前有了一些改变，用户提现不再限制在 100 笔交易金额之内，而是可根据自身需要对账户中"可提现金额"做全部或者部分提现，大大降低了用户的提现成本。

4. 国际支付宝与国内支付宝的区别

国际支付宝的第三方担保服务是由阿里巴巴国际站同境内支付宝联合提供支持的。全球速卖通平台只是在买家端将境内支付宝改名为国际支付宝。这是因为根据对买家调研的数据发现，买家群体更加喜欢和信赖 Escrow，Escrow 可以保护买家的交易安全。

而在卖家端，全球速卖通平台依然沿用国际支付宝一词，只是国际支付宝相应的英文变成了"Escrow"。

5. PayPal账户注册

第一步：打开 PayPal 网址，然后单击"注册"按钮，注册 PayPal 如图 8-18 所示。

图 8-18　注册 PayPal

第二步：选择用户类型如图 8-19 所示。

图 8-19　选择用户类型

第三步：创建个人账户或者商家账户，如果选择个人账户，填写个人账户信息如图 8-20 所示。

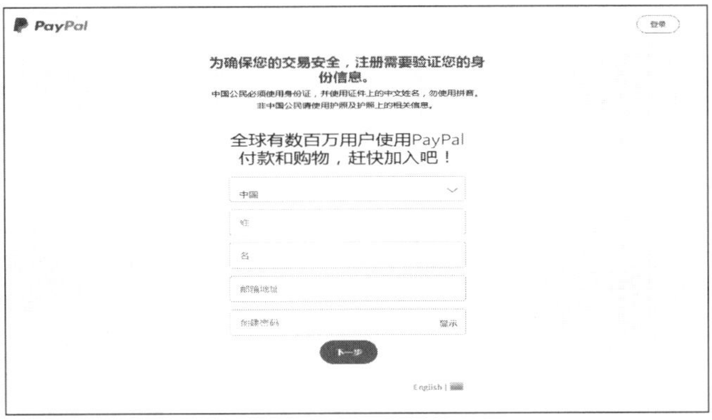

图 8-20　填写个人账户信息

第四步：输入银行卡号、使用期限和 CSV 码，输入手机号获取验证码，就可以成功绑定银行卡了，然后通过邮箱激活账号，PayPal 个人账户就注册成功了。

本章小结

本章较为系统地介绍了国际货款结算方式，对比了各种结算方式的异同，列举了多家专业国际汇款公司，便于企业进行选择；介绍了 PayPal 和国际支付宝的内容，通过速卖通的例子，分步骤讲述了如何绑定支付收款账户，如何设置体现美元和人民币账户。

实训项目

列举并比较境内外各大网上银行的跨境支付方式，同时比较跨境银行转账与第三方平台跨境转账的异同，并分析我国跨境银行转账的优缺点有哪些？形成调研报告。

课后习题

1. 请对比跨境电子商务支付方式与传统的银行汇款方式的优缺点。
2. PayPal 提现的方式有哪几种？
3. 西联汇款适合哪些业务使用？

第 9 章

跨境电子商务营销

网络营销是跨境电子商务企业重要的引流方式，跨境电子商务的经营者不仅要了解传统的、站内的促销方式及技巧，还要将足够的注意力放在站外营销的开发上。最大限度地利用各种引流工具，宣传自己的店铺及商品，增加商品曝光度，进而达到传播自己品牌，树立品牌形象的目的。

➡ 引导案例

启赋品牌一直主打的就是呵护宝宝天赋，所以这次他们打造了一个大唐#天赋育儿司#，还找来了原本电视剧的主角雷佳音来当"启赋天猫育儿司雷司丞"。

其实之前就有很多母婴品牌都借势过这部电视剧的热度，大致都是从妈妈深夜时带娃角度来切入的，只是在创意执行手法和规模上都不及启赋品牌。

启赋品牌先是抛出一个电子视频，无论从视觉和内容来看都是比较吸睛的：首先是一座天猫城，这非常符合平台需求。接下来，是雷司丞面对各种慌张的场面和三连疑问设悬念。

10 月 21 日#天赋育儿司#的第一支正篇《天绘篇》如约上线，雷司丞正式开始辰时"办案"。

片子里有个古代的孩子一直在地上画着"圈圈圆圆圈圈"，后来雷司丞发现这个孩子原来有画大鱼海棠的天赋。最后，给孩子递上一杯启赋品牌的奶，寓意助力孩子提升天赋。

除了站外的宣传，启赋在天猫站内换上了跟整个故事一致的页面，包括头图和每个版块的文字包装，并且还推出了一个雷司丞同款天赋天眼礼盒。

阅读以上案例，思考：

1. 跨境电子商务平台主要有哪些营销方式？
2. 跨境电子商务营销的趋势是什么？

9.1　电子邮件营销

9.1.1　电子邮件营销的特点及使用

1. 电子邮件营销（EDM）的基本概念

电子邮件营销（E-mail Direct Marketing，EDM）是指企业通过给潜在客户或者客户发送电子邮件广告，传递价值信息的一种网络营销手段。随着网络的普及、网上电子商务的快速发展以及物流体系的完善，其为线下消费者提供了一种新的网上消费环境，实现与目标客户的高效快速沟通。在美国等发达国家，互联网在商业上的应用时长已经超过 20 年，而在这么长的时间内各种互联网平台的营销手段产生了，其中电子邮件营销就是代表之一。相较于欧美发达国家比较成熟的许可式电子邮件营销方式，我国开展电子邮件营销起步比较晚，还经历了一段比较长时间的无序发展，因此电子邮件营销在国内没有得到很好发展。但随着跨境电子商务业务的兴起，特别是在 B2B 领域，电子邮件营销凭借受众 IP、广泛、高效、低成本等优点逐渐成为重要的营销手段。

2. 电子邮件营销的特点及注意事项

（1）电子邮件营销的特点

① 精准直效：可以精确筛选发送对象，将特定的推广信息投递到特定的目标社群。

② 个性化定制：根据社群的差异，制定个性化的内容，让客户根据用户的需求提供最有价值的信息。

③ 信息丰富、全面：文本、图片、动画、音频、视频和超链接都可以在电子邮件营销中体现。

④ 具备追踪分析能力：根据用户的行为，统计打开邮件、点击数加以分析，获取销售线索。

⑤ 操作简单：电子邮件营销的操作比较简单，而且具有一定的操作流程和方法。一般业务人员在经过短期培训以后是比较容易上手的。其没有太高的专业门槛，是一种比较适合跨境电子商务活动的营销方式。

（2）电子邮件营销的注意事项

① 标题：务必吸引人。但是前提是要表述清楚内容，同时不要过长。

② 页面内容：因为使用图片无可避免，但是，重要的内容请务必使用文字，哪怕是使用了图片也务必给出文字标识。

③ 图片的使用：建议给每张图片一个固定的宽度和高度及 Alt 属性文字提示标识，同时，注意不要使用背景图片。

④ 一致性：如果你会定期发送电子邮件营销信息，请注意使用统一的风格，主要是页头和页尾的风格要统一。如果有期刊号，请将期刊号和时间也一并加入。

9.1.2　电子邮件营销的功能和流程

1. 电子邮件营销的功能

（1）打开率

打开率是指有多少人（以百分比的形式）打开了你发送的邮件。这个参数变得越来越不重要了。电子邮件打开率是通过在邮件中放置一个卫星图片来追踪的，但是许多邮件都会拦截图片，使图片无法显示，因此客户可能打开了你的邮件，但系统会记录他没有打开，除非他主动使邮件中的图片显示出来，有报告称，标准的打开率报告根据收件人列表质量不同最多可能要降级 35%。

（2）点击率

点击率是指点击数除以邮件打开数（注意不是发信总数）的百分比。不同的公司以不同的方式来衡量点击率。这个参数非常重要，因为电子邮件营销的目的就是吸引客户访问你的网站。

（3）送达率

送达率是指到达客户收件箱（相对于进入垃圾邮箱或是"收件人不详"的黑洞）的邮件数除以邮件发送总数的百分比。邮件成功进入收件箱是一个相当复杂的过程。

（4）退信数

退信数是指因"无法送达"而退还给你的邮件数，造成退信的原因有：邮件地址拼写错误，收件箱已满以及其他很多原因。如果你的收件人列表是通过购买、租借得到的，那么这个参数是非常重要的，因为它能告诉你，你购买的邮件地址中有多少个是无效的。

（5）许可/双重许可

收件人列表有三种："许可式"是指收件人选择加入你的列表并允许你给他们发信；"双重许可"是指收件人给了你两次许可（通常通过电子邮件中的确认链接）；此外所有的列表都被认为是潜在客户列表（通常通过购买和租借得到）。这三种列表中，每一种列表都有各自的价值。

（6）CAN-SPAM

CAN-SPAM 是美国 2003 年通过的一部联邦法律。它规定了发送邮件时必须遵守的一系列条款，违反了这些条款，你就会被纳入垃圾邮件发送者的行列，并面临罚款等潜在处罚。

（7）退订/反订阅

退订/反订阅是指收件人从你的收件人列表中自行退出的能力，其中有两种方式：完全退订和针对某一列表退订。完全退订是指收件人要求退出你所有的收件人列表，不再收到由你发出的任何邮件；针对某一列表退订是指收件人要求退出你的某一收件人列表，不再收到由你发给这个列表的任何邮件。例如，他们不愿意收到特惠信息，但是又想收到每周新闻。

2. 电子邮件营销的业务流程

（1）设计电子邮件营销活动方案

卖家在制订任何营销方案之前都要进行方案设计，从而确定本次营销活动的目标、计划、针对人群、管理控制方法。并且还要将目标划分为长短期目标，分阶段达成。在每个分期目标中设置完成截止时间和负责人，以保证按计划实施。

（2）获取目标受众邮件地址

在设置好各项计划目标以后，卖家就要获取本次电子邮件营销所使用的电子邮件地址。邮件地址可以通过以下四种途径获得。

第一，从线上渠道获得。从线上渠道获得邮件地址的方式很多，如国际展会、调查问卷、企业黄页以及其他公开渠道。从线上获得电子邮件地址的方式在早期 B2B 的外贸活动中曾占有很重要的地位，但由于受到各种时空条件局限，并不作为现代电子邮件营销活动方案中电子邮件地址的主要获取方式。

第二，从客户的注册信息中获取。目前大部分跨境电子商务平台都会要求使用电子邮箱注册 ID，并且还要通过向注册者电子邮箱发送邮件的方式来激活账号，因此向客户的注册邮箱发送营销邮件无疑是比较具有针对性的。

第三，从目标论坛获取邮件地址。在本行业各种论坛上活跃的用户是具有较高效率的潜在客户，卖家可以通过许诺发送目录、图片或者优惠券的方式鼓励潜在客户留下邮件地址。以这种方式获得邮件地址带有许可式营销的意义，且电子邮件营销受众是主动接受邮件的，营销反馈率较高。

第四，通过购买或者其他技术手段获得。向电子邮件服务商购买邮件地址，是一种比较快速获得邮件地址的方式，但其涉及隐私权等法律问题，具体操作时要十分谨慎。至于从其他技术手段抓取邮件地址，如通过邮件注册页面地址试错抓取、搜索引擎关键词抓取等，这些方法的优点是费用低，但效率比较低、针对性差。

（3）选择适当的活动软件

在进行营销活动时一定要慎重选择邮件服务商。尽管目前境内的邮件服务商都可以发送跨境邮件，但是在实际工作中会发现某些邮件服务商的服务会更优一些，特别是在今天移动电商发展迅速的时代，某些邮件服务商的客户端的服务更加个性化，功能更强大。另外，考虑给予目标受众更加专业化和商业化的印象，尽量选择商务用途邮件服务商或者境外的邮件服务商。

（4）做好内容模板

卖家在选择平台后还应该进行邮件模板设计，邮件模板设计应该根据目标受众进行。由于邮件病毒泛滥，相对于图文附件式的邮件，纯文本的邮件更容易被目标受众接受并打开。在收件人设置方面，为提高邮件的效率，减少客户对群发邮件的反感，收件人不宜罗列过多，可以使用暗送功能。

（5）电子邮件营销过程管理

电子邮件应有计划进行，邮件可以按某一个时间间隔发送，也可以在特殊时间节点发送。在营销活动过程中，卖家应注意统计客户接收邮件并打开邮件的概率，总结不同营销方式的开件率。

（6）反馈监控

一项营销活动结束以后，卖家还应该进行反馈监控。注意收集客户对于此次营销活动的反馈意见，并整理出来供以后活动做参考。

9.1.3　电子邮件营销的实用技巧

1. 设计EDM邮件

（1）EDM 邮件内容设计

① 获得用户的信息并进行必要的分析，根据这些信息来设计邮件的类型。

② EDM 邮件通常使用的格式是 HTML 格式和 TXT 格式两种，HTML 格式是单页面，使用 HTML 来编写邮件；TXT 格式是纯文本信息，使用纯文字来撰写邮件。

③ 使用 HTML 代码编写邮件，编写代码时使用程序语言、外部的 JS、CSS 等文件时需要注意邮件内容是否有错位或乱码等情况。

④ 邮件内容不是单纯的文字，还有图片，一定比例的文字和图片有利于吸引客户的眼球。

⑤ 撰写简而精的邮件内容文案，直接告诉客户需要做什么或说出商品或服务的重点。

⑥ 在制作邮件时，在显眼的地方告诉商户需要做什么，给商户一个快速、清晰的行动选择。

（2）EDM 邮件设计的注意事项

① 邮件的宽度：邮件的标准宽度为 575 像素～900 像素，最宽不宜超过 900 像素。建议宽度为 600 像素。

② 邮件的高度：邮件的高度无具体要求，以邮件内容多少而定，建议页面高度不宜过长以免影响浏览，最长不要超过 1200 像素，即 2.5 屏。建议高度为 1.5 屏。

③ 邮件的大小：E-mail 正文的 HTML 文件大小，控制在 10KB 以内；内含图片的邮件包括图片在内的文件大小应控制在 30KB～120KB；内含 Flash 或流媒体格式文件的邮件，包括 Flash 或流媒体格式文件在内应控制在 50KB～250KB。

④ 禁止使用外联样式表。

a. DIV+CSS 设计技术：不能用是出于安全和反垃圾邮件机制的原因。邮件软件一般在客户许可前不显示图片，因此采用这些流行页面设计技术来制作邮件，会造成页面格式的混乱。因此，邮件最好采用表格（Table）设计。

b. 图片数量：尽量使用较少的图片，过多的图片会被邮件运营商认定为垃圾邮件而拒收。由于大图片下载和显示的时间较长，因此很多设计师习惯切割成很多小图来加快显示速度，但这种方式不适合邮件设计。

c. 脚本：出于安全的考虑，邮件系统不支持脚本设计，因此表单、Flash、音频等素材，不能设计在邮件页面中。

d. 链接：由于邮件软件系统解析的问题，相对的链接地址可能造成图片无法准确显示，因此在邮件设计中，一定要采用绝对链接地址的方式。此外，图片链接最好不要使用标签，易被判定为垃圾邮件。

e. 页面长度：1.5 屏以内邮件内容过多，将削弱核心信息，与此同时，过长的邮件正文造成代码容量过大，易被认定为垃圾邮件。一般来说，25KB 以内的邮件较为合适。

f. 尺寸：无论使用 Outlook 这样的邮件软件，还是通过 Web 方式登录邮件系统，600 像素以内的邮件正文页面所占的屏幕宽度都是有限的，而过宽的页面设计，将造成浏览邮件的不便，收件人易产生不喜欢情绪，影响内容信息的传递。

2. 发送EDM邮件

请不要忽视发送 EDM 邮件这个最简单又最困难的环节，因为这关系到精心制作的 EDM 邮件是否能准确送达客户。还有选择合适的发送时间也是一个吸引客户看 EDM 邮件的方法。

（1）好的邮件标题：在打开邮件前最先入眼的就是邮件标题，这个标题的好坏可以决定客户是否会打开这个邮件。在确定标题的时候，重点+简洁有力的文字会是个不错的选择。

（2）细分客户：发送前一定要好好定位你的客户，哪怕是老客户，针对不同类型的客户发送的 EDM 邮件要有所区别。

（3）使用专用的邮箱发送邮件：邮箱要专业。

（4）选择合适的发送时间：各大知名电子商务邮件，大部分集中在 11：00—13：00 和 7：00—9：00 两个时间段发送，这两个时间段，恰恰是上班族打开计算机或者想要休息一会儿的时间，这样其打开 EDM 邮件和单击 EDM 邮件的可能性就大大增加了。

3. 数据监测

邮件发送后，邮件的后续数据监测也是至关重要的，我们要通过邮件的到达率、打开率、点击率的各方面的数据来判断邮件效果，也可以帮助我们下次更好地设计。

9.2　社会化媒体营销——LinkedIn营销

9.2.1　领英（LinkedIn）的功能

LinkedIn（领英）是商用型职场严肃网络社区平台，它的风格比较商务化、职场化。正是由于领英的这种属性，所以领英更适用于 B2B，LinkedIn 页面如图 9-1 所示。

LinkedIn 营销

图 9-1　LinkedIn 页面

领英的主要功能可以分为四个：社交、职业、企业展示、广告。

（1）社交是领英最主要的功能，亦是领英创办的初衷。通过社交功能，领英的用户可以在平台上进行商务交流，构建自己的人脉圈。

（2）职业是在社交功能中拓展出来的重要功能。领英的用户可以通过展示自己的教育以及职业背景，在人脉圈中获得业内的肯定，并可以进行求职。

（3）企业展示是针对企业用户推出的功能，企业用户可以在领英上创建企业账号，并可以进行企业形象展示、业务介绍的商务活动。

（4）广告是领英的非核心功能，用户可以通过设置预算和出价控制推广活动成本，并且自助下单。

9.2.2　推广方式

1．人脉推广

人脉推广主要是通过搜索关键词的方式，加好友扩展人脉圈，然后在人脉圈中进行推广。搜索关键词可以通过行业关键词进行搜索，也可以通过潜在客户的邮箱进行搜索。

2．展示推广

展示推广主要是以设置和维护主页的方式进行静态的展示推广。领英可以设置个人和企业用户，用户可以在主页上展示照片和文字信息进行自我宣传以达到推广展示的目的。

3．广告推广

领英推荐自助广告下单。在进行广告推广以前，领英先应设置每日预算和总预算，然后选择手动或自动出价的方式进行竞价。领英推荐自动出价，认为自动出价有利于用户了解整个预算表现潜力并可以更好地控制单位成本和推广活动开销。领英帮助中心说明了广告运行费用的最低要求，即运行广告推广活动需要满足最低每日预算、总预算和出价金额的要求，包括：每个推广活动 10 美元的每日预算；每个推广活动 10 美元的总预算（企业推广内容的可选功能）；文字广告推广活动最低 2 美元的 CPC 或 CPM 出价。

9.2.3　通过LinkedIn+Google搜索组合找到目标客户

（1）使用 LinkedIn 内置搜索条进行寻找。方式：在搜索条中输入 companies、people 等就会出现相关匹配项内容。People 关键词项下主要是领英的个人用户的内容结果条，卖家通过阅读其介绍来判断该用户是否能够成为潜在客户。也可以在搜索条内键入具体行业来缩小搜索范围。例如，我们是经营手表的出口商，在搜索条内可以键入 "watch importer"。搜索结果页中会出现大量匹配相关的词条，大部分词条为领英的注册个人用户，也有部分平台推荐的相关度比较高的企业。对于那些可能成为潜在客户的个人用户，可以在该主页中尽可能多地搜集客户的个人信息，并将其电子邮件地址添入 EDM 潜在目标受众地址内。另外也可以用领英站内自带的 contact 功能，向对方发送站内信息，从而与对方建立联系。

（2）通过 LinkedIn+Google 搜索寻找。如果通过阅读对方主页内容，仍然不能确定对方是不是潜在客户，则可以结合 Google 搜索来确定对方身份。具体方式是将该公司的名称放在谷歌里面进行搜索，通过谷歌搜索结果页来确定对方身份。

这种领英与谷歌相结合的方式也可以逆向使用，对于在谷歌上搜索不到的公司也可以将其名称放在领英平台中进行搜索。卖家还可以通过商品名称、邮箱以及寻找网址等方法来搜索客户。

9.2.4　添加LinkedIn会员为好友

在注册完毕以后，领英平台即会根据注册信息进行好友推荐。因此卖家在填写注册信息时务必正确具体，才能保证平台推荐好友的准确性。在加好友的过程中，卖家不要大量增加不相关的联系人；领英是商务化的社交平台，加入过多不相关的联系人，会导致该平台以后推荐的联系人的关联度下降，未来针对行业进行的营销活动的集中度、效率会下降。

9.2.5　多个社交平台管理工具——Buffer平台

Buffer 主要为解决社交媒体的整合问题。它是一个高效的付费型管理和分析网络社交帖子的平台。用户通过使用 Buffer 可以跨越不同国家时差障碍，快速为多个网络社区设置发帖时间，轻松管理多个账号，并且它具有推文过滤功能以及 RSS 介入管理功能。但这个软件是需要支付费用的，在免费试用 14 天以后，有年付和月付两种支付方式。对于那些需要管理多个网络社区的用户，Buffer 可以实现推文预设与高峰期自动发帖，营销推广的辅助效果十分突出。

Buffer 支持直接使用社交账号登录，或使用邮箱创建账号，只需邮件一步确认，账号就创建好了，创建 Buffer 账号如图 9-2 所示。

图 9-2　创建 Buffer 账号

Buffer 支持以下社交媒体的账号的管理，每个账号下只能选择一种角色进行代发布运营，Buffer 支持的社交媒体如图 9-3 所示。

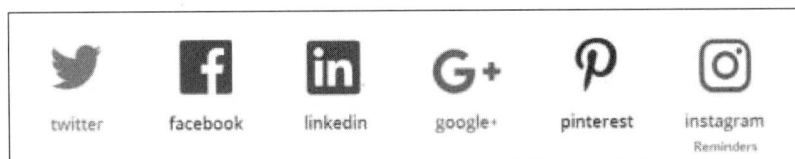

图 9-3　Buffer 支持的社交媒体

9.3　社会化媒体营销——Pinterest营销

Pinterest（品趣思）是一个创意组合词，Pinterest 名称由 Pin（钉，中文谐音直译为拼）+Interest（兴趣）组成，寓意为把自己感兴趣的东西（图片）用图钉钉在钉板（PinBoard）上。Pinterest（品趣思）是全球最大的图片分享网站，它采用瀑布流的形式展现图片，无需用户翻页，图片会不断自动加载在页面底端，让用户不断地发现新图片，此外，用户也可以按主题分类添加和管理自己的图片收藏，并与好友分享。索尼等许多公司也在 Pinterest 建立了主页，用图片营销旗下的产品和服务。Pinterest 登录页面如图 9-4 所示。

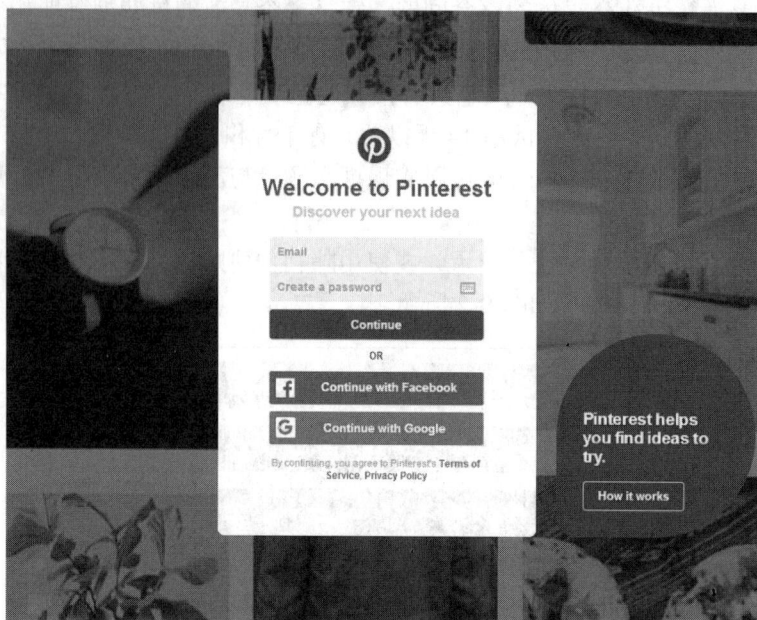

图 9-4　Pinterest 登录页面

9.3.1　Pinterest社交网站操作步骤

1. 注册账号

Pinterest 允许每个 IP 拥有 2～3 个活跃账号。

2. 新建一个话题版，上传pin图

从自己电脑中选取一张高清产品图，加上产品简单介绍和产品链接，钉上并完成。

9.3.2　借助Pinterest推广产品

此网站的主要功能是分享图片，因此，做好图片非常重要，需要遵循 3 个原则。

1. 产品图片吸引人的眼球

产品图片要抓住用户的情感，能够引起共鸣，这不仅要了解用户的需求，还要将这些需求融入产品图片中，这样才能使用户在看到产品图片时，会产生兴趣与好感。

引人注目的产品图片通常很简洁，以白色背景为主，并且图片与当时的时间季度、潮流趋势是一致的。

2. 对图片进行具有号召力的描述

用户关注的不单纯是图片，还有对图片的描述。在对图片的描述中，增加一个具有号召性的动作说明，有助于吸引用户点开图片。这些号召性的动作说明包括："你不得不看的……""点击图片看怎么……""看看这几种方式……"等。

3. 选择最佳的pin图时间

每个平台上活跃的用户都有自己的浏览生物钟，因此要想让 pin 上去的产品图片吸引

更多的关注，被更多的用户看到，选择 pin 图的时间非常重要。

经过相关研究发现，Pinterest 上最佳 pin 图时间是美国东部时间 14:00—16:00 和美国东部时间 20:00—1:00（即北京时间凌晨 15:00—19:00 和 9:00—14:00）。在这些时间点内 pin 图会收到非常好的效果。

9.3.3　通过Pinterest引流量

通过 Pinterest 引流量，主要有以下几种方法。

增加Pinterest流量

为自己的 Pinterest 账号吸引尽可能多的流量，是做好 Pinterest 营销的基础，因此需要大家做好以下几项工作。

（1）完善 Pinterest 账号资料

为了增加"粉丝"的信任感，尽可能地让自己 Pinterest 账号的资料更加完整，包括头像，准确的网站地址等。

（2）设置"Pin it"按钮

Pinterest 在每个销售产品旁增加了"钉一下"（Pin it）按钮，用户点击该按钮后可以将图片分享到 Pinterest 的"钉板"上，增加图片的曝光度。

（3）制作"Rich pin"（高质量钉图）

Rich pin 能够使图片信息更丰富。Rich pin 有 6 种形式，分别为 App 类型、电影类型、美食类型、文章类型、产品类型和地点类型。

（4）保证 Pin 链接的相关性

提供的 Pin 图链接要与产品有紧密的相关性，否则这个 Pin 图链接将会被判定为垃圾分享。

（5）注重标题和描述

Pinterest 的图片是以瀑布流形式来展示的，在这数以亿计的图片里面如何找到自己想要看的图片，那么肯定要利用到 Pinterest 的搜索框，而当用户输入搜索的关键词后，Pinterest 会首先去抓取那些标题里面含有关键词的图片，所以说很多人的 pin 图标题不写或者说随便写都是白白浪费了巨大的 Pinterest 站内搜索流量。Pin 图的标题和描述最好不要一模一样，这其实相当于浪费了描述的作用。好的描述可以极大地提高用户点击图片跳转到用户网站的概率，同样图片的点击率高也会让 Pinterest 提高用户 Pin 图的排名。

例如，用户是卖戒指的，标题写戒指关键词，描述就可以写价格、戒指的材质等。

（6）保证每天更新图片

用户应尽量保证每天都对 Pin 图进行更新，可以经常登录账号，包括在网页上登录、在手机上登录，这样可以使刚刚注册的账号尽快成长为老账号。

9.3.4　Pinterest最新发展

1. 畅销标签

在产品图片中加入"Popular""Best seller"标签。标签能帮助用户迅速发现其他人在买的爆款商品。

2. 产品星级+邮费信息

Pinterest 将会在产品页添加产品星级和邮费信息。产品星级来自零售卖家网站。这些信息会给用户更多参考，更有利于订单转化，也让 Pinterest 更像一个综合的线上交易市场。

3. 品类推荐

Pinterest 用户就像国内小红书的受众，以女性为主，主要是分享或借鉴美食、装饰、diy、休闲等。2020 年，受疫情影响，Pinterest 慢慢倾向于健康和养生类。

本章小结

本章介绍了主要的跨境电子商务网络营销渠道：电子邮件营销（EDM），社会化营销，包含领英（LinkedIn）和脸书（Facebook）。通过对跨境电子商务网络营销渠道的介绍，使读者了解目前跨境电子商务领域常用的网络社交工具的类型以及区别；在做跨境电子商务的网络推广营销中，需要掌握注册方法，熟悉获取用户信息的方法，以及如何进行广告宣传。

实训项目

在领英（LinkedIn）等社交网站上建立并完善个人资料。

课后习题

1. 什么是电子邮件营销？做好电子邮件营销有哪些技巧？
2. 怎样在 LinkedIn 上建立人脉圈，如何做好人脉推广工作？

第 10 章

跨境电子商务数据分析

人们已经进入了云消费时代，大数据改变了人们的生活和工作方式，提高了人们的生活质量，人们可以足不出户就掌握所需要的数据信息。在商业领域，大数据的优势更加明显，商业智能得到越来越多人的认可和欢迎。由此可以看出，云发展已经成为当今社会的必然趋势，能够更好地服务于人们，满足人们的需求。

引导案例

蒋女士于 2018 年 9 月 8 日在"德国 W 家官网"购买奶粉，她原本想要 8 盒 2 岁+喜宝奶粉和 1 盒新生儿爱他美奶粉，结果因为没看清楚，将新生儿的爱他美买成了 1 岁+爱他美奶粉，所以咨询客服，并按客服要求于半个小时内申请取消订单。第二天收到了 W 家邮件，并与客服确认已成功取消订单，客服承诺退款将在 1～2 周内到账，可是到了第 16 天蒋女士依然没有收到退款。蒋女士又与客服联系，对方说要等工作日处理，但到了工作日还是没有确切消息，也没有给出具体的解决问题的时限。

对此，"德国 W 家官网"表示，会计部门已经安排退款给蒋女士，希望能以 500 积分（能抵扣 5 欧元）弥补蒋女士受到的损失。积分可以在下单时抵扣付款金额，有效期 24 个月，没有限制购买最低金额或指定商品。如果蒋女士接受，需要以邮件方式发给 W 家，W 家会立即将积分添加到蒋女士的 W 家账户里。

阅读以上案例分析，思考：

1. 跨境电子商务客服有何重要性？

2. 跨境电子商务平台如何提升客户体验？

10.1 数据分析导论

数据分析是指用适当的统计分析方法对收集来的大量数据进行分析，提取有用信息和形成结论，并对数据加以详细研究和概括总结的过程。在实际应用中，数据分析可帮助人们做出判断，以便采取适当行动。数据大多比较枯燥、繁杂，但是贯穿了跨境电子商务企业、平台应用的方方面面。

数据分析导论

数据分析的主要作用主要表现在以下几个方面。

1. 优化品类管理

品类管理指的是从日常零售运作中提炼出来较为系统化、精细化的终端零售理论方法。利用数据分析可以完成更好的决策，让商品和服务为消费者创造更多的价值，最终使商家获得良好的商业效果。商家在制定品类管理策略时应综合考虑品类类别的水平、标准和销售目标，而不仅仅考虑单个商品，因为品类中的各商品是构成连带关系的，牵一发而动全身。

2. 精准营销

商家运用数据记录、挖掘、分析消费者的各项数据和行为轨迹，可以更精准地了解市场需求，在品牌定位、渠道铺设、媒介选择上做更有针对性的营销活动。在大数据技术的支持下，企业和平台可以在开放的网络资源中全渠道搜集客户的行为数据，结合企业、平台自身系统所存储的历史信息，制定可量化、可执行的营销策略。

3. 跟踪商品推广效果，分析商品成长性

商家可以通过对商品的流量、成交量、转化率等指标进行记录与分析，得到商品成长情况，并基于此判断是否继续进行该商品的推广以及预测推广的效益。

4. 分析需求，优化运营

商家可以对客户的搜索、浏览、评论等行为产生的大数据进行挖掘和匹配，分析消费者的整体需求，并有针对性地进行商品生产、改进和营销。

5. 识别目标客户、潜在客户

商家可以全面分析营销成果，提供客户的分布、消费的能力、发展的潜力等分析结果，识别最有价值的目标群体，并融入企业的营销战略规划。通过对客户或关注者输出的内容和进行互动的记录做出分析，识别其中的潜在客户，对潜在客户进行多个维度的画像，丰富客户不同维度的标签。系统通过设定的消费者画像的规则，将会员和潜在客户进行关联分析，把客户与客服沟通数据进行处理，从而可以识别目标人群，进一步做定向的营销推广。动态及时更新消费者的生命周期数据，保持信息新鲜有效，激活社会化资产的价值。

6. 提升客户体验

客户在跨境电子商务购物流程中需求被满足的过程，涵盖了对移动终端中电商网站应用的商品体验和对购物全流程的体验。为了保障客户在浏览、比价、咨询、采集、下单、支付等一系列流程下的体验便捷愉悦，平台向企业提出了更高的服务能力的要求，需要企业将业务流程、客户操作、平台服务贯穿起来，设计一致性的、流畅的、简单易懂的流程，并使客户在每个环节上都有服务的支撑。提供符合客户场景化需求的服务，更能吸引客户加入购物体验流程。企业可通过页面跳转率、点击率、订单转化率等数据的记录和分析，设计符合客户感知能力和使用习惯的交互页面。

10.2　行业数据分析

10.2.1　选品专家

选品专家指标说明如下。

成交指数：指在所选行业、所选时间范围内，累计成交订单数经过数据处理后得到的对应指数。成交指数不等于成交量，指数越大，成交量越大。

购买率排名：指在所选行业、所选时间范围内购买率的排名。

竞争指数：指在所选行业、所选时间范围内，商品词对应的竞争指数。指数越大，竞争越激烈。

1. 爆款选品要素

要素一：挑选的商品要有热度。若商品全部是过季的或长尾商品，就很难保证店铺销量的稳定持续增长。冬天的泳衣明显热度不够，虽然有南半球的客户会购买，但要想成为店铺的爆款则有难度。

要素二：商品具有差异化。简单的抄袭爆款不会成功，同样的商品，别的商家销量已经很高了，此时你无法保证用一个新的商品超越竞争对手。通过数据分析，精炼热卖商品的关键点，做出差异化的商品才是成功的必由之路。

要素三：商品购买转化率高。高点击率、低转化率的商品不能给店铺带来实际成交量。

要素四：商品关联性强。商品关联性是指各商品在最终用途、生产条件、分配渠道或其他方面相互关联的程度。例如，一家主营连衣裙的女装店铺，打造雪纺衫为爆款作为引流商品是明智的选择。

2. 长尾商品开发

长尾商品是相对爆款而言的具有品类深度的商品，一家成熟的店铺不能只靠几个爆款，关联商品的销售能带来更高的利润。传统的二八法则认为，20%的品种带来了80%的销量，但是商家还要关注蓝色的"长尾巴"，这部分可以积少成多，80%的商品能创造超过一半的利润。

长尾商品的开发可放宽商品开发的范围，更需要供应商配合。SKU 数量庞大的商品备货多了会产生巨大的库存并占用现金流，而且往往单个 SKU 的库存量还很低，补货及发货及时性得不到保障，供应商配合会成为服务好最终用户的必要条件。

所以要开发长尾商品可以选择优质供应商的商品，按供应商现货情况备库。不能按照打造爆款思路为其添加飙升词和热度词，把长尾商品打造成爆款是不现实的。

3. 潮流趋势

潮流趋势是平台利用站内外大数据挖掘并整合、分析的服装、服饰、鞋包、珠宝手表等类目的流行趋势。其希望推动有一定供应能力和市场敏锐度的买家，开发系列新款商品快速成长，带动潜力增长。例如，阿里巴巴全球速卖通平台中具有相关流行元素、特征、描述、关键词、图片的商品，将有机会在速卖通各个分站的流行趋势频道中予以曝光。

10.2.2　关键词分析

以速卖通平台为例，速卖通平台的完整热搜词数据库是制作商品标题的利器。标题是系统在排序时对于关键词进行匹配的重要内容，专业的标题能提高卖家的可信度。

优质的标题应该具有这样的格式：风格词+商品分类词+特征属性词+颜色+尺码。特征属性词和商品分类词是基本确定的，无法做出更多的选择，需要卖家对商品熟悉并收集汇总自己的词库。而风格词往往不具有唯一性，卖家应该充分利用120个字符的长度，搜索指数高的风格词。

关键词分析指标说明如下。

（1）是否品牌原词：如果是禁限售商品，销售此类商品将会被处罚，对于品牌商品，如果拿到授权可以进行销售。

（2）搜索指数：搜索该关键词的次数经过数据处理后得到的对应指数。

（3）搜索人气：搜索该关键词的人数经过数据处理后得到的对应指数。

（4）点击率：搜索该关键词并单击进入商品页面的次数。

（5）成交转化率：关键词带来的成交转化率。

（6）竞争指数：供需比经过指数化处理后的结果。

（7）TOP3热搜国家：在所选时间段内搜索量最高的TOP3的国家。

（8）搜索指数飙升幅度：在所选时间段内累计搜索指数同比上一个阶段内累计搜索指数的增长幅度。

（9）曝光商品数增长幅度：在所选时间段内每天平均曝光商品数同比上一个时间段内每天平均曝光商品数的增长幅度。

10.3　店铺经营分析

10.3.1　店铺流量来源分析

1. 流量及转化

对自己店铺概况进行查询是每一位卖家的必修课，特别是查询流量和转化数据。

2. 店铺交易

在店铺交易中最应该关注的数据是支付成功订单数。

店铺流量指标主要从店铺优化、店铺易用性、店铺流量质量以及顾客购买行为等方面进行考虑，主要用于描述店铺访问者的数量和质量，是跨境电子商务数据分析的基础。该部分指标主要包括访客数、浏览量、跳失率、停留时间等。目前，流量指标的数据来源通常有两种：一种是通过网站日志数据库处理；一种是通过网站页面插入JS代码的方法处理。通过这两种方法收集的日志的数据各有长处和短处，大企业会有日志数据仓库，以供分析、建模之用，大多数的企业还会使用谷歌分析工具（GA）来进行网站监控与分析。

店铺流量指标可细分为数量指标、质量指标和转换指标，如我们常见的浏览量、访客数、新访客数、新访客比率等就属于流量数量指标；而跳出率、页面/站点平均在线时长、浏览量/访客数等则属于流量质量指标；针对具体的目标，设计的转换次数和转换率等则属于流量转换指标，如用户下单次数、加入购物车次数、成功支付次数以及相对应的转化率等。

（1）访客数

访客数即 UV，表示在统计周期内，访问网站的独立用户数。网站的访客数指标是为了近似地模拟访问网站的真实人数，故"同一个人"（在 Cookie 技术下，通常表现为同一客户端同一浏览器）多次访问网站，也仅记为一个访客。

（2）浏览量

浏览量即 PV，表示在统计周期内，访客浏览网站页面的次数。访客多次打开或刷新同一页面，该指标均累加。

（3）跳失率

跳失率指在统计周期内，跳失数占入站次数的比例。

（4）停留时间

停留时间指访客在同一访问期间访问网站的时长。在实际应用中，通常取平均停留时间。

（5）人均浏览量

人均浏览量指在统计周期内，每个访客平均查看网站页面的次数，即 PV/UV。

（6）注册用户数

注册用户数指在统计周期内，发生注册行为的独立访客数。

（7）注册转化率

注册转化率指在统计周期内，新增注册用户数占所有访客数的比例。通常网站的访客中，已经有一部分是注册用户，这导致该指标不能真实反映非注册访客的注册意愿，但考虑到目前行业通用的定义和目前大部分跨境电子商务网站的访客主要以新访客为主，我们没有对该指标进行修正。

从跨境电子商务网站角度来看，通常访客平均查看的页面数越多，停留的时间越长，表示访客对网站的内容或商品越感兴趣，但也不排除访客在网站中迷失，找不到所需要的内容或商品的可能。

店铺流量指标能够帮助我们对店铺访问概况有一个整体把控，但如果真正要定位到店铺问题，进而提高店铺运营效率，我们还需要从多个维度解读这些指标，如时间、流量来源、访客地域、性别、年龄、终端设备和页面类型等。

10.3.2　装修效果分析

商家要想进行装修效果分析，可以查看在最近 30 天内，在哪些天做过店铺装修，装修后店铺的流量、访问深度、访问时长及跳失率的变化，以此来衡量店铺装修效果。

装修效果分析指标说明如下。

（1）平均访问深度：该来源带来的访客每次入店后在店铺内的平均访问页面数，即人均访问页面数。一段时间访问深度等于每天访问深度日均值，即每天访问深度平均值。

（2）平均访问时间：访问时间为用户在一次访问内访问店铺页面的时长，平均访问时间即所有用户每次访问时长的平均值。

（3）跳失率：只访问了该店铺一个页面就离开的次数占总入店次数的比例。一段时间的跳失率等于每天跳失率日均值，即每天跳失率平均值。

（4）购买率：访问该页面的访客中当天下单的访客与访问该页面的总访客数的比值。

10.3.3 自有商品分析

自有商品分析指标说明如下。

（1）曝光量：商品在搜索或者类目浏览下的曝光次数。

（2）浏览量：该商品被买家浏览的次数。

（3）搜索点击率：商品在搜索或者类目曝光后被点击的比例，等于浏览量除以曝光量。

（4）访客数：访问该商品的买家总数。

（5）成交订单数：该商品在选定时间范围内支付成功的订单数，与在选定时间范围内风控关闭的订单数的差值。

（6）成交买家数：在选定时间范围内成功购买该商品的买家数。

（7）成交金额：该商品在选定时间范围内产生的交易额。

（8）询盘次数：买家通过该商品点击旺旺与平台站内信的次数。

（9）成交转化率：成功购买该商品的买家数占访问买家总数的比值。

（10）平均停留时长：买家访问该商品所有详情页面的平均停留时间。

（11）添加购物车次数：该商品被买家加入购物车的次数。

（12）添加收藏次数：该商品被买家收藏的次数。

（13）No-Pay 比例：该商品在选定时间范围内未成功支付的订单与创建成功的订单的比值。

自有商品分析主要分为两个方向：爆款分析和长尾商品分析。爆款分析是以打造爆款为目的的全方位细致分析商品的方法；长尾商品分析是运用 Excel 功能分析爆款以外的所有商品的方法。

10.4 客户行为分析

10.4.1 客户购买决策过程

1. 客户购买决策的概念

广义的客户购买决策是指消费者为了满足某种需求，在一定的购买动机的支配下，在可供选择的两个或者两个以上的购买方案中，经过分析、评价、选择并且实施最佳的购买方案，以及购后评价的活动过程。

2. 客户购买决策过程

客户购买决策过程一般由引起需要、收集信息、评价方案、决定购买和购后行为五个阶段构成。

（1）引起需要（Need Recognition）

缺货、不满意、新需要、相关商品的需要、新商品上市等因素可诱导需求的产生。企业应确认客户产生需求的原因，根据不同的诱因采取相应的措施，刺激客户产生需求。

（2）收集信息（Information Search）

客户信息来源主要有个人来源（如家庭、朋友、邻居、熟人）、商业来源（如广告、推销员、经销商、包装、展览）、公共来源（如大众传播媒体、客户评审组织等）、经验来源

（如处理、检查和使用商品）等。这一阶段企业应了解客户获取信息的途径，并识别各种途径的重要程度，从而创造使客户了解自己商品或服务的机会。

（3）评价方案（Evaluation of Alternatives）

解决客户需求的方案不是单一的，客户对所有方案都会有一个综合的评价，评价指标一般涉及商品属性、品牌满意度、总效用。这一阶段的策略重点是了解客户期望从商品或服务中获得的特定利益，抓住其所关注的重点，强调商品或服务所具备的相关功能，从而打动客户。

（4）决定购买（Purchase Decision）

商品或服务使客户获益能力的大小是促使客户做出购买决定的关键因素，但别人的态度有时也能对购买决定产生一定的影响。企业应充分了解引起客户风险感觉的可能因素，进而采取措施减少客户可察觉的风险。

（5）购后行为（Post-Purchase Behavior）

客户做出购买决策后会对商品或服务的实际表现同期望水平进行比较，体会商品满足自身需求的程度。客户的评价会影响以后的购买行为。为了避免客户购买后产生不满或弥补客户的不满，企业应采取有效措施尽量降低客户不满意的程度。例如，提供有效的售后服务，定期回访客户，了解其对商品或服务的意见，并提供相应的解决方案。

不是所有的购买决策都会经历以上五个阶段，但对购买决策过程模式的正确认识，可以使企业有针对性地展开服务，更好地抓住客户。

10.4.2　客户期望

1. 客户期望的概念

客户期望是指客户希望企业提供的商品或服务能满足其需要的水平，达到了这一期望，客户会感到满意，否则，客户就会感不满意。

客户期望在客户对商品或服务的认知中起着关键性的作用。客户正是将预期质量与体验质量进行比较，据此对商品或服务质量进行评估的。所以期望与体验是否一致已成为商品或服务质量评估的决定性因素。期望作为比较评估的标准，既反映客户相信会在商品或服务中发生什么（预测），也反映客户想要在商品或服务中发生什么（愿望）。

2. 管理客户期望

对客户期望进行有效的管理，可以通过以下几个方面的工作进行。

（1）确保承诺的实现性。企业应集中精力于基本服务项目，通过切实可行的努力和措施，确保对客户所做的承诺能够反映真实的服务水平，保证承诺兑现。承诺难以兑现，将会使企业失去客户的信任，破坏客户的容忍度，这对企业是不利的。

（2）重视商品或服务的可靠性。提高商品或服务的可靠性能带来较高的现有客户保持率，增加积极的客户口碑，减少招揽新客户的压力和再次服务的开支。可靠的服务有助于减少优质服务重现的需要，从而合理限制客户期望。

（3）坚持沟通的经常性。经常与客户进行沟通，理解他们的期望，对服务加以说明，或是对客户光临表示感激，更多地获得客户的谅解。通过与客户经常对话，加强与客户的联系，可以在问题发生时处于相对主动的地位。企业积极地发起沟通以及对客户发起的沟通表示关切，都传达了和谐、合作的愿望，而这又是客户经常希望而又很少得到的。有效的沟通有助于在出现服务失误时，减少或消除客户的失望，从而树立客户对企业的信心和理解。

10.4.3 客户对质量的感知

1. 客户对质量的感知的概念

客户对质量的感知，是指客户按自己对商品的使用目的和需求状况，综合分析市场上各种经由正式或非正式途径获得的相关信息，对一种商品或服务所做的抽象的主观的评价。

每一位客户在购买商品之前，都会或多或少地去了解一些与商品有关的信息，越是贵重的或大型的商品，客户需要考虑的时间越长，需要收集的信息越多；当客户对商品感知的质量越接近实际质量或实际质量超过客户感知的质量时，客户就会购买自己满意的商品。因此对企业营销活动来说，最重要的任务就是通过各种途径来提高客户对商品感知的质量。

2. 提高客户感知的质量的意义

（1）提高客户感知的质量，有利于客户将本企业商品的质量与竞争对手商品的质量差异化，增加客户对本企业商品的购买倾向性，有利于提高客户的忠诚度，提高商品的市场竞争力。

（2）提高客户感知的质量，有利于企业创立名牌商标和进行品牌延伸。客户评选心目中的名牌形象，最重要的因素之一就是商品的质量，因为只有那些优质商品，才能满足客户的消费愿望，才能增加客户的忠诚度。并且，企业可以进行品牌延伸，增加商品的深度和广度，塑造更多的品牌。

（3）提高客户感知的质量，有利于增加商品质量对客户的吸引力，增强客户购买商品的重复性，建立良好的客户信誉；有利于提高商品的市场占有率，塑造企业的品牌战略，从而增加企业的经济效益。

（4）提高客户感知的质量，有利于提高客户愿意支付的价格水平。价格和客户所感知的质量这二者是相互呼应和影响的。价格越高，客户所感知的质量越高；同时客户所感知的质量越高，商品的售价便会越高。

10.4.4 客户对价值的感知

1. 客户对价值感知的概念

客户对价值的感知是指客户所能感知到的利得与其在获取商品或服务中所付出的成本进行权衡后对商品或服务效用的整体评价。

2. 客户感知价值的意义

（1）从客户价值创造到客户忠诚

仅提高服务质量或只改进商品质量，并不意味着真正会提高客户感知价值。提高客户感知价值需要从客户效用、服务质量、货币支出、非货币成本等方面进行综合考虑。客户感知价值的提高相应会增加客户满意度，持续的客户满意度会形成客户忠诚度，并为企业带来更多利益。

客户忠诚度基于持续的客户满意度，它是一种情感、态度上的联系，而不只是一种行为。为了增强客户忠诚度，企业必须提高客户满意度水平，并长期保持住，因此需要提高客户价值。而提高客户价值的关键是让客户"感知"到价值提高了，超过其期望。客户忠诚度是依靠物质所得和服务质量来确保客户完全满意的，这需要企业的每个成员都对内部和外部服务质量以及保持客户负起责任来。因此，企业在业务流程、人力资源和信息系统方面需要调整以适应提高客户满意度的需要。

（2）客户保持的收益

吸引新客户的成本是高昂的。员工要花费时间去了解新客户并修复由于不熟悉他们的愿望和需求所带来的失误。忠诚的客户已被收录到数据库中，员工很熟悉他们，为其提供服务容易得多。还没建立关系的新客户对错误更敏感，甚至可能刻意寻找问题。真正忠诚的客户更愿意在合理的范围内再给公司一次修复的机会，或者忽视一些失误。

（3）争夺价值客户

一旦客户看不到商品或服务间的任何区别，该商品或服务则被商品化了。如此在核心商品层次上争取竞争优势就会变得很困难，客户从核心商品中看不到价值区分标的。而为了在核心层次上增加价值使客户满意，很多企业的做法仅是降低价格，这常常导致价格战。价格策略不仅会增加客户对价格的敏感性，也使竞争对手很容易复制，不能建立客户忠诚度，且会造成企业额外损失。因此，企业需要采取差异化客户策略保持价值客户，以服务作为区分标的。

价值客户不仅是企业的宝贵资源，也是竞争对手争取的对象。企业应针对不同类别的客户进行差异化投入，这样做可使企业在与竞争对手争夺客户资源的博弈中有所收益。

10.4.5 客户满意度

1. 客户满意度的概念

客户满意度是指客户满意的程度，是客户在购买和消费相应的商品或服务后所获得的不同程度的满足状态。在客户满意度管理中，要想获得进行客户满意管理的科学依据，企业必须建立客户满意级数来衡量客户满意的不同状态，以便制定相应的营销策略。

激烈的竞争迫使企业在生产经营中关注客户，并以客户的需求和利益为中心，最大限度地满足客户的需求，增加企业的竞争优势。

2. 客户满意对企业的意义

（1）有利于获得客户的认同，实现客户忠诚

客户满意包括物质满意、精神满意和社会满意，能够使客户在购买和使用企业商品或服务的过程中舒适、有美感，体现自我价值。对于围绕客户满意运作的特色服务，更将使客户感受到企业的温情和诚信，有利于客户识别和认同。

同时，客户的高度满意和愉悦创造了一种对商品品牌情绪上的共鸣，而不仅仅是一种理性偏好，正是这种由于满意而产生的共鸣创造了客户对商品品牌的高度忠诚。

（2）企业最有说服力的宣传手段

对于以客户为中心的企业来说，客户满意既是一种目标，同时也是一种市场营销手段，因为高度的客户满意度是企业最有说服力的宣传。客户满意度不仅决定了客户自己的行为，客户还会将自己的感受向其他人传播，从而影响其他人的行为。随着客户满意度的增加和时间的推移，客户的推荐将给企业带来更多的利润，同时，因宣传、推销方面的成本的减少也将带来利润的增加，而这两者加起来要远远超出其给企业创造的基本利润。

（3）直接影响商品销售率

如果客户高度满意，随着时间的推移，客户会主动给企业推荐新客户，形成一种口碑

效应，由此导致企业销售额有较大增长。同时，由于宣传、销售等方面的费用降低，企业经营成本下降，也带来大量的利润增加。例如，本田雅阁曾经连续几年获得"客户满意度第一"的殊荣，这一事件的宣传有助于公司销售更多的雅阁汽车。

（4）有利于提高企业竞争力和企业管理水平

客户满意度管理可以使企业在思想观念上发生深刻的转变，意识到客户始终处于主导地位，确立"以客户为关注焦点"的经营战略。在制定企业决策时，企业能够与客户进行广泛交流并征求客户意见，增加客户满意度，提高企业的竞争力和企业的管理水平。

此外，高度的客户满意还会使客户尝试购买企业的新商品，为企业和它的商品进行正面宣传，忽视竞争品牌和广告，对价格不敏感，对竞争对手的商品具有较强免疫力等。现代企业要充分了解客户的让渡价值，通过企业的变革和全员努力，建立"客户满意第一"的良性机制。

10.4.6　客户抱怨

1. 客户抱怨的概念

客户对商品或服务的不满和责难叫作客户抱怨。客户的抱怨行为是由对商品或服务的不满意而引起的，所以客户的抱怨行为是不满意的具体的行为反应。客户对服务或商品的抱怨即意味着经营者提供的商品或服务没有达到客户期望、没有满足客户需求。此外，也表示客户对经营者有所期待，希望其能改善服务水平，从而挽回经济上的损失，恢复自我形象。客户抱怨可分为私人行为和公开行为。私人行为包括回避重新购买或再不购买该品牌、不再光顾该商店、说该品牌或该商店的坏话等；公开行为包括向商店或制造企业、政府有关机构投诉、要求赔偿。

实现客户忠诚是现代企业维持客户关系的重要手段，对于客户的不满与抱怨，企业应采取积极的态度来处理，对于服务、商品或者沟通等原因所带来的失误要进行及时补救，以重新建立信誉，提高客户满意度，维持客户的忠诚度。

2. 处理客户抱怨对企业的意义

（1）提高企业美誉度

客户抱怨发生后，尤其是公开的抱怨行为，企业的知名度会大大提高，企业的社会影响的广度、深度也会有不同程度的扩展。但不同的处理方式，直接影响着企业的形象和美誉度。在积极的引导下，企业美誉度往往会经过一段时间下降后迅速提高，有的甚至直线上升，而消极的态度会使企业的形象和美誉度随知名度的提高而迅速下降。

（2）提高客户忠诚度

有研究发现，提出抱怨的客户，若问题获得圆满解决，其忠诚度会比从来没遇到问题的客户高。因此，客户的抱怨并不可怕，可怕的是不能有效地化解抱怨，最终导致客户的离去。

对于许多客户来讲，他们认为与其抱怨，不如取消或减少与经营者的交易量。这一数字更加显示了正确、妥善化解客户抱怨的重要意义，企业只有尽量化解客户的抱怨，才能维持乃至增加客户的忠诚度，保持和提高客户的满意度。

（3）客户抱怨是企业的"治病良药"

企业的成功需要客户的抱怨。客户抱怨表面上让企业员工不好受，实际上客户抱怨给企业的经营敲响了警钟，使企业能发现隐患，进而解除隐患赢得更多的客户。同时保留忠诚的客户，他们有着"不打不成交"的经历，他们不仅是客户，还是企业的亲密朋友，特别关注和关心企业的变化。

如果企业换一个角度来思考，实实在在地把客户抱怨当作一份礼物，那么企业就能充分利用客户的抱怨所传达的信息，把企业做大。客户的不满是企业改善服务的基础，企业要成功就必须真诚地欢迎那些提出不满的客户，并使客户乐意将宝贵的意见和建议送上门来。

10.4.7　客户忠诚度

1. 客户忠诚度的概念

客户忠诚度指客户忠诚的程度，是一个量化概念。客户忠诚度是指受质量、价格、服务等诸多因素的影响，使客户对某一企业的商品或服务产生感情，形成偏爱并长期重复购买该企业商品或服务的程度。

美国资深营销专家吉尔·格里芬认为，客户忠诚度是指客户出于对企业或品牌的偏好而经常性重复购买的程度。

真正的客户忠诚度是一种行为，而客户满意度只是一种态度。根据统计，当企业挽留客户的比率增加 5%时，企业获利便可提高 25%～100%。许多学者更是直接表示，忠诚的客户将是企业竞争优势的主要来源。由此可见，保留有忠诚度的客户对企业经营者来说是相当重要的任务。

客户满意度与客户忠诚度的不同在于，客户满意度是评价在过去的交易中满足客户原先期望的程度，而客户忠诚度则是评价客户再购及愿意参与活动的程度。

2. 客户忠诚度衡量指标

客户忠诚度是客户忠诚的量化指数，一般可运用三个主要指标来衡量客户忠诚度，这三个指标分别如下。

（1）整体的客户满意度（可分为很满意、比较满意、满意、不满意、很不满意）。

（2）重复购买的概率（可分为 70%以上、70%～30%、30%以下）。

（3）推荐给他人的可能性（很大可能、有可能、不可能）。

本章小结

———❀❀❀❀❀———

与传统商务相比，电子商务的网络特性，决定了跨境电子商务网站可以容易地获得各项关键数据统计指标，并利用这些数据指标来改善提高网站经营效率。但是，与快速发展的跨境电子商务相比，行业里仍缺少对通用的统计指标的整理和对电商数据分析方法的概括解读。

本章从数据分析的重要作用入手，详细地对跨境电子商务行业数据、店铺经营和客户行为进行了分析。

实训项目

简述云计算、大数据、人工智能的含义及三者的关系，指出这三者对于跨境电子商务平台发展有什么重要作用？并形成调研报告。

课后习题

1. 数据分析的作用是什么？
2. 举例说明跨境电子商务数据应该从哪些方面进行分析。
3. 举例说明客户行为主要从哪些方面进行分析。

附录

中华人民共和国电子商务法

中华人民共和国电子商务法

（2018 年 8 月 31 日第十三届全国人民代表大会常务委员会第五次会议通过）

目录

第一章　总则
第二章　电子商务经营者
　　第一节　一般规定
　　第二节　电子商务平台经营者
第三章　电子商务合同的订立与履行
第四章　电子商务争议解决
第五章　电子商务促进
第六章　法律责任
第七章　附则

第一章　总则

第一条　为了保障电子商务各方主体的合法权益，规范电子商务行为，维护市场秩序，促进电子商务持续健康发展，制定本法。

第二条　中华人民共和国境内的电子商务活动，适用本法。

本法所称电子商务，是指通过互联网等信息网络销售商品或者提供服务的经营活动。

法律、行政法规对销售商品或者提供服务有规定的，适用其规定。金融类产品和服务，利用信息网络提供新闻信息、音视频节目、出版以及文化产品等内容方面的服务，不适用本法。

第三条　国家鼓励发展电子商务新业态，创新商业模式，促进电子商务技术研发和推广应用，推进电子商务诚信体系建设，营造有利于电子商务创新发展的市场环境，充分发挥电子商务在推动高质量发展、满足人民日益增长的美好生活需要、构建开放型经济方面的重要作用。

第四条　国家平等对待线上线下商务活动，促进线上线下融合发展，各级人民政府和有关部门不得采取歧视性的政策措施，不得滥用行政权力排除、限制市场竞争。

第五条　电子商务经营者从事经营活动，应当遵循自愿、平等、公平、诚信的原则，遵守法律和商业道德，公平参与市场竞争，履行消费者权益保护、环境保护、知识产权保护、网络安全与个人信息保护等方面的义务，承担产品和服务质量责任，接受政府和社会的监督。

第六条　国务院有关部门按照职责分工负责电子商务发展促进、监督管理等工作。县级以上地方各级人民政府可以根据本行政区域的实际情况，确定本行政区域内电子商务的部门职责划分。

第七条　国家建立符合电子商务特点的协同管理体系，推动形成有关部门、电子商务行业组织、电子商务经营者、消费者等共同参与的电子商务市场治理体系。

第八条　电子商务行业组织按照本组织章程开展行业自律，建立健全行业规范，推动行业诚信建设，监督、引导本行业经营者公平参与市场竞争。

第二章　电子商务经营者

第一节　一般规定

第九条　本法所称电子商务经营者，是指通过互联网等信息网络从事销售商品或者提供服务的经营活动的自然人、法人和非法人组织，包括电子商务平台经营者、平台内经营者以及通过自建网站、其他网络服务销售商品或者提供服务的电子商务经营者。

本法所称电子商务平台经营者，是指在电子商务中为交易双方或者多方提供网络经营场所、交易撮合、信息发布等服务，供交易双方或者多方独立开展交易活动的法人或者非法人组织。

本法所称平台内经营者，是指通过电子商务平台销售商品或者提供服务的电子商务经营者。

第十条　电子商务经营者应当依法办理市场主体登记。但是，个人销售自产农副产品、家庭手工业产品，个人利用自己的技能从事依法无须取得许可的便民劳务活动和零星小额交易活动，以及依照法律、行政法规不需要进行登记的除外。

第十一条　电子商务经营者应当依法履行纳税义务，并依法享受税收优惠。

依照前条规定不需要办理市场主体登记的电子商务经营者在首次纳税义务发生后，应当依照税收征收管理法律、行政法规的规定申请办理税务登记，并如实申报纳税。

第十二条　电子商务经营者从事经营活动，依法需要取得相关行政许可的，应当依法取得行政许可。

第十三条 电子商务经营者销售的商品或者提供的服务应当符合保障人身、财产安全的要求和环境保护要求，不得销售或者提供法律、行政法规禁止交易的商品或者服务。

第十四条 电子商务经营者销售商品或者提供服务应当依法出具纸质发票或者电子发票等购货凭证或者服务单据。电子发票与纸质发票具有同等法律效力。

第十五条 电子商务经营者应当在其首页显著位置，持续公示营业执照信息、与其经营业务有关的行政许可信息、属于依照本法第十条规定的不需要办理市场主体登记情形等信息，或者上述信息的链接标识。

前款规定的信息发生变更的，电子商务经营者应当及时更新公示信息。

第十六条 电子商务经营者自行终止从事电子商务的，应当提前三十日在首页显著位置持续公示有关信息。

第十七条 电子商务经营者应当全面、真实、准确、及时地披露商品或者服务信息，保障消费者的知情权和选择权。电子商务经营者不得以虚构交易、编造用户评价等方式进行虚假或者引人误解的商业宣传，欺骗、误导消费者。

第十八条 电子商务经营者根据消费者的兴趣爱好、消费习惯等特征向其提供商品或者服务的搜索结果的，应当同时向该消费者提供不针对其个人特征的选项，尊重和平等保护消费者合法权益。

电子商务经营者向消费者发送广告的，应当遵守《中华人民共和国广告法》的有关规定。

第十九条 电子商务经营者搭售商品或者服务，应当以显著方式提请消费者注意，不得将搭售商品或者服务作为默认同意的选项。

第二十条 电子商务经营者应当按照承诺或者与消费者约定的方式、时限向消费者交付商品或者服务，并承担商品运输中的风险和责任。但是，消费者另行选择快递物流服务提供者的除外。

第二十一条 电子商务经营者按照约定向消费者收取押金的，应当明示押金退还的方式、程序，不得对押金退还设置不合理条件。消费者申请退还押金，符合押金退还条件的，电子商务经营者应当及时退还。

第二十二条 电子商务经营者因其技术优势、用户数量、对相关行业的控制能力以及其他经营者对该电子商务经营者在交易上的依赖程度等因素而具有市场支配地位的，不得滥用市场支配地位，排除、限制竞争。

第二十三条 电子商务经营者收集、使用其用户的个人信息，应当遵守法律、行政法规有关个人信息保护的规定。

第二十四条 电子商务经营者应当明示用户信息查询、更正、删除以及用户注销的方式、程序，不得对用户信息查询、更正、删除以及用户注销设置不合理条件。

电子商务经营者收到用户信息查询或者更正、删除的申请的，应当在核实身份后及时提供查询或者更正、删除用户信息。用户注销的，电子商务经营者应当立即删除该用户的信息；依照法律、行政法规的规定或者双方约定保存的，依照其规定。

第二十五条 有关主管部门依照法律、行政法规的规定要求电子商务经营者提供有关电子商务数据信息的，电子商务经营者应当提供。有关主管部门应当采取必要措施保护电子商务经营者提供的数据信息的安全，并对其中的个人信息、隐私和商业秘密严格保密，不得泄露、出售或者非法向他人提供。

第二十六条　电子商务经营者从事跨境电子商务，应当遵守进出口监督管理的法律、行政法规和国家有关规定。

第二节　电子商务平台经营者

第二十七条　电子商务平台经营者应当要求申请进入平台销售商品或者提供服务的经营者提交其身份、地址、联系方式、行政许可等真实信息，进行核验、登记，建立登记档案，并定期核验更新。

电子商务平台经营者为进入平台销售商品或者提供服务的非经营用户提供服务，应当遵守本节有关规定。

第二十八条　电子商务平台经营者应当按照规定向市场监督管理部门报送平台内经营者的身份信息，提示未办理市场主体登记的经营者依法办理登记，并配合市场监督管理部门，针对电子商务的特点，为应当办理市场主体登记的经营者办理登记提供便利。

电子商务平台经营者应当依照税收征收管理法律、行政法规的规定，向税务部门报送平台内经营者的身份信息和与纳税有关的信息，并应当提示依照本法第十条规定不需要办理市场主体登记的电子商务经营者依照本法第十一条第二款的规定办理税务登记。

第二十九条　电子商务平台经营者发现平台内的商品或者服务信息存在违反本法第十二条、第十三条规定情形的，应当依法采取必要的处置措施，并向有关主管部门报告。

第三十条　电子商务平台经营者应当采取技术措施和其他必要措施保证其网络安全、稳定运行，防范网络违法犯罪活动，有效应对网络安全事件，保障电子商务交易安全。

电子商务平台经营者应当制定网络安全事件应急预案，发生网络安全事件时，应当立即启动应急预案，采取相应的补救措施，并向有关主管部门报告。

第三十一条　电子商务平台经营者应当记录、保存平台上发布的商品和服务信息、交易信息，并确保信息的完整性、保密性、可用性。商品和服务信息、交易信息保存时间自交易完成之日起不少于三年；法律、行政法规另有规定的，依照其规定。

第三十二条　电子商务平台经营者应当遵循公开、公平、公正的原则，制定平台服务协议和交易规则，明确进入和退出平台、商品和服务质量保障、消费者权益保护、个人信息保护等方面的权利和义务。

第三十三条　电子商务平台经营者应当在其首页显著位置持续公示平台服务协议和交易规则信息或者上述信息的链接标识，并保证经营者和消费者能够便利、完整地阅览和下载。

第三十四条　电子商务平台经营者修改平台服务协议和交易规则，应当在其首页显著位置公开征求意见，采取合理措施确保有关各方能够及时充分表达意见。修改内容应当至少在实施前七日予以公示。

平台内经营者不接受修改内容，要求退出平台的，电子商务平台经营者不得阻止，并按照修改前的服务协议和交易规则承担相关责任。

第三十五条　电子商务平台经营者不得利用服务协议、交易规则以及技术等手段，对平台内经营者在平台内的交易、交易价格以及与其他经营者的交易等进行不合理限制或者附加不合理条件，或者向平台内经营者收取不合理费用。

第三十六条　电子商务平台经营者依据平台服务协议和交易规则对平台内经营者违反

法律、法规的行为实施警示、暂停或者终止服务等措施的，应当及时公示。

第三十七条　电子商务平台经营者在其平台上开展自营业务的，应当以显著方式区分标记自营业务和平台内经营者开展的业务，不得误导消费者。

电子商务平台经营者对其标记为自营的业务依法承担商品销售者或者服务提供者的民事责任。

第三十八条　电子商务平台经营者知道或者应当知道平台内经营者销售的商品或者提供的服务不符合保障人身、财产安全的要求，或者有其他侵害消费者合法权益行为，未采取必要措施的，依法与该平台内经营者承担连带责任。

对关系消费者生命健康的商品或者服务，电子商务平台经营者对平台内经营者的资质资格未尽到审核义务，或者对消费者未尽到安全保障义务，造成消费者损害的，依法承担相应的责任。

第三十九条　电子商务平台经营者应当建立健全信用评价制度，公示信用评价规则，为消费者提供对平台内销售的商品或者提供的服务进行评价的途径。

电子商务平台经营者不得删除消费者对其平台内销售的商品或者提供的服务的评价。

第四十条　电子商务平台经营者应当根据商品或者服务的价格、销量、信用等以多种方式向消费者显示商品或者服务的搜索结果；对于竞价排名的商品或者服务，应当显著标明"广告"。

第四十一条　电子商务平台经营者应当建立知识产权保护规则，与知识产权权利人加强合作，依法保护知识产权。

第四十二条　知识产权权利人认为其知识产权受到侵害的，有权通知电子商务平台经营者采取删除、屏蔽、断开链接、终止交易和服务等必要措施。通知应当包括构成侵权的初步证据。

电子商务平台经营者接到通知后，应当及时采取必要措施，并将该通知转送平台内经营者；未及时采取必要措施的，对损害的扩大部分与平台内经营者承担连带责任。

因通知错误造成平台内经营者损害的，依法承担民事责任。恶意发出错误通知，造成平台内经营者损失的，加倍承担赔偿责任。

第四十三条　平台内经营者接到转送的通知后，可以向电子商务平台经营者提交不存在侵权行为的声明。声明应当包括不存在侵权行为的初步证据。

电子商务平台经营者接到声明后，应当将该声明转送发出通知的知识产权权利人，并告知其可以向有关主管部门投诉或者向人民法院起诉。电子商务平台经营者在转送声明到达知识产权权利人后十五日内，未收到权利人已经投诉或者起诉通知的，应当及时终止所采取的措施。

第四十四条　电子商务平台经营者应当及时公示收到的本法第四十二条、第四十三条规定的通知、声明及处理结果。

第四十五条　电子商务平台经营者知道或者应当知道平台内经营者侵犯知识产权的，应当采取删除、屏蔽、断开链接、终止交易和服务等必要措施；未采取必要措施的，与侵权人承担连带责任。

第四十六条　除本法第九条第二款规定的服务外，电子商务平台经营者可以按照平台服务协议和交易规则，为经营者之间的电子商务提供仓储、物流、支付结算、交收等服务。电子商务平台经营者为经营者之间的电子商务提供服务，应当遵守法律、行政法规和国家有关规定，不得采取集中竞价、做市商等集中交易方式进行交易，不得进行标准化合约交易。

第三章　电子商务合同的订立与履行

第四十七条　电子商务当事人订立和履行合同，适用本章和《中华人民共和国民法总则》《中华人民共和国合同法》《中华人民共和国电子签名法》等法律的规定。

第四十八条　电子商务当事人使用自动信息系统订立或者履行合同的行为对使用该系统的当事人具有法律效力。

在电子商务中推定当事人具有相应的民事行为能力。但是，有相反证据足以推翻的除外。

第四十九条　电子商务经营者发布的商品或者服务信息符合要约条件的，用户选择该商品或者服务并提交订单成功，合同成立。当事人另有约定的，从其约定。

电子商务经营者不得以格式条款等方式约定消费者支付价款后合同不成立；格式条款等含有该内容的，其内容无效。

第五十条　电子商务经营者应当清晰、全面、明确地告知用户订立合同的步骤、注意事项、下载方法等事项，并保证用户能够便利、完整地阅览和下载。

电子商务经营者应当保证用户在提交订单前可以更正输入错误。

第五十一条　合同标的为交付商品并采用快递物流方式交付的，收货人签收时间为交付时间。合同标的为提供服务的，生成的电子凭证或者实物凭证中载明的时间为交付时间；前述凭证没有载明时间或者载明时间与实际提供服务时间不一致的，实际提供服务的时间为交付时间。

合同标的为采用在线传输方式交付的，合同标的进入对方当事人指定的特定系统并且能够检索识别的时间为交付时间。

合同当事人对交付方式、交付时间另有约定的，从其约定。

第五十二条　电子商务当事人可以约定采用快递物流方式交付商品。

快递物流服务提供者为电子商务提供快递物流服务，应当遵守法律、行政法规，并应当符合承诺的服务规范和时限。快递物流服务提供者在交付商品时，应当提示收货人当面查验；交由他人代收的，应当经收货人同意。

快递物流服务提供者应当按照规定使用环保包装材料，实现包装材料的减量化和再利用。

快递物流服务提供者在提供快递物流服务的同时，可以接受电子商务经营者的委托提供代收货款服务。

第五十三条　电子商务当事人可以约定采用电子支付方式支付价款。

电子支付服务提供者为电子商务提供电子支付服务，应当遵守国家规定，告知用户电子支付服务的功能、使用方法、注意事项、相关风险和收费标准等事项，不得附加不合理交易条件。电子支付服务提供者应当确保电子支付指令的完整性、一致性、可跟踪稽核和不可篡改。

电子支付服务提供者应当向用户免费提供对账服务以及最近三年的交易记录。

第五十四条　电子支付服务提供者提供电子支付服务不符合国家有关支付安全管理要求，造成用户损失的，应当承担赔偿责任。

第五十五条　用户在发出支付指令前，应当核对支付指令所包含的金额、收款人等完整信息。

支付指令发生错误的，电子支付服务提供者应当及时查找原因，并采取相关措施予以纠正。造成用户损失的，电子支付服务提供者应当承担赔偿责任，但能够证明支付错误非自身原因造成的除外。

第五十六条　电子支付服务提供者完成电子支付后，应当及时准确地向用户提供符合约定方式的确认支付的信息。

第五十七条　用户应当妥善保管交易密码、电子签名数据等安全工具。用户发现安全工具遗失、被盗用或者未经授权的支付的，应当及时通知电子支付服务提供者。

未经授权的支付造成的损失，由电子支付服务提供者承担；电子支付服务提供者能够证明未经授权的支付是因用户的过错造成的，不承担责任。

电子支付服务提供者发现支付指令未经授权，或者收到用户支付指令未经授权的通知时，应当立即采取措施防止损失扩大。电子支付服务提供者未及时采取措施导致损失扩大的，对损失扩大部分承担责任。

第四章　电子商务争议解决

第五十八条　国家鼓励电子商务平台经营者建立有利于电子商务发展和消费者权益保护的商品、服务质量担保机制。

电子商务平台经营者与平台内经营者协议设立消费者权益保证金的，双方应当就消费者权益保证金的提取数额、管理、使用和退还办法等作出明确约定。

消费者要求电子商务平台经营者承担先行赔偿责任以及电子商务平台经营者赔偿后向平台内经营者的追偿，适用《中华人民共和国消费者权益保护法》的有关规定。

第五十九条　电子商务经营者应当建立便捷、有效的投诉、举报机制，公开投诉、举报方式等信息，及时受理并处理投诉、举报。

第六十条　电子商务争议可以通过协商和解，请求消费者组织、行业协会或者其他依法成立的调解组织调解，向有关部门投诉，提请仲裁，或者提起诉讼等方式解决。

第六十一条　消费者在电子商务平台购买商品或者接受服务，与平台内经营者发生争议时，电子商务平台经营者应当积极协助消费者维护合法权益。

第六十二条　在电子商务争议处理中,电子商务经营者应当提供原始合同和交易记录。因电子商务经营者丢失、伪造、篡改、销毁、隐匿或者拒绝提供前述资料，致使人民法院、仲裁机构或者有关机关无法查明事实的，电子商务经营者应当承担相应的法律责任。

第六十三条　电子商务平台经营者可以建立争议在线解决机制，制定并公示争议解决规则，根据自愿原则，公平、公正地解决当事人的争议。

第五章　电子商务促进

第六十四条　国务院和省、自治区、直辖市人民政府应当将电子商务发展纳入国民经济和社会发展规划，制定科学合理的产业政策，促进电子商务创新发展。

第六十五条　国务院和县级以上地方人民政府及其有关部门应当采取措施，支持、推动绿色包装、仓储、运输，促进电子商务绿色发展。

第六十六条　国家推动电子商务基础设施和物流网络建设，完善电子商务统计制度，加强电子商务标准体系建设。

第六十七条　国家推动电子商务在国民经济各个领域的应用，支持电子商务与各产业融合发展。

第六十八条　国家促进农业生产、加工、流通等环节的互联网技术应用，鼓励各类社会资源加强合作，促进农村电子商务发展，发挥电子商务在精准扶贫中的作用。

第六十九条　国家维护电子商务交易安全，保护电子商务用户信息，鼓励电子商务数据开发应用，保障电子商务数据依法有序自由流动。

国家采取措施推动建立公共数据共享机制，促进电子商务经营者依法利用公共数据。

第七十条　国家支持依法设立的信用评价机构开展电子商务信用评价，向社会提供电子商务信用评价服务。

第七十一条　国家促进跨境电子商务发展，建立健全适应跨境电子商务特点的海关、税收、进出境检验检疫、支付结算等管理制度，提高跨境电子商务各环节便利化水平，支持跨境电子商务平台经营者等为跨境电子商务提供仓储物流、报关、报检等服务。

国家支持小型微型企业从事跨境电子商务。

第七十二条　国家进出口管理部门应当推进跨境电子商务海关申报、纳税、检验检疫等环节的综合服务和监管体系建设，优化监管流程，推动实现信息共享、监管互认、执法互助，提高跨境电子商务服务和监管效率。跨境电子商务经营者可以凭电子单证向国家进出口管理部门办理有关手续。

第七十三条　国家推动建立与不同国家、地区之间跨境电子商务的交流合作，参与电子商务国际规则的制定，促进电子签名、电子身份等国际互认。

国家推动建立与不同国家、地区之间的跨境电子商务争议解决机制。

第六章　法律责任

第七十四条　电子商务经营者销售商品或者提供服务，不履行合同义务或者履行合同义务不符合约定，或者造成他人损害的，依法承担民事责任。

第七十五条　电子商务经营者违反本法第十二条、第十三条规定，未取得相关行政许可从事经营活动，或者销售、提供法律、行政法规禁止交易的商品、服务，或者不履行本法第二十五条规定的信息提供义务，电子商务平台经营者违反本法第四十六条规定，采取集中交易方式进行交易，或者进行标准化合约交易的，依照有关法律、行政法规的规定处罚。

第七十六条　电子商务经营者违反本法规定，有下列行为之一的，由市场监督管理部门责令限期改正，可以处一万元以下的罚款，对其中的电子商务平台经营者，依照本法第八十一条第一款的规定处罚：

（一）未在首页显著位置公示营业执照信息、行政许可信息、属于不需要办理市场主体登记情形等信息，或者上述信息的链接标识的；

（二）未在首页显著位置持续公示终止电子商务的有关信息的；

（三）未明示用户信息查询、更正、删除以及用户注销的方式、程序，或者对用户信息查询、更正、删除以及用户注销设置不合理条件的。

电子商务平台经营者对违反前款规定的平台内经营者未采取必要措施的，由市场监督管理部门责令限期改正，可以处二万元以上十万元以下的罚款。

第七十七条　电子商务经营者违反本法第十八条第一款规定提供搜索结果，或者违反本法第十九条规定搭售商品、服务的，由市场监督管理部门责令限期改正，没收违法所得，可以并处五万元以上二十万元以下的罚款；情节严重的，并处二十万元以上五十万元以下的罚款。

第七十八条　电子商务经营者违反本法第二十一条规定，未向消费者明示押金退还的方式、程序，对押金退还设置不合理条件，或者不及时退还押金的，由有关主管部门责令限期改正，可以处五万元以上二十万元以下的罚款；情节严重的，处二十万元以上五十万元以下的罚款。

第七十九条　电子商务经营者违反法律、行政法规有关个人信息保护的规定，或者不履行本法第三十条和有关法律、行政法规规定的网络安全保障义务的，依照《中华人民共和国网络安全法》等法律、行政法规的规定处罚。

第八十条　电子商务平台经营者有下列行为之一的，由有关主管部门责令限期改正；逾期不改正的，处二万元以上十万元以下的罚款；情节严重的，责令停业整顿，并处十万元以上五十万元以下的罚款：

（一）不履行本法第二十七条规定的核验、登记义务的；

（二）不按照本法第二十八条规定向市场监督管理部门、税务部门报送有关信息的；

（三）不按照本法第二十九条规定对违法情形采取必要的处置措施，或者未向有关主管部门报告的；

（四）不履行本法第三十一条规定的商品和服务信息、交易信息保存义务的。

法律、行政法规对前款规定的违法行为的处罚另有规定的，依照其规定。

第八十一条　电子商务平台经营者违反本法规定，有下列行为之一的，由市场监督管理部门责令限期改正，可以处二万元以上十万元以下的罚款；情节严重的，处十万元以上五十万元以下的罚款：

（一）未在首页显著位置持续公示平台服务协议、交易规则信息或者上述信息的链接标识的；

（二）修改交易规则未在首页显著位置公开征求意见，未按照规定的时间提前公示修改内容，或者阻止平台内经营者退出的；

（三）未以显著方式区分标记自营业务和平台内经营者开展的业务的；

（四）未为消费者提供对平台内销售的商品或者提供的服务进行评价的途径，或者擅自删除消费者的评价的。

电子商务平台经营者违反本法第四十条规定，对竞价排名的商品或者服务未显著标明"广告"的，依照《中华人民共和国广告法》的规定处罚。

第八十二条　电子商务平台经营者违反本法第三十五条规定，对平台内经营者在平台内的交易、交易价格或者与其他经营者的交易等进行不合理限制或者附加不合理条件，或者向平台内经营者收取不合理费用的，由市场监督管理部门责令限期改正，可以处五万元以上五十万元以下的罚款；情节严重的，处五十万元以上二百万元以下的罚款。

第八十三条　电子商务平台经营者违反本法第三十八条规定，对平台内经营者侵害消费者合法权益行为未采取必要措施，或者对平台内经营者未尽到资质资格审核义务，或者对消费者未尽到安全保障义务的，由市场监督管理部门责令限期改正，可以处五万元以上五十万元以下的罚款；情节严重的，责令停业整顿，并处五十万元以上二百万元以下的罚款。

第八十四条　电子商务平台经营者违反本法第四十二条、第四十五条规定，对平台内经营者实施侵犯知识产权行为未依法采取必要措施的，由有关知识产权行政部门责令限期改正；逾期不改正的，处五万元以上五十万元以下的罚款；情节严重的，处五十万元以上二百万元以下的罚款。

第八十五条　电子商务经营者违反本法规定，销售的商品或者提供的服务不符合保障人身、财产安全的要求，实施虚假或者引人误解的商业宣传等不正当竞争行为，滥用市场支配地位，或者实施侵犯知识产权、侵害消费者权益等行为的，依照有关法律的规定处罚。

第八十六条　电子商务经营者有本法规定的违法行为的，依照有关法律、行政法规的规定记入信用档案，并予以公示。

第八十七条　依法负有电子商务监督管理职责的部门的工作人员，玩忽职守、滥用职权、徇私舞弊，或者泄露、出售或者非法向他人提供在履行职责中所知悉的个人信息、隐私和商业秘密的，依法追究法律责任。

第八十八条　违反本法规定，构成违反治安管理行为的，依法给予治安管理处罚；构成犯罪的，依法追究刑事责任。

第七章　附则

第八十九条　本法自 2019 年 1 月 1 日起施行。

参考书目

1. 邓玉新. 跨境电子商务：理论、操作与实务[M]. 北京：人民邮电出版社，2017.

2. 邓志超，崔慧勇，莫川川. 跨境电子商务基础与实务[M]. 北京：人民邮电出版社，2017.

3. 马述忠，卢传胜，丁红朝，张夏恒. 跨境电子商务理论与实务[M]. 杭州：浙江大学出版社，2018.

4. 马述忠，柴宇曦，濮方清，朱成，等. 跨境电子商务案例[M]. 杭州：浙江大学出版社，2018.

5. 肖旭. 跨境电子商务实务[M]. 2版. 北京：中国人民大学出版社，2018.

6. 张瑞夫. 跨境电子商务理论与实务[M]. 北京：中国财政经济出版社，2017.

7. 孙东亮. 跨境电子商务[M]. 北京：北京邮电大学出版社，2018.

8. 陈战胜，卢伟，邹益民. 跨境电子商务多平台操作实务[M]. 北京：人民邮电出版社，2018.

9. 纵雨果. 亚马逊跨境电子商务运营从入门到精通[M]. 北京：电子工业出版社，2018.

10. 温希波. 电子商务法——法律法规与案例分析（微课版）[M]. 北京：人民邮电出版社，2019.

11. 陈道志，卢伟. 跨境电子商务实务[M]. 北京：人民邮电出版社，2018.

12. 于立新. 跨境电子商务理论与实务[M]. 北京：首都经济贸易大学出版社，2017.

13. 陈江生. 跨境电子商务理论与实务[M]. 北京：中国商业出版社，2018.

14. 刘敏，高田哥. 跨境电子商务沟通与客服[M]. 北京：电子工业出版社，2018.

15. 鲍舒丽. 打造金牌网店客服[M]. 北京：人民邮电出版社，2018.

16. 黄正伟，何伟军. 实时在线客户服务理论与应用研究[M]. 北京：科学出版社，2015.

17. 邵贵平. 电子商务数据与应用[M]. 北京：人民邮电出版社，2017.

18. 杨伟强，湛玉婕，刘莉萍. 电子商务数据分析：大数据营销数据化运营流量转化[M]. 北京：人民邮电出版社，2019.

19. 潘百翔，李琦. 跨境网络营销[M]. 北京：人民邮电出版社，2018.

20. 江礼坤. 网络营销推广实战宝典[M]. 2版. 北京：电子工业出版社，2016.

21. 王军海. 跨境电子商务支付与结算[M]. 北京：人民邮电出版社，2018.

22. 冯潮前. 跨境电子商务支付与结算实验教程[M]. 杭州：浙江大学出版社，2016.

23. 陈碎雷. 跨境电子商务物流管理[M]. 北京：电子工业出版社，2018.

24. 陆端. 跨境电子商务物流[M]. 北京：人民邮电出版社，2019.

25. 李贺. 报关实务[M]. 2版. 上海：上海财经大学出版社，2018.

26. 李鹏博. B2B跨境电子商务[M]. 北京：电子工业出版社，2017.

27. 冯晓宁，梁永创，齐建伟. 跨境电子商务：速卖通搜索排名规则解析与SEO技术[M]. 北京：人民邮电出版社，2017.

28. 迈克·莫兰，贝尔·亨特. 搜索引擎营销——网站流量大提速[M]. 3版. 宫鑫，等译. 北京：电子工业出版社，2016.

29. 速卖通大学. 跨境电子商务视觉呈现：阿里巴巴速卖通宝典[M]. 北京：电子工业出版社，2017.

30. 速卖通大学. 跨境电子商务——阿里巴巴速卖通宝典[M]. 2版. 北京：电子工业出版社，2015.

31. 冯晓宁，梁永创，齐建伟. 跨境电子商务：阿里巴巴速卖通实操全攻略[M]. 北京：人民邮电出版社，2015.

32. 孙正君，袁野. 亚马逊运营手册[M]. 北京：中国财富出版社，2017.

33. 丁晖. 跨境电子商务多平台运营：实战基础[M]. 北京：电子工业出版社，2017.

34. 陆金英，祝万青，王艳. 跨境电子商务操作实务（亚马逊平台）[M]. 北京：中国人民大学出版社，2018.

35. 陈启虎. 国际贸易实务[M]. 北京：机械工业出版社，2019.

36. 吴喜龄，袁持平. 跨境电子商务实务[M]. 北京：清华大学出版社，2018.

37. 韩小蕊，樊鹏. 跨境电子商务[M]. 北京：机械工业出版社，2017.

38. 王玉珍. 电子商务概论[M]. 北京：清华大学出版社，2017.

39. 青岛英谷教育科技股份有限公司. 跨境电子商务导论[M]. 西安：西安电子科技大学出版社，2017.

40. 曹盛华. 跨境电子商务发展策略与人才培养研究[M]. 北京：中国水利水电出版社，2018.

41. 郑建辉. 跨境电子商务实务[M]. 北京：北京理工大学出版社，2018.

42. 白东蕊. 电子商务概论[M]. 4版. 北京：人民邮电出版社，2018.